MW01620688

Tak pozyty dawno nie było!

Beata Pawlikowska i Jej świat

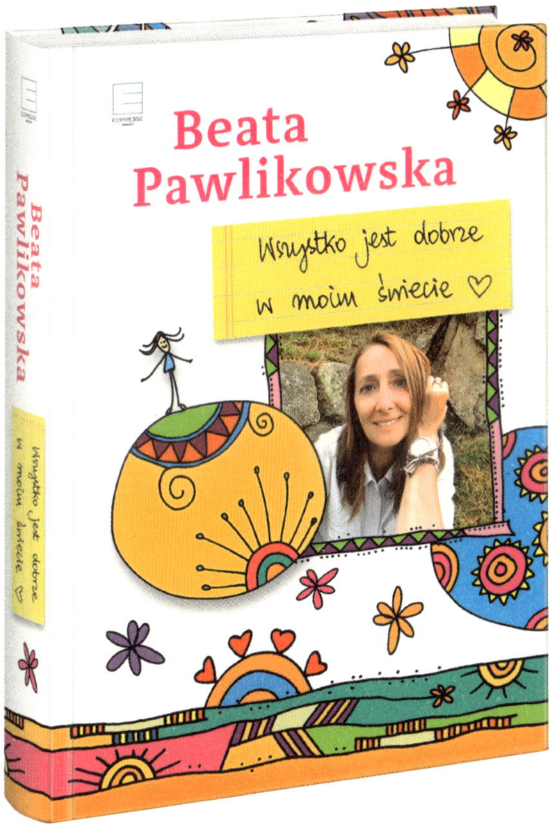

Mam jasne myśli.
Mam dobre marzenia.
Mam szczerą chęć.
I całe życie przed sobą!

Książka pełna pozytywnych tekstów, autorskich rysunków, żółtych kartek i drogowskazów na każdy dzień.

Wszystko jest dobrze w moim świecie :-)

Patroni: VIVA! poradnik domowy polki.pl

Książka dostępna we wszystkich dobrych księgarniach oraz na www.hitsalonik.pl
Znajdź nas na: www.facebook.com/edipresseksiazki
www.instagram.com/edipresseksiazki

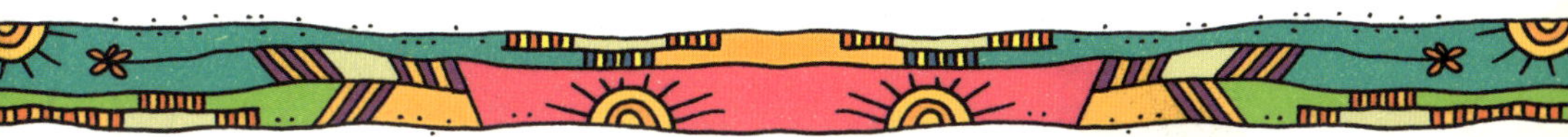

Beata Pawlikowska

Jestem szczęśliwym singlem

O ZWIĄZKACH, MIŁOŚCI I SZCZĘŚCIU

Spis treści

ROZDZIAŁ 1

Pod wiszącą skałą

Doskonale pamiętam ten moment.

Stałam oparta o burtę statku płynącego po Amazonce, patrzyłam na spokojną wodę i nagle uświadomiłam sobie, że jestem wolna.

Wolna!!! Po raz pierwszy w życiu!!!

Wolna od niepewności, walki i cierpienia, które zawsze dotąd były dla mnie częścią miłości!...

Wcześniej w każdym związku musiałam walczyć. Z nim, z samą sobą, ze strachem, z samotnością.

Na początku oczywiście było pięknie. Pierwsze spotkanie, spojrzenia, nadzieja, dotknięcie i stada niewypowiedzianych obietnic, które fruwały dookoła jak kolorowe motyle.

A potem zawsze coś zaczynało się psuć. On mówił rzeczy, które mnie bolały, zapominał o tym, o czym powinien był pamiętać, nie

Moje życie było jak więzienie pod wiszącą skałą, która w każdej chwili mogła spaść.

chciał słuchać moich rad, za dużo pił, wyjeżdżał w podejrzane delegacje, za długo spał, miał bałagan w szafie, nie chciał wychodzić z psem, godzinami grał w głupie gry albo oglądał głupie seriale, nie rozumiał moich potrzeb i nie zachowywał się jak ktoś, kto mnie kocha i komu na mnie zależy.

Usiłowałam mu wyjaśnić gdzie popełnia błąd i jak może go naprawić. Czułam się opuszczona i nieszczęśliwa, wybaczałam, płakałam. Chciałam odejść, ale myślałam, że lepiej zostać, bo gdzie znajdę takiego drugiego jak on?

Każdy mój związek był pełen szarpiących rozterek, wątpliwości i niespokojnych pytań. Każdy był jednocześnie szczęściem i nieszczęściem. W każdym były katastrofy, kłótnie, gwałtowne rozstania i równie emocjonalne powroty, przeprosiny i obietnice.

Każdy mój związek był wojną przeplataną okresami pokoju.

W każdym związku byłam żołnierzem, który musi walczyć. O co? No jak to o co? O wszystko! O to, żeby był porządek, żeby on zrobił to, co do niego należy, żeby miał dla mnie czas, żeby pamiętał o dotrzymaniu słowa, o to, żeby zauważył nową sukienkę, żeby był dla mnie miły, żeby dobrze o mnie mówił swoim znajomym, żeby był lojalny i uczciwy, żeby nie marnował czasu, żeby nie wydawał bez sensu pieniędzy, żeby mówił mi to, co lubię usłyszeć, żeby spędzał ze mną czas, żeby dobrze traktował zwierzęta, żeby nie kłócił się ze swoją szefową, żeby nie jadł za dużo słodyczy i nie pił na pusty żołądek, żeby nie przeklinał kierowców na drodze, żeby nie przekraczał prędkości, żeby nie zabłądził i nie wściekał się kiedy mu mówię którędy jechać.

Wieczna wojna. Pełna niepewności, podejrzeń, lęku, kłótni, trzaskania drzwiami i złych słów. I choć tak bardzo się starałam, w każdym związku towarzyszyła mi ciągła huśtawka między radością i rozpaczą. Myślałam, że tak musi być.

Aż nagle tamtego dnia na statku po raz pierwszy w życiu poczułam się wolna. Lekka, swobodna, radosna.

Zdumiałam się tym odkryciem.

Spojrzałam na zieloną ścianę dżungli. Co się za nią kryło? Czy jaguar cierpliwie czeka na nieuważną wiewiórkę? Czy zawsze ktoś musi zginąć? Czy życie jest wieczną wojną? Czy miłość zawsze musi boleć? Dlaczego?... A może jednak nie?...

W oddali słyszałam kwilące nawoływanie tukanów, tak jakby mówiły:

– Wszystko, co wiedziałaś do tej pory, wcale nie jest wszystkim, co jest. Dopiero teraz, jeśli odważysz się opuścić statek i wejść w gęstwinę dziewiczej dżungli, być może nauczysz się czegoś nowego. Czegoś, co doprowadzi cię do prawdy.

Dżungla szumiała zagadkowo.

Statek płynął naprzód, delikatnie rozsuwając dziobem zmarszczki na falach.

Nigdy wcześniej w życiu nie poczułam takiej wolności.

Zawsze wcześniej byłam skrępowana myślami i emocjami nieustannie kłębiącymi się w mojej duszy. Ciągle zadawałam sobie pytania czy on naprawdę mnie kocha, a jeśli tak, to dlaczego ja przez niego płaczę? Dlaczego czuję się czasem odepchnięta, niechciana, niepotrzebna? Dlaczego on robi rzeczy, które mnie krzywdzą? Czy to jest prawdziwa miłość? Czy tak jest w każdym związku? I czy w ogóle ja tego chcę? Może powinnam odejść i znaleźć kogoś, z kim będzie mi lepiej? A jeśli tak, to kiedy odejść i w jaki sposób? A jeśli nikt mnie nie zechce? A może miłość jest zawsze powiązana z wojną, niechęcią i cierpieniem? Może nie istnieje idealny związek?...

Zaczynałam sobie wyobrażać co stałoby się po rozstaniu. Widziałam siebie w małym, wynajętym pokoju z odrapanymi ścianami. Brudne szyby, przez które ledwie co widać. Samotność rozwieszona w kątach. Smutek i beznadzieja.

A więc nie, nie mogę odejść. Nie chcę przecież skazać się na jeszcze większe cierpienie. Może zresztą przesadzam. Może wszystko zmieni się i będzie lepiej?...

I wtedy znów czułam jak do mojego serca wtacza się wielki głaz. Ciężki, trudny do uniesienia.

Ja *wiedziałam*, że to nieprawda. Wiedziałam, że nic się nie zmieni. Że wszystko będzie wciąż tak samo.

Wiedziałam, że muszę zostać w nieszczęśliwym związku i wiedziałam, że nie mam dokąd odejść.

Wiedziałam, że jest mi źle z nim, ale byłoby mi jeszcze gorzej bez niego.

Nie było więc wyjścia.

Pozostawało więzienie.

Więzienie w moim własnym sercu pod wielkim głazem, który zwisał z krawędzi tak groźnie, że pewnego dnia mógł spaść, pociągnąć za sobą lawinę i zgnieść po drodze wszystko, łącznie ze mną i z całym moim życiem.

Więzienie pod wiszącą skałą.

To było wszystko, co znałam.

Czy wiesz jak to boli?

Pewnie wiesz.

Jesteś jak dzikie zwierzę przykute do łańcucha i chociaż marzysz o tym, żeby znów swobodnie przemierzać rozległe przestrzenie, to wiesz, że jeśli tylko zrobisz kilka kroków za daleko, łańcuch szarpnie cię za gardło i zatrzyma.

I choć będziesz płakać, błagać Boga o pomoc i skarżyć się na swój los, nic się nigdy nie zmieni.

Dlatego że tak już musi być.

Znasz to uczucie?

Czy myślisz, że to jest miłość?

ROZDZIAŁ 2

W więzieniu myśli

Ja myślałam, że to jest miłość.

Myślałam, że miłość jest wtedy, kiedy bezradnie jak dziecko wpadasz w czyjeś ramiona i dostajesz chwilę ulgi.

Myślałam, że miłość jest wtedy, kiedy ktoś mówi, że cię kocha i trzyma cię za rękę.

Myślałam, że miłość jest wtedy, kiedy spotkasz kogoś, kto chce z tobą być.

Myślałam, że jeśli ktoś chce być ze mną – zamiast z kimś ładniejszym, mądrzejszym, bardziej dowcipnym, zgrabnym i modnym – to jest dla mnie wielkie szczęście.

I to ja sama przykuwałam się łańcuchem do więzienia moich myśli.

Zrozumieć to było jedną z najtrudniejszych rzeczy na świecie.

Nie tylko dlatego, że odzierało mnie z iluzji, do których byłam przyzwyczajona i które zrosły się ze mną tak bardzo, że nie byłabym w stanie oddzielić ich od prawdy. Także dlatego, że pokazywało jaka naprawdę jestem w środku, w mojej własnej duszy.

Ale to właśnie było najważniejsze.
Bo wiesz jak to jest.

Idziesz przez życie usiłując odnaleźć się w swojej rzeczywistości. Masz dobre intencje, chcesz, żeby było najlepiej. Używasz wszystkich swoich najdoskonalszych narzędzi, żeby znaleźć szczęście.

I ciągle dostajesz od życia po głowie.
Tak jakby droga prowadziła pod górami, z których ciągle spadają na ciebie kamienie.
A ty brniesz dalej i dalej, bo przecież wiesz, że nie ma innej ścieżki. Płaczesz i opatrujesz rany, myślisz, że jesteś pechowy i gorszy od innych. Myślisz, że musisz się bardzo starać, żeby im dorównać w talentach, bogactwie i pomysłach.

Zaciskasz zęby i myślisz, że musisz dać radę, bo w przeciwnym razie zginiesz, zostaniesz zapomniany i odrzucony. I choć ścieżka jest coraz bardziej wąska i pełna cierni, ty uparcie przedzierasz się naprzód, bo wiesz, że nie masz innego wyjścia.

Myślisz, że musisz, żeby nie stracić przynajmniej tej mikroskopijnej nadziei na szczęście, jaką w sobie nosisz.

Wiem, ja też tak myślałam.

Czy wiesz dlaczego życie rzuca w ciebie kamieniami?
Żeby ci pokazać, że idziesz w złą stronę.

Najpierw spadają tylko małe kamyki.
Przypomnij sobie. Małe rzeczy, które zatrzymywały cię po drodze i były jak dzwonki alarmowe. Stawałeś wtedy, marszczyłeś czoło, byłeś zaskoczony, ale wrzucałeś je do torby z napisem „myśli, którymi na razie nie chce mi się zajmować, bo nie pasują do obrazu, jaki stworzyłem o sobie samym".

Potem spadały większe.
A ty odwracałeś wzrok i udawałeś, że ich nie widzisz.
A potem zaczęły się pojawiać lawiny. Takie, które przygniatały cię do ziemi i nie mogłeś już udawać, że ich nie ma.

Wtedy uwierzyłeś w to, że jesteś prześladowany, pechowy i nie masz prawa do szczęścia. Poczułeś, że jesteś w więzieniu, z którego nie ma wyjścia. Odtąd codziennie będziesz słyszał grzechotanie łańcucha. Będziesz kochał i nienawidził, będziesz uciekał i wracał, będziesz czuł rozpacz i szczęście na zmianę.

I uwierzysz w to, że inaczej nie może być.

Ale tak naprawdę – gdybyś był w stanie spojrzeć na to z perspektywy – zrozumiałbyś jedną, zdumiewającą, gigantyczną i olśniewającą prawdę.

Życie wcale nie jest twoim więzieniem.

Twoim więzieniem jest to, co myślisz.
Twoim więzieniem jest to, w co wierzysz.
Twoim więzieniem jest to,
co podświadomie kojarzysz z byciem w związku.

Twoim więzieniem jest to,
że nigdy nie nauczyłeś się myśleć inaczej.

To właśnie zrozumiałam tamtego dnia na statku w Amazonii.

Po raz pierwszy w życiu poczułam się wolna.

I postanowiłam wykorzystać tę wolność do tego, żeby nauczyć się żyć na nowo.

ROZDZIAŁ 3

Być z kimś

Odkąd pamiętam, zawsze chciałam być z kimś.

Bycie z kimś wydawało się najbardziej naturalną i oczywistą rzeczą na świecie.

Każdy był z kimś.

Ludzie ciągle łączyli się w pary. Co chwilę ktoś komuś się oświadczał, było wesele, obrączki, podróż poślubna, a potem wspólny dom, dzieci, codzienność, kłopoty, pretensje, żądania, niespełnione oczekiwania, płacz, kłótnie, rozstania.

Wyrosłam w przeświadczeniu, że będę szczęśliwa dopiero wtedy kiedy ktoś zechce mnie na żonę. I w strachu, że jeśli zostanę starą panną, to zwariuję, bo mówiono mi, że wszystkie stare panny tracą rozum na starość.

Nic więc dziwnego, że bardzo chciałam być z kimś. Potrzebowałam być z kimś. Sama czułam się niepełna, nie w pełni wartościowa, gorsza. Tak jakbym była wybrakowana w porównaniu z tymi, którzy byli w związkach.

Podświadomie uważałam ich za lepszych, ponieważ o ich wartości jasno świadczyło to, że ktoś ich zechciał. Tak mi się wydawało.

Ktoś, kto jest sam, kojarzył mi się z kimś, kto nie został przez nikogo wybrany. Tak samo jak wtedy kiedy dobierają się zawodnicy przeciwnych drużyn. Najpierw wybiera się najlepszych i najsilniejszych. Potem tych trochę gorszych. A potem zostają już tylko tacy, których nikt nie chce. Wybrakowani. Gorsi. Fajtłapy. Tacy, którzy nie umieją złapać piłki i zawsze wszystko psują.

Z tym właśnie kojarzyło mi się bycie singlem. Z byciem kimś poza wyborem. Poza grupą fajniejszych ludzi.

Z takim nastawieniem weszłam w dorosłość.

Skoncentrowałam się na tym, żeby być z kimś. A potem z następnym kimś.

Kiedy tylko kończył się jeden związek, natychmiast szukałam następnego. To był wewnętrzny imperatyw. Wiedziałam, że nie chcę i nie mogę być sama.

Nie pytałam siebie dlaczego tak jest i czy mogłoby być inaczej. Koniecznie był mi potrzebny drugi człowiek i kropka. Byłam przekonana, że tylko w związku jestem w stanie być szczęśliwa.

Najbardziej zabawne w tym wszystkim było to, że w rzeczywistości *nigdy nie byłam naprawdę szczęśliwa.*

Wyrosłam w przeświadczeniu, że
będę szczęśliwa dopiero wtedy
kiedy ktoś zechce mnie za żonę.

Żaden związek nie dał mi tego, czego potrzebowałam i oczekiwałam. Miałam momenty szczęścia, euforii i zachwytu. Przeplatane równie częstymi momentami rozpaczy, nienawiści, gniewu i łez.

Więc co to było za szczęście?

To był raczej niekończący się emocjonalny rollercoaster, który rzucał mną do góry i w dół, a ja byłam wobec niego kompletnie bezradna.

Gdyby wtedy ktoś mnie zapytał czy to jest miłość, odpowiedziałabym, że tak.

Powiedziałabym, że tak właśnie zawsze jest w miłości – że masz chwile radości i chwile depresji, że czasem jesteście szczęśliwi, a czasem nienawidzicie się wzajemnie i że tak po prostu jest w życiu.

Pamiętam że kiedyś nawet zadano mi takie pytanie w wywiadzie, a ja odrzekłam:

– Prawdziwa miłość istnieje tylko w bajkach. Kiedyś w nią wierzyłam i szukałam jej, teraz wiem, że to niemożliwe. W realnym, codziennym życiu wszystko wygląda inaczej niż w filmach.

Wierzyłam w to kiedy to powiedziałam.

„Prawdziwa miłość" – taka jak z filmu *Notting Hill* z Julią Roberts i Hugh Grantem wydawała mi się nierealna i niemożliwa do zaistnienia na prawdziwej ziemi wśród prawdziwych, żywych ludzi.

W komedii romantycznej – tak, jak najbardziej. Scenarzysta opisał to, czego sam chciałby doświadczyć w swoim życiu, reżyser też dał się ponieść wyobraźni i powstał film opowiadający o tym jak cudownie ludzie zakochują się w sobie i są ze sobą szczęśliwi.

Ale przecież tak jest tylko w filmach.
I w niemądrych romansach.
W prawdziwym życiu jest inaczej.

Prawda?

ROZDZIAŁ 4

Moja wioska

Gdybyś dzisiaj zadał mi to samo pytanie, odpowiedziałabym zupełnie inaczej.

– Czy wierzysz w prawdziwą miłość?

– Tak. Wszystko bierze się z miłości. Siła, odwaga, szczęście, radość, dobre decyzje i wytrwałość, żeby je realizować. Oczywiście, że wierzę w miłość.

– A czy wierzysz w szczęśliwą miłość między dwiema osobami?

– Tak. Tylko w taką miłość wierzę.

Wierzę w nią dzisiaj tak samo mocno, jak kiedyś byłam przekonana, że ona nie istnieje. Wiesz dlaczego tak jest?

Nie dlatego, że zdarzył się cud i przeżyłam bajkę w realu. Wprost przeciwnie.

Wszystkie moje związki były pełne burz, złości, kłótni, wzajemnych oskarżeń i rozstań.

Żyłam jak wiewiórka w klatce, która czasem wskakuje na obracający się młynek i przebiera po nim nóżkami tak długo, aż się zmęczy. Wtedy wraca do klatki i mówi, że życie właściwie nie ma sensu. A kiedy odpocznie, znów wskakuje na kołowrotek i wydaje jej się, że bardzo szybko biegnie, mimo że przecież stoi w miejscu.

Takie było moje życie i takie były moje związki.

Wiesz dlaczego?

Dlatego że TAKI BYŁ MÓJ SPOSÓB MYŚLENIA.

Opowiem ci to na bardzo prostym i przyjemnym przykładzie. Wychowałam się w czasach komunistycznych. Kiedy chodziłam do szkoły, dookoła widziałam szare ulice, szare domy i ludzi w szarych płaszczach. Innych po prostu nie było. Produkowano tylko jeden rodzaj zimowych butów – szarych, z filcu z gumową podeszwą. Wiem, że trudno to sobie wyobrazić, ale taka była prawda.

Wchodziłeś do sklepu i widziałeś puste półki. Dosłownie puste półki, na których kiedyś stały towary, a teraz leżał tylko nawarstwiający się kurz.

W niektórych sklepach można było kupić ocet. Poza octem nie było żadnych innych dostępnych towarów. Po papier toaletowy, cukier, mięso, owoce, mąkę, kaszę – po wszystko trzeba było stać w kilometrowych kolejkach i wiedzieć w którym sklepie akurat coś „rzucą”. Tak samo jeszcze do niedawna było na Kubie.

I teraz wyobraź sobie dziewczynę, która mieszka w bloku z wielkiej płyty, ma jedną parę szarych zimowych butów i jeden szary płaszcz.

Pewnego dnia wsiadłam do pociągu i przez Warszawę i Katowice dojechałam do Wiednia.

Nie mogłam uwierzyć własnym oczom!!!

Na ulicach stały czerwone automaty ze słodkimi napojami!!! Wystarczyło włożyć monetę i dostawałeś sok pomarańczowy!!! Wystawy sklepów były kolorowe, wesołe i prosiły, żebyś wszedł do środka i wydawał pieniądze kupując sobie różne prześliczne, nowe, pachnące rzeczy!! Ludzie nosili kolorowe, ładne ubrania w różnych fasonach i stylach!!! Prawie wszyscy mieli prawdziwe dżinsy i adidasy!!! Fajne koszulki polo, paski przy spodniach, apaszki i inne takie niesamowicie cudowne drobiazgi!!!

Stałam w przedziale z rozdziawioną szeroko gębą przyciśniętą do szyby i patrzyłam na to wszystko jak głodny niedźwiedź po bardzo długiej zimie.

To był *inny* świat!!!

To był ZUPEŁNIE INNY ŚWIAT, ale jednak widziałam na własne oczy, że był PRAWDZIWY!!!

To nie był sen, to nie było marzenie wybujałe w mojej głowie podczas zastraszająco nudnej lekcji chemii. To nie była bajka z książki dla dzieci. To nie był film w telewizorze.

To była prawda!!!

Istniał inny świat!!!

Równoległy do polskiego!!! Dziejący się w tym samym czasie historycznym, tyle że kilkaset kilometrów dalej na zachód.

To było tak zdumiewające i niewiarygodne, że nie byłam w stanie się ruszyć. Dopiero po pewnym czasie uświadomiłam sobie, że jadę dalej, a pociąg przejeżdża przez następne eleganckie, czyste, kolorowe, zamożne austriackie miasta i miasteczka.

To było moje pierwsze zetknięcie z zachodem.

W czasach przed internetem nie można było niczego wyguglować i obejrzeć na odległość. Mieszkałeś w Polsce i to był twój cały świat. Jeśli byłeś jednym ze szczęściarzy, miałeś w domu telefon. I telewizor, w którym nadawano programy w dwóch państwowych kanałach. Nie miałeś pojęcia co dzieje się dalej w świecie.

Nie miałeś pojęcia jak żyją inni ludzie – chyba że dostałbyś specjalne pozwolenie na wyjazd z Polski, wypożyczyłbyś swój paszport z posterunku milicji i wsiadłbyś do pociągu – tak jak ja.

Był kiedyś taki film pt. „Miasteczko Pleasantville". Wszyscy ludzie żyli w nim zgodnie z przyjętymi regułami i dla wszystkich świat był czarno-biały. Nie istniały inne kolory. Wszystko było czarne, szare albo białe.

Czy myślisz, że ktoś z mieszkańców Pleasantville tęsknił za czerwonym, żółtym albo niebieskim?

Ależ skąd!

Jak mogliby tęsknić za czymś, czego nigdy nie widzieli na oczy? W ich świecie od zawsze marchewka była szara, słońce było szare na szarym niebie, pomidory, truskawki i buraki też były szare. Krew była szara, ubrania były w różnych odcieniach szarości, trawa była szara. Nie istniały pojęcia różnych barw i nikomu nawet nie przyszłoby do głowy, że to jest możliwe.

Tak samo jest z miłością.

Nosisz w swojej duszy takie wyobrażenie
tego czym jest miłość,
jakie widziałeś w świecie, w którym zostałeś wychowany.

Mówiąc inaczej: twoje instynktowne, podświadome wyobrażenie miłości i wszystkiego, co jest z nią związane, wywodzi się z tego, co zapamiętałeś w dzieciństwie na podstawie twoich osobistych obserwacji i doświadczeń.

Każdy z nas nosi w podświadomości zestaw instynktowych przekonań, z których najczęściej nie zdajemy sobie sprawy.

One porządkują nasz świat i rządzą naszym sposobem myślenia. Zwykle nie ma potrzeby, żeby kwestionować ich prawdziwość albo prawidłowość.

Wszystko się jednak zmienia kiedy niespodziewanie dotrze do ciebie porażająca i olśniewająca prawda o tym, że TO, W CO WIERZYSZ, NIE JEST JEDYNYM, CO ISTNIEJE.

Tak właśnie było ze mną.

Dopóki mieszkałam w szarym mieście wśród ludzi w szarych płaszczach, było dla mnie oczywiste, że cały świat jest prawdopodobnie równie szary.

Skąd miałabym wiedzieć, że gdzieś na zachód od Polski istnieje rzeczywistość, która wygląda inaczej i funkcjonuje na zupełnie innych zasadach? Czegoś takiego nie można zgadnąć ani się domyślić. Kiedy widzisz jak wygląda świat dookoła ciebie, instynktownie zakładasz, że tak samo wygląda w innych miejscach.

Podobne doświadczenie miałam często w podróży.

Kiedy po długiej wędrówce docierałam do bardzo dalekich osad indiańskich w dżungli amazońskiej w Ameryce Południowej, wiesz o co ludzie mnie pytali?

– Gdzie jest twoja wioska?

Dla nich było oczywiste, że cały świat jest porośnięty dżunglą amazońską i wszyscy ludzie mieszkają w małych osadach nad rzekami. Nie pytali mnie więc z jakiego kraju pochodzę ani nawet jak wygląda moja wioska, ponieważ z ich punktu widzenia moja wioska *musi* wyglądać tak samo albo bardzo podobnie do ich osady. Bo nie ma na świecie niczego innego oprócz dżungli, rzek i szałasów z dachami z liści palmowych.

Tak działa ludzki umysł.

Jeżeli przez całe życie doświadczasz pewnej określonej rzeczywistości, to instynktownie zakładasz, że jest to *jedyna* istniejąca rzeczywistość.

I będziesz w to wierzył do końca życia.
Chyba że na własne oczy zobaczysz zupełnie inny świat.
Tak samo jest z miłością.

ROZDZIAŁ 5

Mapa życia

Pewnie mi nie uwierzysz jeżeli powiem, że wszystko co dzisiaj wiesz o miłości, zrozumiałeś mając mniej więcej siedem lat.
Pierwsze lata twojego życia są jak szkoła, w której pobierasz naukę przysposobienia do przyszłości.

Twoja podświadomość obserwuje zjawiska, zapisuje fakty i wyciąga z nich wnioski. Bez wytchnienia pracuje nad skompilowaniem wszystkiego, czego jesteś świadkiem w zrozumiałą i przewidywalną całość.

Rysuje mapę twojego świata, zaznaczając na niej wyraźnie wszystkie urwiska, bagna i inne niebezpieczeństwa, drogi, mosty, autostrady, łąki, a także place zabaw, jadłodajnie i inne miejsca dostarczające przyjemności.
Ta mapa powstaje bez twojego świadomego udziału.

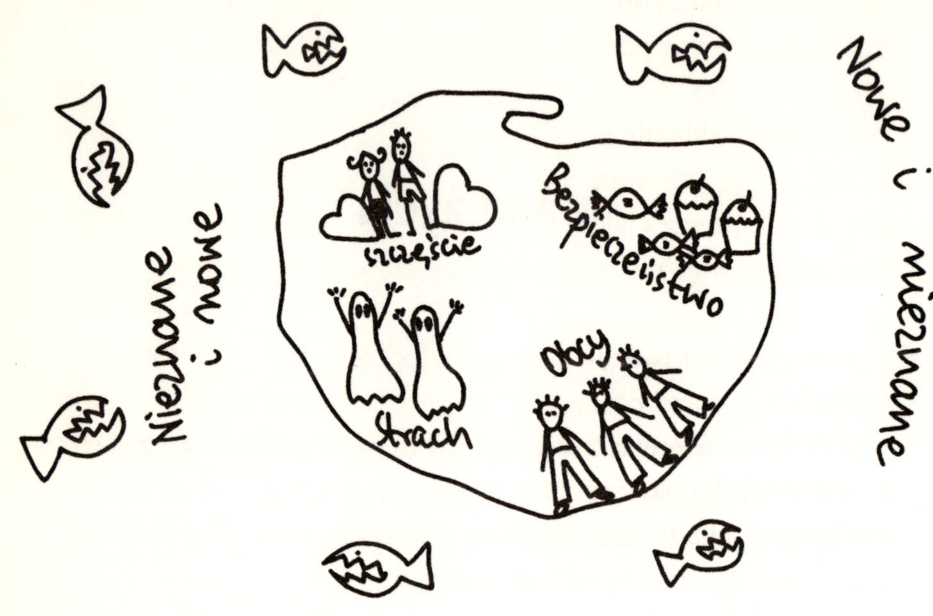

Twoja podświadomość rysuje mapę twojego życia, zaznaczając na niej wszystkie ważne miejsca.

Jesteś przecież na razie tylko dzieckiem. Nie znasz wielu pojęć, definicji, określeń ani zależności. Nie wiesz jak o to zapytać. Nie wiesz nawet, że mógłbyś o to zapytać dorosłych znajdujących się w pobliżu ciebie, a oni nie wiedzą, że mogliby ci to wytłumaczyć i podsunąć pewne pozytywne rozwiązania i konkluzje.

Dorośli zwykle nie mają na to czasu.
Najczęściej też sami nie mają świadomości tego w co podświadomie wierzą i jakie przekonania kierują ich zachowaniem i emocjami, więc nie mogą wyjaśnić tego swoim dzieciom.

W większości rodzin dziecko jest skazane na rodzaj dzikiej wędrówki po bezdrożach zdarzeń i usiłowanie odnalezienia się wśród rzeczy, które są nowe, często kompletnie niezrozumiałe, a czasem śmiertelnie niebezpieczne. Mam na myśli niebezpieczeństwo duchowe, emocjonalne, psychiczne.

Twoja podświadomość jest jednak tak wielkim siłaczem, że poradzi sobie ze wszystkim, co znajdzie się na jej drodze. Jej zadaniem jest ochrona twojej integralności jako człowieka. Stanie więc na głowie, żeby tego dokonać. Mając do dyspozycji prawie wyłącznie fakty zbadane własnym doświadczeniem, ułoży z nich taką mapę życia, żeby możliwie najlepiej było ci po niej wędrować.

Jest tylko jeden mały problem.

Twoja podświadomość nie może wiedzieć tego, czego nie wie.

Tak samo jak ja mieszkając w komunistycznej Polsce nie miałam pojęcia, że istnieje Wiedeń z czerwonymi automatami sprzedającymi słodkie napoje.

Tak samo jak ludzie z miasteczka Pleasantville nie mieli pojęcia o tym, że marchewka jest pomarańczowa. Bo w ich świecie zawsze była szara.

Tak samo jak Indianie w dżungli nie mają pojęcia, że istnieją miasta, samochody, kawa, elektryczność, książki czy telewizja.

Rozumiesz co mam na myśli?

To co widziałeś jako dziecko, kształtuje twój sposób myślenia i odbierania świata.

Mimo że jesteś dorosły, wciąż nosisz w sobie tamte przekonania, ponieważ świadomie nigdy nie sprawdziłeś w co tak naprawdę wierzysz i nie zastąpiłeś ich nowymi przekonaniami.

Obserwacje przejawów miłości,
jakie otaczały cię w dzieciństwie,
wyrzeźbiły w tobie pewien wzorzec,
do którego będziesz instynktownie starał się dostosować,
ponieważ NIE ZNASZ INNEGO.
Nie masz więc pojęcia, że miłość może wyglądać *inaczej*.

Jeżeli w twoim rodzinnym domu widziałeś, że rodzice okazywali sobie czułość tylko po wypiciu alkoholu, to twoja podświadomość najprawdopodobniej upiera się, że picie alkoholu jest niezbędne do stworzenia i utrzymania związku.

Jeżeli po alkoholu rodzice najczęściej zaczynali się kłócić i walczyć (choćby tylko słowami), to twoja podświadomość mogła dojść do wniosku, że niezbędnym elementem małżeństwa i rodziny jest istnienie konfliktu i jakiejś formy przemocy, więc będzie cię zmuszała do wywołania sytuacji, w których będziesz mógł odtworzyć ten wzorzec.

Jeżeli twoi rodzice nie umieli radzić sobie z emocjami i w sytuacjach stresujących reagowali niepohamowanym gniewem, to nieświadomie zapisał się w tobie komunikat o tym, że wściekłość i przemoc są właściwym (i jedynym) sposobem rozwiązania codziennych kłopotów. W dorosłym życiu będziesz później miał nie tylko zaniżone poczucie bezpieczeństwa, ale i problem z niekontrolowanymi wybuchami złości, co negatywnie będzie wpływało na relacje z ludźmi.

To tylko trzy przykłady z wielu możliwych.

Chcę ci w ten sposób pokazać, że kiedy ktoś mówi o miłości, tak naprawdę widzisz od razu to, czego sam doświadczyłeś jako dziecko i co zostało zapamiętane przez twoją podświadomość jako *jedyną istniejącą prawdę na ten temat.*

Jeżeli w twoim domu była przemoc, to do dzisiaj podświadomie miłość, dom, rodzinę natychmiast kojarzysz z walką i sytuacją, gdzie jedna osoba zawsze jest silniejsza, a druga jest jej ofiarą. Podkreślam, że to jest podświadome skojarzenie. Możesz nawet nie zdawać sobie z niego sprawy, a jednak w swoim związku instynktownie czujesz potrzebę powtarzania tego schematu.

Tak samo jak ja kiedyś miałam dookoła siebie jedyną istniejącą prawdę w postaci szarych płaszczy, pustych półek w sklepach i jedynych dostępnych szarych butów z przeciekającego filcu.

Nie wiedziałam, że może być inaczej.

Odkryłam to dopiero wtedy, kiedy pociąg zatrzymał się na peronie w Wiedniu.

To był dla mnie szok.

Taki sam, jak wtedy, kiedy zajrzałam do mojej podświadomości i odkryłam w co wierzę na temat miłości.

ROZDZIAŁ 6

Dwa doświadczenia

Zróbmy krótkie doświadczenie.

Na stronie obok narysowałam dla ciebie kilkanaście ludzkich twarzy. Właściwie głów, bo twarze trzeba im dopiero dorysować.

Weź ołówek.

Spróbuj cofnąć się myślami do twojego dzieciństwa.

Przypomnij sobie jak patrzyłeś na swoich rodziców. Co widziałeś? Jakie emocje? Czy jednym słowem określiłbyś je jako pozytywnie wibrujące i unoszące cię w stan radości, czy może raczej budziły w tobie lęk, niepewność, niepokój?

Czy gdybyś miał symbolicznie wyrazić swoje emocje towarzyszące związkowi twoich rodziców, to czy buźki poniżej byłyby uśmiechnięte, czy raczej niezadowolone?

Cofnij się myślami do swojego rodzinnego domu, usiądź na chwilę w wyobraźni razem z rodzicami przy stole i narysuj te emocje, których miałeś najwięcej.

Spróbuj wyobrazić sobie realne sytuacje, które naprawdę się zdarzyły.

Spróbuj zebrać swoje emocje związane z rodziną, w jakiej się wychowałeś, w pewną skrótową kompilację i rysuj buźki w głowach na stronie obok. Nie myśl nad tym zbyt długo. Po prostu weź ołówek i rysuj.

Pozwól, żeby twoja podświadomość dyktowała ci to, co zostanie narysowane.

Nie oceniaj tego jako dobre ani złe.

Po prostu weź ołówek, myśl o swojej rodzinie kiedyś byłeś dzieckiem i rysuj.

Nie ma dobrych ani złych emocji.
Są tylko emocje prawdziwe.

Nie ma takich emocji, których „nie wolno" albo „nie wypada" mieć.

Każda twoja emocja ma swoje źródło w podświadomości.

Twoja podświadomość tworzy cały twój sposób myślenia i reagowania.

Jeśli będziesz negował jakieś swoje emocje, będziesz jednocześnie negował część prawdziwego siebie.

To byłoby bez sensu, bo prowadzi cię tylko do udawania kogoś, kim w rzeczywistości nie jesteś.

Zamiast bać się albo wstydzić emocji, jakie w sobie nosisz, raczej spróbujemy zrozumieć skąd się one biorą, czyli znajdziemy ich prawdziwe źródło. Kiedy znasz źródło, jesteś w stanie je uleczyć.

Zróbmy jeszcze jedno ćwiczenie.

Weź ołówek, znajdź spokojne miejsce, gdzie nikt nie będzie ci przez kilka minut przeszkadzał.

Napiszę dla ciebie kilka początków zdań i poproszę, żebyś je uzupełnił. Bez zastanawiania się, bez namysłu.

Po prostu pisz to, co jako pierwsze przyjdzie ci do głowy.
Nie bój się żadnych słów ani skojarzeń.
Pozwól, żeby twój ołówek sam to napisał, prawie bez twojego udziału.

Rozumiesz co mam na myśli, prawda?
Nie staraj się dobrze wypaść.

Przeczytaj zdanie i dopisz do niego to, co przyjdzie ci samo do głowy.

Gotowa?

Zawsze najbardziej bałam się

że ktoś mnie opuści

Kiedy byłam mała, mój tata zawsze

na mnie krzyczał

Kiedy patrzyłam na moją mamę, zawsze

widziałam smutek

Moja mama i tata zawsze

się kłócili

Nasi sąsiedzi ciągle

się kłócili

Mój pies ciągle

szczekał

Miłość zawsze jest

okrutna

Mężczyźni zawsze

są pojebani / mnie ranili

Kobiety zawsze

histeryzują

Dzieci zawsze

Kobieta w małżeństwie zawsze

Mężczyzna w małżeństwie zawsze

Dziecko w rodzinie zawsze

Kiedy byłam mała, zawsze czułam się

Kiedy byłam mała, nigdy nie czułam się

Moja mama zawsze czuła się

Moja mama nigdy nie czuła się

Mój tata zawsze był

Mój tata nigdy nie był

radosny

W mojej rodzinie

zawsze panowała walka. Nigdy nie było prawdziwego spokoju. Moja siostra traktowała mnie jak gówno. Musiałam się przygotować przed tym i podziwiam szczęśliwością mamy. W mojej rodzinie czułam się nieszczęśliwa

ROZDZIAŁ 7

Druga ja

Wiesz o co chodzi.

Twoja podświadomość nauczyła się świata kiedy miałeś kilka lat. Istnieje bardzo duże prawdopodobieństwo, że ona wierzy w coś zupełnie innego niż ty.

Tyle że to ona stoi za wszystkimi emocjami, jakie masz, a więc pośrednio stoi też za każdą decyzją, jaką podejmujesz i ma bezpośredni wpływ na twoje życie.

Nie wierzysz?

A czy zdarzyło ci się ogłaszać, że gdyby zdarzyła się jakaś sytuacja, to ty na pewno zachowasz się w określony sposób, a potem kiedy rzeczywiście to zdarzenie miało miejsce, zaskakująco dla samego siebie zachowałeś się zupełnie inaczej?

Wiesz dlaczego?

Czy zdarzyło ci się, że radowałeś
się zupełnie inaczej niż
wcześniej chciałeś i zaplanowałeś?

Dlatego że twoja podświadomość kieruje twoimi reakcjami i emocjami. To ona dokonuje interpretacji każdego zdarzenia i to ona podpowiada ci co to może oznaczać. To ona naświetla każdą sprawę i osobę z bardzo określonej perspektywy i podsuwa ci gotowy obraz wraz z wieloma adnotacjami i sugestiami.

A ty podążasz za nią, odczytujesz jej interpretacje i korzystasz z jej rozwiązań, ponieważ wydaje ci się, że to jest właśnie to, czego chcesz.

W rzeczywistości to jest to, czego chce podświadomość na poziomie dojrzałości siedmioletniego chłopca (albo siedmioletniej dziewczynki), który nigdy nie miał szansy emocjonalnie dorosnąć. To ona kieruje twoim myśleniem, uczuciami, chęciami i potrzebami. I to ona w bardzo realny sposób kieruje twoim życiem.

Ja wiem, że to może brzmieć dla ciebie dziwnie albo nawet nieprawdopodobnie.

Bo ty przecież wiesz czego chcesz i to wcale nie są rzeczy, których potrzebowałby siedmioletni chłopiec.

Możesz mieć teraz na myśli nowy model smartphone'a, większy samochód, założenie rodziny, dziecko, podwyżkę, garnitur albo prezent dla teściowej. Jasne, że to są całkiem dorosłe sprawy i żaden siedmiolatek nie potrafiłby sobie z nimi poradzić.

Ale czy zastanowiłeś się kiedykolwiek *dlaczego* potrzebujesz różnych rzeczy albo osób? Skąd bierze się tęsknota za rodziną albo dziećmi? Od czego zależy to, czego ludzie pragną najbardziej?

Tak, to właśnie zależy od tego co znajduje się w twojej podświadomości.

I teraz zobacz w jaki sposób realnie podświadomość STERUJE twoim życiem.

Ona podpowiada ci czego potrzebujesz, narzuca ci co *musisz* mieć, ona każe ci dążyć do pewnych stanów i podejmować pewne decyzje.

Rozumiesz?

Ona jest źródłem wszystkich twoich potrzeb, tęsknot i pragnień, szczególnie tych najbardziej skrytych, o których nie wie nikt oprócz ciebie.

Ona jest źródłem wszystkich twoich uzależnień i zachowań kompulsywnych, czyli takich, które *musisz* robić, niezależnie od tego czy tego chcesz czy nie.

Ona jest źródłem wszystkich decyzji, które podejmujesz teoretycznie świadomie, ale w praktyce na bazie wszystkich swoich podświadomych przekonań.

I założę się, że nie masz pojęcia co tak naprawdę siedzi w twojej duszy, bo jak niby miałeś to sprawdzić?

Pewnego dnia odkryłam, że to w co wierzę świadomie jest zupełnie czymś innym niż to, w co wierzę w głębi duszy i co naprawdę steruje moim myśleniem, odczuwaniem i zachowaniem. To był dla mnie szok.

Jak to możliwe, że jest we mnie jakby druga ja, która ma inne zdanie w wielu sprawach, a co najgorsze, jest w stanie narzucić mi to swoje zdaniem i zmusić do zrobienia rzeczy, których nie chcę robić?...

Na przykład zawsze powtarzałam, że gdyby chłopak mnie zdradził, to natychmiast od niego odejdę. Nie ma innej możliwości. Byłam absolutnie przekonana o tym, że to jest jedyna słuszna rzecz, jaką można zrobić w tej sytuacji.

Ale kiedy znalazłam dowód na to, że mój chłopak nie jest wobec mnie uczciwy, to wcale nie odeszłam, tylko załamałam się, płakałam przez kilka dni i czułam się jak małe, skrzywdzone dziecko. I właśnie wtedy najbardziej go potrzebowałam. Chciałam, żeby mnie pocieszył, przytulił, zaopiekował się mną – mimo że jednocześnie czułam się przez niego skrzywdzona, zraniona i odepchnięta. W mętliku moich własnych sprzecznych emocji płakałam jeszcze bardziej.

Albo kiedy usiłowałam rzucić palenie. Wiedziałam, że to jest dobra i słuszna decyzja. Wiedziałam, że tego *chcę* i nie miałam żadnych wątpliwości. Wyrzuciłam do kosza ostatnią paczkę papierosów i poczułam się cudownie wolna. Wreszcie pokonałam nałóg!

Mojej siły i dobrego samopoczucia wystarczyło mi na kilka godzin, a potem pojawił się tak naglący głód za papierosem, że nie mogłam się mu oprzeć. Każda myśl krążyła wokół papierosa. Wszystko we mnie drżało i dygotało z tęsknoty za papierosem! Wszystko we mnie krzyczało, że tego właśnie chcę i dlaczego mam sobie odmawiać czegoś, co mi tak bardzo smakuje?...

Odkopałam papierosy wśród śmieci, zapaliłam, zaciągnęłam się i... Zamiast spodziewanej przyjemności poczułam ból i przykrość. Pomyślałam, że wcale nie chcę palić!

Ale coś we mnie krzyczało, że chcę, potrzebuję i że *muszę* to robić, i był to głos tak silny i nie znoszący sprzeciwu, że nie byłam w stanie go uciszyć. Paliłam dalej. Wbrew mojej woli, ale posłusznie wobec konieczności, jaką czułam.

Znasz takie sytuacje?
Czy wiesz, że to się dzieje we wszystkich dziedzinach twojego życia?

W miłości też.

Ten mętlik, chaos, sprzeczne emocje,
poczucie bezradności wobec tego co czujesz,
niemożność zrobienia tego,
co uważasz, że chcesz i powinnaś zrobić,
instynktowne zachowania,
które uważasz za błędne, destrukcyjne albo głupie,
wrażenie, że jesteś w więzieniu swojego życia
albo w więzieniu miłości

– to wszystko właśnie jest konsekwencją konfliktu
pomiędzy tym, w co wierzy twoja podświadomość,
a tym, w co wierzysz ty świadomie.

Podświadomość jest zawsze silniejsza, ponieważ to ona od zawsze była odpowiedzialna za twoje bezpieczeństwo i utrzymanie cię przy życiu.

Ona jest niewidocznym prezesem, przez którego przechodzą absolutnie wszystkie dokumenty twojej firmy zwanej życiem.

Powiem ci tylko tyle: tak długo jak nie spotkasz się z prezesem i nie nawiążesz z nim prawdziwej przyjaźni i porozumienia, ciągle będziesz błądzić i płakać.

ROZDZIAŁ 8

Odchodzę!

Zróbmy jeszcze jedno proste ćwiczenie.

Spróbuj na chwilę uwolnić swoje myśli. Nie zastanawiaj się zbyt długo nad tym co czujesz ani co myślisz.

Weź ołówek i bez zastanowienia pisz to, co przyjdzie ci do głowy.

W tym ćwiczeniu nie ma dobrych ani złych odpowiedzi. Wszystkie są dobre – bo są prawdziwe i są twoje.

Nie musisz więc starać się wypaść lepiej ani zwyciężyć w podsumowaniu, dlatego że nie ma tu liczenia punktów ani psychologicznych pułapek.

Zrelaksuj się, odetchnij głęboko, weź ołówek i napisz to, co przychodzi ci do głowy. Możesz żartować, wygłupiać się, przesadzać albo przeklinać – cokolwiek, na co masz akurat ochotę.

Byle na luzie i bez namysłu.

Zaczynamy.

Życie jest zawsze

Tak naprawdę najbardziej chciałabym

Zawsze marzyłam o tym, żeby

Wiem, że to jest niemożliwe, ponieważ

W gruncie rzeczy jestem po prostu

Najbardziej na świecie brakuje mi

Gdybym miała określić siebie jednym słowem, napisałabym

Najbardziej na świecie lubię

Najbardziej na świecie nienawidzę.

Wiem, że nigdy

Wiem, że zawsze

Napisz siedem słów, które jako pierwsze przyjdą ci do głowy w odpowiedzi na pytanie *Jaka jestem naprawdę?*

1.

2.

3.

4.

5.

6.

7.

Jeżeli naprawdę pozwoliłaś sobie na chwilę wolności i nie kontrolowałaś swoich myśli ani wypowiedzi, to pewnie jesteś zaskoczona tym, co napisałaś.

Wiesz dlaczego.

Bo to napisała twoja podświadomość.

To jest to, w co naprawdę skrycie w głębi serca wierzysz.

To jest to, co naprawdę uważasz na temat samej siebie, życia i miłości.

To jest to, co w najbardziej realny sposób wpływa na kształt twoich związków i na całą twoją rzeczywistość, łącznie z twoją pracą, pasjami, podejściem do pieniędzy i innych ludzi.
To jest prawdziwa prawda o tobie.

Taka, jakiej pewnie zupełnie się nie spodziewałaś.

Ale to jest właśnie to, co określa kształt twojego życia we wszystkich jego nawet najdrobniejszych przejawach.

Ze mną też tak było.

To co myślałam o sobie nie miało prawie nic wspólnego z tym, w co naprawdę o sobie wierzyłam. I byłam kompletnie nieświadoma tego, że są to dwa zupełnie różne światy.

I tak właśnie pewnego dnia trzasnęłam drzwiami z wściekłością, wykrzyczałam, że mam tego dosyć i wyprowadzam się. Nie dzwoń do mnie!

Byłam silna! Tak o sobie wtedy myślałam. Jestem w stanie zadbać o moje życie i nie będę ofiarą w związku, w którym nie czuję się szczęśliwa! Nie zamierzam być z człowiekiem, który jest nałogowym kłamcą i sam już chyba nie wie kiedy mówi prawdę, a kiedy zmyśla.

Odchodzę!

To jest jedyna racjonalna i słuszna rzecz, jaką należy zrobić. Już dawno zresztą o tym myślałam, ale zawsze coś mnie powstrzymywało. Ale dosyć tego. Mam prawo do tego, żeby być szczęśliwa i zasługuję na to, żeby być z kimś, kto mnie szanuje i jest uczciwy.

Tak! To jest dokładnie to, czego chcę!
Postąpiłam słusznie!
Jestem silna!
Daję sobie radę!
Odchodzę i nieważne co będzie dalej, bo najważniejsze jest to, żeby być wiernym sobie!

Hurra! Zwycięstwo!
To jest moje życie!!!
Będę szczęśliwa!
Jestem siłaczem!!!

Byłam wtedy naprawdę szczęśliwa i naprawdę, stuprocentowo przekonana o tym, że postąpiłam słusznie. Bez cienia wątpliwości. Zbyt długo znosiłam niepewność i poczucie, że nie jestem traktowana uczciwie i z szacunkiem. Najpierw w ogóle tego nie dostrzegałam, potem przymykałam oko, potem ignorowałam, a potem po prostu często płakałam z żalu i bezradności.

Ale koniec z tym. Koniec!

Nie pozwolę się tak traktować i teraz wreszcie wiem, że to jest zły związek, a ja nie chcę w nim tkwić.

Odzyskuję wolność!

Ach, jak cudownie, jak wspaniale, nareszcie!!! Tak długo na to czekałam!...

Szłam po pustej ulicy i oddychałam wolnością.

Tego właśnie chciałam!

Tak, tego właśnie chciałam już od dawna!

Nareszcie zrobiłam to, co powinnam była zrobić już dawno.

Jestem silna! Jestem wolna!

Siły wystarczyło mi na kilka godzin.

Wieczorem usiadłam samotnie nad kubkiem herbaty i rozkleiłam się jak dziecko.

Nie czułam już ani odrobiny radości, siły ani szczęścia, które wypełniały mnie wcześniej. Po prostu znikły, a w ich miejsce pojawił się żal, samotność i bezbrzeżny smutek, którego nie umiałam uleczyć.

Wszystkie myśli krążyły wokół niego. Wokół tego, co było między nami dobre i tkliwe. Wokół chwil kiedy śmialiśmy się razem, trzymaliśmy się za ręce albo patrzyliśmy sobie w oczy.

Siedziałam przy stole, łzy kapały mi do herbaty, a ja czułam się jak bezradne, opuszczone, bezdomne dziecko.

Nie byłam już ani trochę silna.

Nieważne było to czy on kłamie, czy nie. Czy mnie szanuje, czy jest lojalny. Nieważne.

Jedyne, co się liczyło w tamtej chwili to to, że jestem sama i jest mi z tym tak okropnie źle, ciężko i nieszczęśliwie, że całą duszą pragnę tylko jednego – WRÓCIĆ DO NIEGO!!!

Widzisz?

To jest właśnie idealny przykład na rozbieżność między tym w co wierzy twoja podświadomość, a tym, w co wydaje ci się, że ty wierzysz świadomie.

Ja byłam przekonana o tym, że jestem silna i niezależna.

Często powtarzałam, że jestem samodzielna i nikogo nie potrzebuję. Że jeżeli on będzie chciał odejść, to droga wolna. W każdej chwili możemy się rozstać, a ja wtedy zorganizuję sobie bez problemu moje życie na nowo.

To była prawda z mojego punktu widzenia. Naprawdę w to wierzyłam!

A jednak to była prawda tylko na poziomie deklaracji.

Prawda w teorii.

Dlatego że kiedy doszło co do czego, okazało się, że w moim sercu prawda jest zupełnie inna!

ŚWIADOMIE:

Myślałam, że jestem silna, niezależna, samodzielna i świetnie poradzę sobie sama. Myślałam i mówiłam, że nie potrzebuję nikogo do szczęścia, więc jeżeli on będzie chciał odejść, to droga wolna. Dam sobie świetnie radę sama.

PODŚWIADOMIE:

W rzeczywistości w głębi duszy byłam jak małe dziecko spragnione opieki, które najbardziej bało się tego, że zostanie odtrącone, opuszczone, samotne i bezdomne. Bardzo potrzebowałam być z kimś, a bycie samą było tak przerażające, że wydawało się nie do zniesienia.

Zwróć uwagę na to, że to co myślałam o sobie świadomie i to, co czułam podświadomie, to dwie zupełnie różne koncepcje, które stały ze sobą w sprzeczności.

Świadomie zaprzeczałam mojej potrzebie bycia z kimś i byłam przekonana, że świetnie poradzę sobie sama.

Podświadomie moja rozpaczliwa potrzeba bycia z kimś była najsilniejszą emocją, która narzucała się na wszystko, co istniało w moim życiu. Na wszystko, co robiłam i na wszystko, czego pragnęłam.

Niezależnie od tego co sama w teorii o sobie myślałam i głosiłam, to było prawdziwą siłą napędową wszystkiego, co się działo, zdarzyło i miało się zdarzyć.

I z tobą jest dokładnie tak samo.

Z każdym człowiekiem jest dokładnie właśnie tak.

Każdy nosi w sobie zestaw podświadomych przekonań, które w rzeczywistością rządzą jego życiem.

Jeżeli to, co nosisz w swojej podświadomości jest dalekie – albo wprost sprzeczne, tak jak było w moim przypadku – od tego, w co wierzysz świadomie, to twoje życie i twoje związki są pasmem nieprzewidywalnych chwilowych odlotów i bardzo bolesnych upadków, a ty masz wrażenie, że jesteś ofiarą sił większych od siebie, które tak mącą rzeczywistość, że nie istnieje sposób, żeby się w niej szczęśliwie odnaleźć.

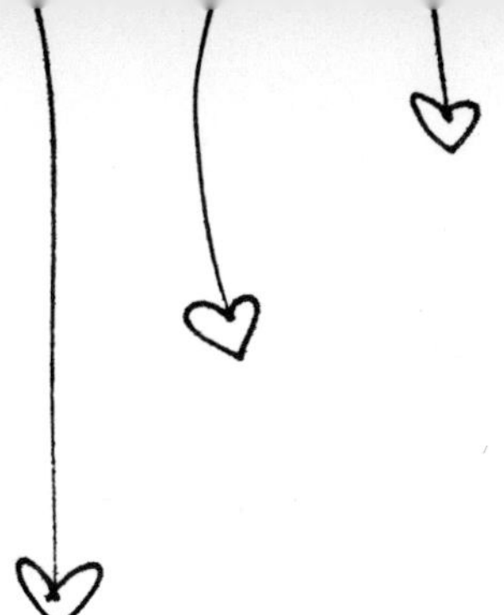

ROZDZIAŁ 9

Wycieczka za miasto

Odkryłam i zrozumiałam te dwa różne światy istniejące w moim umyśle. Dostrzegłam jakimi prawami się rządzą i jak przekładają się na moją rzeczywistość.

Zauważyłam też, że czasem jestem w stanie nawiązać kontakt z moją podświadomością i dostaję wtedy od niej zdumiewające komunikaty albo informacje.

Wzięłam ołówek i napisałam:

Miłość jest....

A potem bez namysłu uzupełniłam: *głupia, bezsensowna, okrutna, krótka, kłamliwa, zawsze się kończy i nigdy nie można jej zaufać.*

To były pierwsze określenia, jakie przyszły mi do głowy.

Przeczytałam je ze zdumieniem. Bo gdybyś wtedy przyszedł do mnie, usiadł przy stole i zapytał:

– Co myślisz o miłości?

Odpowiedziałabym:

– Miłość jest piękna. Miłość jest delikatna, czasem nieuchwytna, ale czasem oplata cię jak szczęśliwa tęcza i wtedy wiesz, że wszystko będzie dobrze.

Świadomie, racjonalnym umysłem tak właśnie określałam miłość. Jako coś dobrego, miłego, bezpiecznego, wiodącego do przyjemności i radości.

Tymczasem w głębi serca miałam o niej zupełnie inne zdanie! Tak naprawdę podświadomie uważałam miłość za coś groźnego i niebezpiecznego!

A ponieważ – jak już wcześniej napisałam – to właśnie podświadomość narzuca kształt wszystkiemu, na co patrzysz – to w każdym związku mimowolnie doszukiwałam się kłamstw, zagrożeń i niebezpieczeństwa, że zostanę porzucona.

Krótko mówiąc – kiedy tylko wchodziłam w nowy związek, natychmiast (podświadomie) wiedziałam, że on się niedługo skończy, a ja będę nieszczęśliwa.

Ponieważ moja podświadomość właśnie w to wierzyła!!!

To oznacza, że mimo pięknych deklaracji w rzeczywistości sabotowałam samą siebie i usiłowałam znaleźć potwierdzenie tego wszystkiego, w co naprawdę w głębi serca wierzyłam.

Moje podświadome przekonania o tym czym jest miłość miały największy wpływ na to jak traktowałam drugą osobę, jak czułam się w związku i jaką przyszłość byłam w stanie mu dać.

Kiedy podświadomie wierzysz w to,
że miłość jest głupia, nieuczciwa,
zawsze cię oszuka i zawsze cię skrzywdzi,
to (podświadomie) przez cały czas szukasz potwierdzenia,
że tak właśnie jest.
W praktyce to oznacza, że zatruwasz swój związek
podejrzeniami i oczekiwaniem katastrofy,
a na drugą osobę (podświadomie) patrzysz
jak na potencjalnego przestępcę.

I cokolwiek dzieje się w twoim życiu, ty WIESZ (podświadomie), że to się musi źle skończyć, że zostaniesz skrzywdzony, odrzucony, oszukany i że będziesz się czuł nieszczęśliwy i zrozpaczony. Ty po prostu w to (podświadomie) wierzysz tak mocno, że nieumyślnie tego właśnie doszukujesz się we wszystkim, co cię otacza.

I na pewno domyślasz się jaki to ma wpływ na twoje życie, prawda?

Powiem ci, że to działa w niesamowicie zdumiewający sposób. Jeżeli podświadomie wierzysz w to, że miłość jest zawsze czymś groźnym, bo przecież wszystkie związki zawsze się rozpadają i nikt nigdy nie umie być ze sobą szczęśliwy, to niechcący ty sam zaczynasz kreować takie sytuacje, żeby potwierdzić te przypuszczenia i obawy.

Wyobrażasz sobie?

Nawet kiedy jesteś w szczęśliwym związku, kiedy ktoś kocha cię szczerze i uczciwie, i macie dobre życie, to ty nosisz w duszy przekonanie o tym, że *to nie może długo trwać*, więc mimowolnie i podświadomie usiłujesz zniszczyć to wasze dobre życie po to, żeby potwierdzić to, w co nieświadomie wierzysz.

Rozumiesz?

Podam ci przykład.

Pewnego dnia jechaliśmy z moim chłopakiem samochodem za miasto. Był piękny, słoneczny poranek. Miedzy nami układało się dobrze. Ale ja byłam od rana w złym humorze. Bez konkretnego powodu. Po prostu nic mi nie pasowało.

Wsiadłam naburmuszona do samochodu, ruszyliśmy. Mój chłopak próbował zagadnąć, ale coś mu tylko odburknęłam, więc włączył radio.

A ja wtedy nagle wybuchłam:

– My już nawet nie mamy ze sobą nic wspólnego! – zawołałam.

– Słucham?? – zapytał.

– Coraz mniej nas ze sobą łączy! Nie mamy wspólnych zainteresowań! Nie ma czegoś takiego, co chcielibyśmy razem robić i co sprawiałoby nam przyjemność!

– O czym ty mówisz?? – zapytał, jeszcze bardziej zdumiony.

– O nas! – powiedziałam ze złością. – Mówię o nas! Czy ty tego nie widzisz?!

– Czego nie widzę?

Kiedy nie pisał wieczorem, że mnie kocha, to dla mnie oznaczało, że przestał mnie kochać.

– Że my mamy ze sobą coraz mniej wspólnego! Nawet nie potrafimy ze sobą rozmawiać! Ja mówię coś do ciebie, a ty w ogóle nie rozumiesz o co mi chodzi! Jak taki związek ma przetrwać jeżeli tak mało nas łączy?

Krótko mówiąc: szukałam dziury w całym.

Zamiast cieszyć się tym, że razem jedziemy na wycieczkę, zamiast cieszyć się pięknym letnim dniem i tym, że mam chłopaka, ja podświadomie usiłowałam to wszystko zepsuć.

Widzisz to?

Własnymi rękami chciałam zepsuć to, co było między nami, zepsuć dobry nastrój, zepsuć tę wycieczkę i cały ten dzień, dlatego że to bardziej mi pasowało do tego, w co naprawdę wierzyłam w kwestii miłości.

Podświadomie byłam przekonana o tym, że to i tak nie może się udać. Ten związek i tak nie przetrwa, i tak musi się rozpaść, a ja na pewno będę nieszczęśliwa kiedy się rozpadnie, więc po co dłużej na to czekać? Zakończmy to już teraz! Po co przedłużać agonię czegoś, co i tak od samego początku jest skazane na porażkę i koniec?

Znasz to może ze swojego życia?

Zdarzyło ci się patrzeć na twojego chłopaka i zastanawiać się co zrobisz kiedy on odejdzie, bo przecież jest *oczywiste*, że on znajdzie sobie kogoś lepszego?

Zdarzyło ci się ustawiać książki na półce i zastanawiać się jak je podzielicie w chwili rozstania?

Zdarzyło ci się zastanawiać z kim mogłabyś być kiedy ten związek się skończy, mimo że pewnie jeszcze nawet dobrze się nie rozpoczął?

Czy zdarzyło ci się myśleć, że może będzie lepiej jeżeli ty zdradzisz swojego chłopaka jako pierwsza, bo wtedy mniej będzie cię bolało kiedy on cię zdradzi?

Ja tak miałam przez pół życia.

W każdym szczęśliwym związku
od początku byłam częściowo nieszczęśliwa,
ponieważ część mnie wiedziała na
pewno, że *to nie może się udać.*
Po prostu nie ma takiej możliwości, żeby to się udało.
To się po prostu *nigdy nie udaje.*
Nigdy.

Od początku więc w każdej znajomości
czułam, że nadciąga koniec.

I chcąc nie chcąc przez cały czas
szukałam dowodów na to, że koniec się zbliża!

Kiedy chłopak wychodził albo wyjeżdżał i nie odzywał się do mnie przez jakiś czas, we mnie pojawiało się przekonanie, że pewnie spotkał kogoś interesującego i już zakochuje się w kimś innym.

Kiedy nie pisał mi wieczorem, że mnie kocha, to był dla mnie jasny znak, że już przestał mnie kochać.

Kiedy mówił, że chce wyjść z kolegami na mecz, dla mnie to brzmiało jak dowód na to, że nie chce już spędzać ze mną czasu, bo się mną znudził.

Szaleństwo.

Wszędzie widziałam dowody na to, że szczęście nie może trwać, a nasz związek – podobnie jak wszystkie związki na świecie – jest skazany na katastrofę i śmierć.

Kiedy dowodów nie było wystarczająco dużo, próbowałam je tworzyć – tak jak wtedy w samochodzie, kiedy upierałam się, że między nam jest coraz mniej wspólnego i że zmierzamy prosto do przepaści.

Tak bardzo potrzebowałam miłości.
I tak bardzo nie byłam w stanie jej przyjąć.

Z jednej strony jej pragnęłam, ale z drugiej strony byłam (podświadomie) przekonana o tym, że miłość zawsze boli, zawsze rani i zawsze się kończy, więc nawet kiedy spotykałam kogoś, kto chciał mi ją dać, ja robiłam wszystko, co w mojej mocy, żeby ją zniszczyć.

Wiesz dlaczego?

Było tak dlatego, że moja podświadomość wierzyła w to, że szczęśliwa miłość nie istnieje.

Moja podświadomość wierzyła w to, że miłość jest głupia, okrutna, bez sensu i zawsze boli.

A ponieważ podświadomość rządzi wszystkim, co masz w życiu – emocjami, myślami, słowami, czynami – to właśnie podświadomość niszczyła wszystkie moje związki po to, żeby udowodnić, że ma rację.

Czy wiesz, że twoja podświadomość prawdopodobnie robi to samo?

ROZDZIAŁ 10

Na karuzeli zdarzeń

Poprosiłam cię, żebyś zrobił ćwiczenie w rozdziale szóstym, żebyś sam mógł zobaczyć w co wierzysz.

Wiem, że być może masz piękne wyobrażenie o miłości. Że może marzysz o ciepłym, dobrym domu, w którym mieszkają kochający się ludzie, pachnie świeżo upieczony chleb, a wesoła gromadka dzieci zgodnie bawi się przy stole.

To jest być może to, czego brakowało ci w dzieciństwie i pewnie obiecałeś sobie – albo wymarzyłeś sobie – że kiedy będziesz dorosły, stworzysz taki spokojny, ciepły, piękny dom.

Ale czy zauważyłeś, że to co mówisz wcale nie jest tym samym, co myślisz kiedy patrzysz na swoją narzeczoną albo żonę?

Ona miała być wcieleniem wszystkich twoich tęsknot, a tymczasem robi i mówi rzeczy, które cię wkurzają, irytują albo które uważasz po prostu za głupie.

Wiesz dlaczego tak jest?

Twoja podświadomość wybrała tę dziewczynę spomiędzy innych dziewczyn dlatego, że najlepiej pasowała do *jej* (czyli twojej podświadomości) wyobrażeń o miłości, domu i rodzinie.

Spójrz teraz co napisałeś o swoim rodzinnym domu. Jak zapamiętałeś swoich rodziców? Jak zapamiętałeś samego siebie z czasów kiedy byłeś dzieckiem? Czego ci wtedy najbardziej brakowało? Za czym najbardziej tęskniłeś? Czego potrzebowałeś?

Cofnij się do strony 53 i sprawdź.

Spróbuj spojrzeć na to co jest tam napisane tak, jakby napisał to ktoś, kogo spotykasz po raz pierwszy.

Co byś o nim pomyślał?

Jaki jest jego świat?

Czego ta osoba najbardziej potrzebuje? Czego się boi?

To właśnie jesteś prawdziwy ty.

Ten ukryty w twojej własnej duszy.

Ten, który naprawdę z ukrycia rządzi twoim życiem.

Ten, który nigdy nie był szczęśliwy w miłości.

I teraz wreszcie wiesz już dlaczego.

Powiem ci jeszcze coś.

Z mojego doświadczenia wynika, że to jest niekończąca się karuzela powtarzających się doświadczeń. Spotykasz kogoś, zakochujesz się, jesteś szczęśliwy, potem coś zaczyna się psuć, a ty zależnie od sytuacji trwasz w ułomnym i niezbyt szczęśliwym związku przez jakiś czas, aż wreszcie to się rozpada.

Następny związek, chwila nadziei, odrobina szczęścia, a potem nawarstwiające się konflikty, kłótnie, myśli o rozstaniu, i to samo szarpiące uczucie, że jest źle, że to nie działa i że to będzie musiało się rozpaść.

Czasem usiłujesz ze wszystkich sił podtrzymać ten związek. Myślisz, że może jeśli ustąpisz we wszystkim, będziesz się ubierać tak jak on chce i robić tylko to, co on akceptuje, to może wreszcie poczujesz się lepiej, bezpieczniej i uratujesz to, co jest między wami.

Ale im bardziej tracisz siebie, im mocniej oddalasz się od tego kim naprawdę jesteś, mętlik staje się jeszcze większy, a ty już nie masz pojęcia dlaczego tak jest,

Przecież jesteś gotowa zrobić dla niego wszystko.

Chętnie ustąpisz we wszystkim i dostosujesz się do jego potrzeb.

Mówisz, że ty tak naprawdę nie potrzebujesz niczego.

Chcesz tylko, żeby on był szczęśliwy.

Jak więc to możliwe, że to nie działa, a ty znów płaczesz, czujesz się samotna, odrzucona i skreślona przez życie?

Nie wiesz?...

To zacznijmy od początku.

Od tego czym jest miłość.

A właściwie od tego czym miłość wydaje się być, bo tak widzisz ją dookoła.

ROZDZIAŁ 11

Gdy ciebie zabraknie

To zabawne, że szkoła uczy nas wzorów chemicznych na określenie związków, z którymi nigdy później w życiu nie będziemy mieli nic wspólnego.

Czy po skończeniu szkoły zetknąłeś się kiedykolwiek z aldehydem 1-naftoesowym? A może z N-fenylotiohydantoiną glicyny? Nie?

Powiem ci, że ze związków chemicznych w dorosłym życiu miałam do czynienia jedynie z częścią butanolu, ha, ha, ha, a było to wtedy kiedy pojechałam do Królestwa Butanu. Butanol – Butan[1].

Ale serio.

---

1 Oficjalnie himalajskie królestwo nazywa się Bhutan, co po polsku wymawia się „Butan".

Na lekcjach chemii uczymy się o wielu związkach. Tylko nie o tych, które są potrzebne.

No ale skądś musimy czerpać wiedzę, prawda?

Co to jest miłość?

Skąd bierze się szczęście?

Skąd wziąć wiarę we własne siły?

Co zrobić, żeby mieć szczęśliwe życie?

Jak zdobyć poczucie własnej wartości?

Myślisz, że na te pytania dostaniesz odpowiedź od rodziców? Ale przecież oni nie wiedzą. Zobacz jak kręcą się w kółko swoich uprzedzeń, uzależnień, przyzwyczajeń, rozpaczy i chwilowych przebłysków nadziei. Jak biegną naprzód w gorączkowym pośpiechu, podejmują nielogiczne decyzje, rozbijają sobie głowy i płaczą, i wcale nie rozumieją gdzie popełnili błąd, więc następnym razem najprawdopodobniej popełnią go na nowo.

W czym są mądrzejsi od przedszkolaków?

W tym, że mają duże samochody, konto w banku albo pantofle na wysokich obcasach?

To tylko pozór dorosłości.

W gruncie rzeczy są tak samo zagubieni jak kilkuletnie dzieci, a ich sposób myślenia o świecie, miłości, związkach, sukcesie czy szczęściu jest nie tylko niedojrzały. Jest dziecinnie nierealny i nieprawdziwy.

Dlatego pewnie nie znasz żadnych szczęśliwych dorosłych.

Skąd więc bierzemy wiedzę na ten temat?

Wiedzę czerpiemy ze wszystkich źródeł, jakie są akurat dostępne dookoła: obserwacji najbliższego otoczenia, z filmów, z piosenek, z opowieści znajomych, z gazet i z internetu.

Jeśli zbierzesz i przeanalizujesz to, co pisze się, mówi i śpiewa o miłości, wniosek jest tylko jeden: związki są niebezpieczne.

Przejrzyj codzienne gazety i portale internetowe. W rodzinie można zostać posiekanym siekierą przez męża. Dzieci topią się w narkotykach i chorobach psychicznych. Ciągle ktoś kogoś zdradza. Co trzecie małżeństwo rozpada się i rozwodzi. Dookoła jest pełno samotnych, nieszczęśliwych singli, którzy pragną z kimś być, ale ciągle pakują się w pechowe związki z niewłaściwymi osobami.

A jednocześnie każdy *musi* kogoś mieć. Panuje powszechne przekonanie, że kiedy jestem sam, to jestem zagubiony i nieszczęśliwy. Koniecznie więc muszę połączyć się z kimś w parę, ale wiesz po co? Żeby być nieszczęśliwym i zagubionym razem z tą drugą osobą. Nie ma wyjścia z tego labiryntu.

Pamiętam z jakim przejęciem śpiewałam kiedyś na cały głos piosenkę „Zaopiekuj się mną" zespołu Rezerwat. To było dokładnie to, co czułam!

Zaopiekuj się mną nawet gdy powodów brak, zaopiekuj się mną, mocno tak. I prawie kochasz mnie i jesteś obok, już nienawidzę cię tak kolorowo.

Czy po skończeniu szkoły zetknąłeś się ze związkiem o nazwie aldehyd 1-naftoesowy? :)

Nie ma miłości bez nienawiści. Tak myślałam. Nie ma szczęścia bez rozpaczy. Nie ma związku bez rozstania. Nie ma śmiechu bez łez.

Dlatego kiedy tylko zaczynałam być szczęśliwa, instynktownie szukałam tego, co przecież zawsze musiało przyjść – cierpienia, bólu, żalu, rozczarowania. A jeśli szukasz, to zawsze znajdziesz.

Siedzieliśmy sobie szczęśliwie na kanapie i oglądaliśmy film. Wszystko było fantastycznie pozytywnie. Trzymaliśmy się za ręce, w kieliszkach lśniło wino, cudowny wieczór we dwoje. Zbyt cudowny. Zbyt miły. Moja podświadomość wysyła sygnał ostrzegawczy. Coś jest nie tak. Chwila szczęścia zawsze oznacza, że za moment coś musi się rozsypać.

Siedzę na tej kanapie z moim chłopakiem i zaczynam rozpamiętywać ostatnie dni i godziny. Wczoraj po południu nie odzywał się przez kilka godzin. Gdzie był? Co robił? Z kim? Może on się z kimś ukradkiem spotyka?

Rzucam mu spojrzenie. Odpowiada mi uśmiechem, ale ja już jestem spięta, usztywniona strachem i podświadomym oczekiwaniem przykrości.

To dlatego właśnie rozpadają się związki.

Bo ludzie, które je tworzą, sami nie są w stanie uwierzyć w miłość i dać sobie szansy na szczęście.

A poza tym wchodzą w związki z całym ładunkiem podświadomych oczekiwań wobec drugiej osoby. Do tego wrócę za chwilę.

Przyjrzyj się słowom twoich ulubionych piosenek.

Wiesz co znajdziesz?

I'm lost without you – Jestem zagubiony bez ciebie. Sting.

I have nothing if I don't have you – Nie mam nic jeśli nie mam ciebie. Whitney Houston.

Tego chciałam – zalanych łzami nocy, właśnie to dostałam. Wciąż będę czekać na twój znak, choć nadaremnie, pomiędzy nami nie wydarzy się nic więcej. Tyle twoich słów w głowie ciągle mam, tyle pięknych słów, że uwierzyłam, że już zawsze będzie tak. Ania Dąbrowska

Gdy ciebie zabraknie i ziemia rozstąpi się, w nicości trwam. Gdy kiedyś odejdziesz, nas już nie będzie i siebie nie znajdziesz też. Edyta Bartosiewicz

Spać, przespać rok, siedem lat, krasnoludy, końce świata śnić, bo tu nic, tylko śmierć, usychanie tkanek, rozpacz, że nie kochasz mnie. Hey

Patrzę jak miesza się to czego nie ma i to co jest, a potem kiedy mówię wprost, milczysz i odwracasz wzrok. Tysiąc wypitych razem kaw, głupi myślałem, że cię znam. W rzucaniu kamieniami słów znowu przegrywam trzy do dwóch. Chociaż jak syreny budzą mnie o tobie sny, jedno wiem na pewno – nie chciałbym bez ciebie żyć. Artur Rojek.

Wszędzie gdzie spojrzysz – miłość zawsze miesza się z rozpaczą, a szczęście z łzami. Tak jakby nie mogły bez siebie żyć. Tak jakby nie mogły istnieć bez siebie.

Każdy początek ma w siebie wpisany koniec, a za każdym wyznaniem miłości czai się nieunikniona zdrada.

Czy ty w to wierzysz?

Ja wierzyłam w to przez pół życia, choć właściwie nigdy nie zadałam sobie świadomie takiego pytania.

Nie zapytałam siebie świadomie w co wierzę.

Taki obraz zapisał się w mojej podświadomości, a ja po prostu uniosłam go ze sobą w dorosłość.

I nie tylko to.

Jest jeszcze jedna rzecz dotycząca miłości, równie nieprawdziwa i ułomna, która przenika do podświadomości, rządzi naszym sposobem myślenia i niszczy nasze związki.

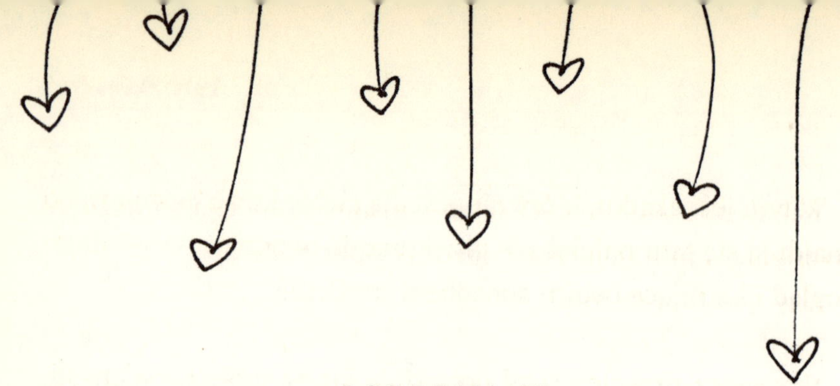

ROZDZIAŁ 12

Suknia ślubna

Sytuacja jest więc taka.

Wychowujesz się w społeczeństwie, gdzie wszyscy przekonują cię o tym, że miłość zawsze jest nieszczęśliwa i przemieszana z nienawiścią, a jednocześnie wszyscy twierdzą, że nie ma w życiu właściwie innej możliwości. Musisz być z kimś.

Dorastasz w chaosie przeciwstawnych sygnałów mówiących o tym, że miłość jest największą wartością na świecie oraz że miłość jest zawsze nieszczęśliwa.

Z jednej strony pragniesz miłości jako koniecznego dopełnienia swojego życia, ale z drugiej strony nosisz w sobie równie wielki strach przed cierpieniem, jakiego z całą pewnością doświadczysz.

Nie mówię teraz o tym co myślisz świadomie.

Mam na myśli to, co dzieje się w twojej duszy.

W tym jej zakątku, który nie jest dla ciebie łatwo dostępny, bo znajdują się tam najgłębsze przekonania tworzące twój światopogląd i kierujące twoim sposobem myślenia.

Nie wiesz przecież *skąd* pojawiają się w tobie takie myśli, prawda?

Takie, a nie inne?

Czy zastanawiałeś się kiedykolwiek *dlaczego* tak bardzo atrakcyjna wydała ci się akurat ta jedna dziewczyna, mimo że stała w otoczeniu kilku innych?

Albo dlaczego nie mogłaś oderwać wzroku od akurat tego chłopaka, chociaż twoje przyjaciółki wybrałyby kogoś innego?

Albo dlaczego niektóre sceny w filmach wydają ci się tak wzruszające, że płaczesz – mimo że u innych osób wcale nie wywołują tak silnych emocji?

Albo dlaczego czujesz tak wielką potrzebę, żeby osiągnąć coś, co wydaje ci się ważne?

Albo dlaczego tak bardzo starasz się wypaść najlepiej w oczach innych ludzi?

Tak po prostu jest, prawda?

Czujesz taką potrzebę albo taką chęć, coś albo ktoś wydaje ci się bardziej atrakcyjne od innych. Taki po prostu jesteś.

**Powiem ci, że jesteś taki, jak to,
co jest zapisane w twojej podświadomości.**

To nie przypadek, że zwracasz szczególną uwagę na wybrane osoby albo rzeczy, że zależy ci właśnie na tym, a nie na czymś innym, i to nie jest przypadek, że potrzebujesz tego, czego potrzebujesz.

Wszystko ma swoje źródło w twojej podświadomości. Twoje szczęście w miłości też.

W dodatku twoja podświadomość jest ukryta w tobie i przed tobą samym, więc na 99% nie wiesz co w niej siedzi.

Ale niezależnie od tego czy to wiesz, czy nie, to właśnie ona zarządza całym twoim istnieniem.

Twoja podświadomość jest jak koszyk, z którym szedłeś przez łąkę i przez las. Jest w niej to wszystko, co zbierałeś przez pierwsze lata twojego życia. Równiutko ułożone, uporządkowane, opisane, z odpowiednimi etykietkami. Jak pliki w komputerze. To one właśnie uruchamiają w tobie procesy myślowe w każdej życiowej sytuacji, czyli dostarczają ci podstawowych wyjściowych danych.

A jeśli przypomnę ci, że wyjściowe dane były zbierane i kompilowane na podstawie obserwacji otaczającego cię świata, to łatwo domyślisz się, że niektóre z nich mogą być błędne albo nawet wprost kompletnie bezsensowne i szkodliwe.

Tak właśnie jest z miłością.

Wszyscy mówią, że trzeba kogoś mieć. W filmach widać ludzi, którzy stają się szczęśliwi dopiero wtedy kiedy spotkają właściwą osobę i zakochają się z wzajemnością. Podczas spaceru przez miasto natykasz się na sklepy z obrączkami obiecującymi szczęście. Na okładce czasopism dla kobiet widzisz błyszczące z radości oczy aktorki, która dopiero w miłości znalazła prawdziwe szczęście. Portale plotkarskie na bieżąco donoszą o tym kto z kim jest, a kto się z kim rozstał, tak jakby to były informacje niezbędne ci do życia. W piosenkach ciągle ktoś śpiewa o tym, że nie może bez niej żyć albo marzy o tym, żeby znów być z nim.

Każdy musi być z kimś!
Nie ma miejsca ani czasu na to, żeby być singlem!

Czy ktoś kiedykolwiek powiedział ci, że dobrze jest czasem w życiu być samemu?

Czy w jakiejkolwiek szkolnej lekturze spotkałeś się z bohaterem, który był singlem i był *szczęśliwy*? Idę o zakład, że nie. Na pewno jednak łatwo przypomnisz sobie takich bohaterów książek z dzieciństwa, którzy zostali porzuceni, odtrąceni i ogromnie z tego powodu cierpieli.

Widzisz to?

Świat narzuca nam przekonanie
o konieczności bycia z kimś!

Można powiedzieć, że zamyka nas w więzieniu myślenia,
że *musimy* być z kimś, mieć kogoś,
stworzyć z kimś związek, kochać kogoś
oraz być przez kogoś kochanym.

Mało tego.

Z góry określa też jak to ma wyglądać, jaką rolę będziesz pełnić w związku, co on ci przyniesie oraz w jaki sposób.

Czy pamiętasz jak przedziwnie tkliwą tęsknotę budziły w tobie opowieści o księżniczkach, które spotykały swojego księcia? Też tak chciałaś, prawda?

Przypomnij sobie co czułaś na widok cudownie lekkiej, białej, puszystej sukni ślubnej. Być może widziałaś ją na fotografii, na wystawie sklepu, w kościele podczas czyjegoś ślubu albo w komedii romantycznej.

Czy ta suknia symbolicznie nie wyraża wszystkiego, o czym kiedykolwiek marzyłaś?

Jest lekka jak puch i nieskazitelnie biała. Tak lekkie miało być twoje życie u boku twojego mężczyzny, a ludzie dookoła ciebie mieli być nieskazitelnie uczciwi, mili i pomocni.

Jest najpiękniejsza ze wszystkich sukien, jakie będą miały na sobie inne kobiety. Jest wyjątkowa, lśniąca, przyciągająca uwagę. Prawda, że ta suknia jest wcieleniem twoich marzeń o tym jak chciałabyś, żeby ludzie postrzegali ciebie?

Tak naprawdę ty chciałabyś być tą suknią przez całe życie!

Być najpiękniejsza, wyjątkowa, podziwiana, totalnie akceptowana, w centrum uwagi i najważniejsza. Szczęśliwa, lśniąca, lekka, nieskazitelna i nieskalana. Jak prawdziwa królewna.

Nie dlatego, że się wywyższasz ponad innych, bardziej zwyczajnych ludzi, ależ skąd.

Po prostu chciałabyś być piękna, mieć dookoła tylko życzliwie uśmiechniętych przyjaciół, wśród których czułabyś się cudownie bezpieczna, akceptowana i szczęśliwa.

Przypomnij sobie.

Czy nie tego właśnie pragnęłaś w głębi duszy patrząc na czyjąś cudownie białą i lekką suknię ślubną?

Czy wiesz, że najprawdopodobniej obraz sukni ślubnej zapisał się w twoim umyśle jako *obietnica* takiego właśnie życia i być może dlatego tak bardzo wewnętrznie byłaś przekonana o tym, że *musisz* spotkać kogoś, kto poprosi cię o rękę i zostanie twoim mężem?

I jeszcze jedno.

Przypomnij sobie.

Wzorce kulturowe obowiązujące w naszej cywilizacji jasno określają kto wybiera kogo i na jakich zasadach.

Rolą dziewczyny jest czekać z nadzieją aż chłopak jej się oświadczy.

Prawda? Przypomnij sobie wszystkie filmy, jakie obejrzałaś. Kiedy chłopak się oświadcza, dziewczyna staje się szczęśliwa, oczy jej błyszczą i wszyscy jej gratulują. Tak jakby zdobyła coś najcenniejszego w życiu. Tak jakby weszła na ośmiotysięcznik, skończyła studia z wyróżnieniem, dotarła na biegun południowy, przeszła przez dżunglę nad Amazonką.

Tymczasem jej „osiągnięcie" polega na tym, że jakiś mężczyzna zaproponował, żeby wzięli ślub.

To ma być osiągnięcie? Sukces na miarę życiową? Zwycięstwo? Powód do chwały?

Nie mówię, że to nie jest przyjemne i wartościowe. Oczywiście, że jest. Chodzi mi raczej o to jakie znaczenie do tego zdarzenia domalowuje twoja fantazja i wychowanie.

Ja też wychowałam się w świecie, gdzie każda dziewczyna powinna być grzeczna, miła i ładna, bo dzięki temu być może pewnego dnia zostanie zauważona przez dobrego, przystojnego chłopaka, który nada sens reszcie jej życia.

Inaczej mówiąc: zostałam wychowana w przekonaniu, że ja jako ja jestem niepełna i niepełnowartościowa, a zmienić to się może tylko wtedy kiedy znajdę swoją drugą połowę.

Bardzo długo w to wierzyłam. Bardzo długo na to czekałam. Czułam się zagubiona i z utęsknieniem wyglądałam kogoś, kto przywróci mojemu życiu sens i porządek.

I wiesz co się stało?

Ciągle spotykałam kogoś, zakochiwałam się w kimś i nigdy nie znalazłam pełni tego sensu i porządku, a wprost przeciwnie. Moje życie stawało się coraz bardziej zagmatwane i rozbite. Zamiast płynąć naprzód pod cudownie białymi, rozpiętymi żaglami na wspólnym statku życia, ja miałam raczej wrażenie, że siedzę na kłujących skałach.

Powiem ci tak.

Wchodzimy w dorosłość z zestawem dziecinnych oczekiwań. I to właśnie boli najbardziej.

ROZDZIAŁ 13

Dwa dzbanki

Czy ty też wyrosłeś w przekonaniu, że każdy musi być z kimś, bo tylko to nadaje życiu sens i pełnię? I w jednoczesnym strachu, że bycie pojedynczym singlem czyni cię kimś niepełnym, niekompletnym i niepełnowartościowym? Że tracisz wtedy coś bardzo ważnego, co mają prawie wszyscy dookoła?

Pewnie tak.
Chyba wszyscy tak mamy, bo tak nas wychowano.
Ja też taka byłam.

Kiedy nieuchronnie kończył się jeden związek, ja myślałam tylko o jednym: gdzie spotkam kogoś, z kim znów będę mogła być.

Potrzebowałam być z kimś.
Z *kimkolwiek*.

Byłam jak wiecznie głodny wędrowiec, który przemierza kilometry dróg od jednej wioski do następnej. W każdej zatrzymuje się na pewien czas i ucztuje w miejscowym barze. Pochłania słodkie ciasta i pierogi oblane śmietaną, bułki, kotlety i śledzie. Bez namysłu zjada wszystko, co zostanie postawione na stole, nie zastanawiając się które z tych rzeczy są zdrowe, a które dadzą tylko złudzenie sytości.

Wiesz dlaczego ludzie w miastach są wiecznie głodni i ciągle mają ochotę coś zjeść? Dlatego że zjadają duże ilości bezwartościowego jedzenia, które zapełnia żołądek, ale nie przynosi wartości odżywczych, z których ciało mogłoby budować nowe komórki i swoją siłę.

Tak samo jest z miłością.

Ja czułam wieczny głód. Nigdy nie miałam dosyć. Ciągle potrzebowałam więcej. Nawet w pozornie dobrym związku nigdy nie czułam się w pełni szczęśliwa, syta i spokojna. Zawsze na dnie serca czaił się lęk, cień samotności i głód miłości.

Zobacz jak to jest.

Wyrastasz w głodzie miłości, bo wszyscy dorośli dookoła sugerują, że tylko miłość i związek z drugim człowiekiem przyniesie ci prawdziwe spełnienie, szczęście, dopełni ciebie jako człowieka i nada twojemu życiu nieskończenie ważny i niepodważalny sens. Inne dzieci w twojej szkole i na twoim podwórku uczą się dokładnie tego samego.

Jeżeli szukasz swojej „drugiej połowy"
to co to oznacza? Że bez niej
jesteś połówką człowieka ??

Dwadzieścia lat później dzieci z podwórka i ze szkoły stają się dorosłe.

Rozpoczynają samodzielne życie.

I co robią w pierwszej kolejności?

Każdy podświadomie dąży do tego, żeby znaleźć „drugą połowę".

Weźmy to na logikę.

Jeżeli szukasz swojej „drugiej połowy", to oznacza, że bez męża albo żony (czyli bez „drugiej połowy") jesteś tylko połówką człowieka.

Serio?
Czy to jest naprawdę to, w co chcesz wierzyć?

Pójdźmy o krok dalej.

Mamy dorosłe kobiety i dorosłych mężczyzn, którzy są wewnętrznie przekonani o tym, że:

1. ja sam w pojedynkę jestem niepełny, niepełnowartościowy, jestem tylko „połówką" prawdziwego człowieka,
2. prawdziwy, trwały i niepodważalny sens w moim życiu pojawi się dopiero wtedy kiedy założę rodzinę,
3. będę prawdziwie szczęśliwy dopiero wtedy kiedy ktoś mnie pokocha,
4. dopiero kiedy ktoś mnie pokocha, zostanie zaspokojona moja potrzeba bliskości i miłości,
5. kiedy ktoś mnie pokocha, wreszcie przestanę czuć się samotny, odtrącony, gorszy, niepotrzebny.

Zgodzisz się?

Miłość przecież naprawia wszystko, prawda?

Wystarczy, żeby ktoś cię pokochał, to będziesz wreszcie bezpieczna, spokojna i szczęśliwa. Ktoś będzie czuwał nad tobą, ktoś dostarczy ci tego, czego ci potrzeba, ktoś wyrówna twoje braki i rozwieje lęki. Tak?

Ja tak kiedyś myślałam.

Tego właśnie oczekiwałam w każdym związku.

Spodziewałam się podświadomie, że bycie z kimś uwolni mnie od wszystkiego, co jest we mnie bolesne, krzywe, złe, brzydkie, niepotrzebne, gorsze, bezwartościowe. Że przestanę się czuć samotna, niechciana, zagubiona, a moje życie wreszcie nagle stanie się piękne i nabierze sensu.

Nie zastanawiałam się nad tym *jak* miałoby się to stać. Nie przyszło mi do głowy proste pytanie jakim cudem obecność i bliskość drugiego człowieka miałaby nagle wyczyścić moje serce z tego, co jest w nim przykre i obciążające.

Miłość miała to sprawić.

Coś, co zaiskrzy między nami, rozjaśni nam myśli i oświetli drogę.

Mówiąc inaczej, miłość miała być czarodziejską różdżką, która wszystko naprawi i zmieni na lepsze.

I teraz zobacz.

Spotyka się chłopak z dziewczyną.

Ona w głębi serca wierzy w to, że jest niepełna, niepełnowartościowa, jest tylko połówką człowieka. Zmaga się ze swoimi demonami, z samotnością, lękiem przed przyszłością, stresem, napadami duszności i bolącym kręgosłupem.

Pracuje w firmie ubezpieczeniowej, ale nie lubi tej pracy, bo czuje, że zamiast się rozwijać, stoi w miejscu. Marzy o czymś innym, ale nie ma pojęcia co mogłaby robić i jak. Może pójdzie na studia, może zrobi kurs, może znajdzie wreszcie swoją pasję. Na razie czuje się niepewna, niespełniona, sama już nie wie dokąd zmierza i nie jest w stanie znaleźć dobrego rozwiązania.

On wychował się bez ojca, więc marzy o tym, żeby założyć własną, szczęśliwą rodzinę. Boi się samotności i niezrozumienia. Skrycie w głębi serca wierzy w to, że rodzina da mu poczucie bezpieczeństwa i sensu.

Miewa napady melancholii, przygnębienia i braku nadziei, co tłumaczy sobie trudną sytuacją ekonomiczną. Ciągle martwi się tym skąd wziąć pieniądze na wszystko, czego potrzebuje. Chciałby mieć lepszy samochód, lepszy smartfon, lepszy laptop i lepsze ubranie. Ciągle wszystkiego brakuje. Nigdy nie jest tak, żeby było naprawdę dobrze. Raz w tygodniu spotyka się z kolegami, razem oglądają mecz i piją tyle, żeby zapomnieć o tym, że żyją.

Przeciętna polska para.

Oboje spragnieni bliskości, miłości i poszukujący życiowego sensu.

Co mogą dać sobie nawzajem?

Tylko to, co mają.

A co mają?

Lęki, samotność, tęsknoty, pytania bez odpowiedzi, życiowe zagubienie, brak poczucia bezpieczeństwa i własnej wartości, lęk przed przyszłością, stres, niepewność, niespełnienie, brak nadziei i brak rozwiązań.

Oczywiście mają też w sobie pewien zasób siły, umiejętności radzenia sobie z kłopotami, marzeń i wiary, ale generalnie są raczej poszukujący po omacku niż zmierzający do celu.

Czym więc mogą się wymienić w związku?

Z czego i na czym mogą ten związek zbudować?

Na swoim życiowym zagubieniu, na byciu połówką człowieka, na oczekiwaniu, że druga osoba jakoś to naprawi i przywróci do ładu?

Co mogą dać sobie nawzajem? Własną samotność, lęk przed odrzuceniem i niespełnienie?

Skąd mają wziąć to, czego najbardziej potrzebują?

Jak mogliby zaspokoić potrzeby i oczekiwania, skoro żadne z nich nie posiada tych wartości, których szukają u siebie nawzajem?

Każde z nich jest jak puste naczynie ze śmieciami na dnie.

Spotykają się dwa puste dzbanki, każdy z nich jest spragniony czystej, zdrowej wody i każdy z nich wierzy, że związanie się z drugim dzbankiem jest wystarczające do tego, żeby zostać wreszcie napełnionym.

Czy nie tak nam mówiono?
Że wystarczy spotkać swoją drugą połowę, żeby odnaleźć sens i spełnienie?

A czy ktoś powiedział ci kiedykolwiek,
że musisz najpierw mieć czystą, zdrową wodę w sobie,
żeby móc się z nią podzielić?

Innymi słowy, czy ktoś powiedział ci kiedykolwiek,
że musisz najpierw mieć szczęście w sobie,
żeby móc *dzielić* się nim z drugim człowiekiem?

Jak możesz dzielić się czymś, czego w tobie nie ma? Z mężem, z żoną, z dziećmi. Przecież możesz dać komuś tylko to, co masz. A nie to, czego ci od zawsze brakuje.

ROZDZIAŁ 14

Trzy najważniejsze rzeczy

To było dla mnie jak olśnienie.

Zrozumiałam trzy najważniejsze rzeczy o miłości:

1. Kiedy sam jesteś głodny miłości, nie możesz nią nakarmić drugiego człowieka,
2. Kiedy czujesz się samotny, to znaczy, że wciąż nie umiesz kochać,
3. Jeśli wierzysz w to, że tylko miłość nada sens twojemu życiu, to nie jesteś na nią gotowy.

Zrozumiałam trzy najważniejsze rzeczy o życiu:

1. Ja jestem odpowiedzialna za to jak wygląda moje życie i jak się w nim czuję,
2. Ja – wspólnie z opiekującą się mną Siłą Wyższą – mam w sobie wystarczająco dużo siły serca i umysłu, żeby naprawić i uleczyć to, co wymaga zmiany,
3. Mogę przeżyć moje życie w taki sposób, jaki sama wybiorę na mocy mojej świadomej, wolnej woli.

Zrozumiałam trzy najważniejsze rzeczy o związkach:

1. Tylko szczęśliwy wewnętrznie człowiek ma szansę na szczęśliwy związek, ponieważ ma szczęście, którym może się dzielić,
2. Najpierw trzeba pokochać samego siebie, żeby umieć kochać innych,
3. Dobry związek to 100% miłości, przyjaźni i szacunku oraz 0% żądań i oczekiwań.

Czwarta najważniejsza rzecz o życiu, miłości i związkach:

Spotykasz na swojej drodze tylko takich ludzi,
którzy są twoim lustrzanym odbiciem,

czyli są na tym samym lub bardzo zbliżonym
etapie rozwoju emocjonalnego.

W praktyce to oznacza podobną ilość
podświadomego strachu
lub poczucia bezpieczeństwa.

Teraz pewnie powiesz:

– No, co do tego ostatniego, to zupełnie się nie zgodzę! Mój chłopak i ja jesteśmy całkowicie inni od siebie! I to właśnie nas do siebie najbardziej przyciągało! On uwielbia śnieg i jeżdżenie na nartach, ja wolę słońce i polską plażę nad Bałtykiem. On lubi pikantne jedzenie i używa tyle ostrego sosu, że ja nie mogę przełknąć nawet jednego kęsa! On lubi muzykę dyskotekową, a ja Arianę Grande i Eda Sheerana, on chce oglądać kryminały, a ja komedie romantyczne. Poza tym on jest wybuchowy, a ja jestem spokojna. On jest bałaganiarzem, a ja ciągle muszę po nim sprzątać. Jesteśmy zupełnie różni!

Powiem ci tak.

Rzeczywiście.

Na pozór jesteście różni od siebie, bo macie różne zainteresowanie i różne gusta. Jest też na pewno wiele innych rzeczy, które was łączą i są wam wspólne, na przykład śmiejecie się z tych samych dowcipów, oboje lubicie jeździć samochodem albo macie podobne poglądy w sprawach polityki.

Gdyby tak jednak prześwietlić i zestawić wasze głęboko skrywane emocje, to okazałoby się, że jesteście prawie identyczni.

Wiesz co mam na myśli?

On jest wybuchowy, a ty jesteś spokojna.

Pozornie to jest wielka różnica, ale tylko pozornie. Gdyby sprawdzić jaka jest prawdziwa przyczyna jego wybuchowości i prawdziwa przyczyna twojego spokoju, to mogłoby się okazać, że biorą się z dokładnie tego samego źródła, czyli różnych skrywanych lęków, z których żadne z was prawdopodobnie w ogóle nie zdaje sobie sprawy.

On jest wybuchowy być może dlatego, że kiedy był mały, zabraniano mu wyrażać takie uczucia, które dorośli uważali za negatywne. Mówili mu:

– Nie złość się! Nie płacz! Nie wrzeszcz! Bądź grzeczny! Jak nie będziesz grzeczny, to ci wleję!

Ale wiesz jak to jest. Czasem dziecko głośno płacze dlatego, że czuje emocje, których nie jest w stanie zrozumieć i to jest uczucie tak wielkiej bezradności, że nie jest w stanie samo sobie z nim poradzić. Na przykład kiedy widzi złość, nienawiść i niechęć na twarzy ojca, który jest dla niego całym światem. Nie pamięta już co zrobiło ani jak bardzo to było złe czy niedozwolone, bo ważne jest tylko to, że czuje się odrzucone przez rodziców, więc cały jego świat rozpada się w kawałki.

Szlocha i ryczy jak rozbitek widząc odpływający statek. Albo wrzeszczy i kopie nogami, bo jest w nim tak mnóstwo szarpiącej rozpaczy i strachu, że przepełniają go aż po czubek głowy.

A dorośli krzyczą:

– Przestań! Uspokój się! Wstań! Zachowuj się! Bądź cicho! Wstydź się! Taki duży chłopak i płacze! Nie bój się! Nie krzycz! Nie becz!

Nie można rozkazać dziecku, żeby przestało się bać. Nawet jeśli jesteś jego rodzicem, czyli kimś najważniejszym na świecie. Nawet dorosłemu nie można rozkazać, żeby przestał się bać, bo jeśli się boisz, to ten strach jest już *w tobie*, jaki sens ma więc zaprzeczanie temu uczuciu i udawanie, że go nie ma?...

A jednak to właśnie często robią dorośli w stosunku do swoich dzieci.

Każą im *przestać się bać*, czyli schować ten strach gdzieś bardzo głęboko w sobie, ukryć go i udawać, że go nie ma.

Tyle że on tam jest i w dodatku rośnie za każdym razem kiedy nie możesz i nie potrafisz wyrazić go w taki sposób, który przyniósłby ci ulgę i naprawdę cię od niego uwolnił.

Być może więc twój chłopak nosi w sobie taki skrywany strach przed wyrażeniem każdej silniejszej, niekontrolowanej emocji. Ukrywa przed tobą i przed innymi ludźmi swoje zniecierpliwienie, rozdrażnienie, woli przemilczeć niż zapytać, stara się być grzeczny i miły, ale czasem po prostu nie jest w stanie dłużej powstrzymywać tej wzbierającej się fali i wtedy wybucha. Wtedy krzyczy, wyzywa, bije pięścią w ścianę, kopie latarnię, trzaska drzwiami. Wyładowuje się w gwałtowny i głośny sposób.

A ty twierdzisz, że jesteś inna, tak?

Bo nie wybuchasz jak wulkan.

Ty jesteś spokojna, opanowana, szczególnie wtedy, kiedy czujesz, że on może stracić kontrolę, prawda?

Czy wiesz, że to jest najprawdopodobniej inna wyuczona reakcja na niemożność okazania swoich prawdziwych emocji?

I czy nie jest tak, że ty właściwie też czasem wybuchasz, tylko robisz to w inny sposób? Nie w obecności innych osób, ale sama, kiedy nikt nie widzi, płaczesz w poduszkę, bo jest w tobie tak mnóstwo sprzecznych uczuć i bezradności, że nie jesteś sobie w stanie z nimi poradzić?

Więc rzeczywiście, pozornie różni was sposób okazywania swojej bezradności wobec emocji, jakie szarpią waszymi sercami. Ale jesteście tacy sami jeśli chodzi o zapętlenie się w uczuciach, których nie umiecie nazwać ani wyrazić w momencie, kiedy powstają. Ukrywacie je więc przed innymi i przed samymi sobą, bo zostaliście nauczeni, że „nie wolno" ich czuć, nie wolno być niegrzecznym, słabym, nie wolno czegoś nie umieć, nie wiedzieć, nie radzić sobie.

Mimo że przecież to jest najbardziej ludzka rzecz na świecie! Każdy się czasem czegoś boi, każdy może mieć chwilę słabości, każdy może popełnić błąd albo zrobić coś głupiego. Każdy może i ma prawo czuć złość, gniew albo niecierpliwość w określonych sytuacjach.

Każdy, i dziecko, i dorosły.

Nie chodzi więc o to, żeby to ukrywać i wstydzić się tego, tylko raczej o to, żeby umieć sobie poradzić z takimi emocjami.

Kiedy zostaniesz w dzieciństwie nauczony, że musisz się wstydzić własnych emocji, nie wiesz co z nimi zrobić. Utykasz je w najciemniejszych miejscach swojej duszy, tłamsisz je, dusisz je w sobie, ale czy myślisz, że one wtedy znikają? Skąd. Zostają w tobie i są tak dobrze schowane, że sam lub sama nie wiesz o tym, że w tobie są. A kiedy zgromadzi się ich zbyt wiele, to wylewają się z ciebie niepowstrzymanym i niemożliwym do opanowania potokiem.

Niektórzy wtedy wpadają w szał wściekłości, inni chowają się w garażu i płaczą rozpaczliwie jak dzieci. Jeszcze inni idą do baru i zagłuszają szalejące emocje alkoholem. Albo ćwiczą na siłowni do utraty sił. Albo czują tak niepowstrzymany i wszechogarniający głód słodyczy, że zjadają cały tort.

Albo robią coś innego, co jest tak samo ekstremalne, niemożliwe do opanowania i wymykające się spod ich kontroli.

Ale w gruncie rzeczy są dokładnie tacy sami. Tak samo bezradni wobec zbyt silnych emocji, których nie rozumieją, nie znają i z którymi nie umieją sobie radzić.

Tyle że w inny sposób tracą nad tym kontrolę.

Czy tak właśnie jest z wami? Z tobą i z nim?

Czy teraz widzisz, że jesteście w gruncie rzeczy tacy sami?

Ludzie przyciągają się do siebie nie tym, co powierzchownie jest między nimi różne, ale tym, co w głębi duszy jest w nich identyczne.

Jeśli jesteś wewnętrznie rozdarta, niepewna i pełna lęków, to najbardziej pociągający będzie ci się wydawał ktoś, kto jest tak samo rozdarty, niepewny i pełen strachu jak ty.

Będziesz w nim czuła bratnią duszę, tak jakbyście nadawali na podobnej fali. Bo rzeczywiście tak jest. Jesteście w podobny sposób samotni wewnętrznie, podświadomie spragnieni opieki i ciepła, i tak samo zapętleni w emocjach, których nikt was nigdy nie nauczył rozpoznawać, nazywać i uwalniać w zdrowy, normalny sposób.

Każde z was jest trochę jak dziecko błądzące przez życie po omacku we mgle. To właśnie najbardziej, magnetycznie was do siebie przyciąga. I jednocześnie to jest właśnie to, co was zniszczy.

ROZDZIAŁ 15

Wspólna przestrzeń

Masz dwie osoby z sercem pogruchotanym przez wcześniejsze doświadczenia. Dwie osoby, które pragną być kochane i stworzyć szczęśliwy związek.

Każda z tych dwóch osób ma swoje wady i zalety. Każda zna swoje mocne strony i nienawidzi w sobie tego, co jest w niej słabe lub złe. Każda ma swoje sposoby na radzenie sobie z emocjami i trudnymi sytuacjami.

Oto co każda z tych osób wnosi do związku:

1. Pragnienie, żeby tym razem było inaczej i wreszcie się udało,
2. Szczerą wolę bycia jak najlepszym dla drugiej osoby,
3. Oczekiwanie, że jeśli będę bardzo się starał, to będziemy szczęśliwi,

Nikt nam nie powiedział, że
na pozorach nie da się
zbudować czegoś trwałego.

4. Oczekiwanie, że jeśli ja będę się bardzo starał, to ty też będziesz się starała tak samo mocno,
5. Oczekiwanie, że dostanę to, czego tak bardzo mi brakuje: ciepło, akceptację, zrozumienie, miłość, poczucie bezpieczeństwa,
6. Wewnętrzną samotność spowodowaną przez brak pełnej więzi emocjonalnej z rodzicami opartej na bezwarunkowej akceptacji, szacunku i przyjaźni,
7. Nienawiść do samego siebie kiedy nie jest się takim, jak powinno się być,
8. Pogardę do samego siebie kiedy popełni się błąd albo zrobi się coś „niewybaczalnego",
9. Lęk przed zbłaźnieniem się przed innymi ludźmi, lęk przed krytyką i odrzuceniem, czyli brak poczucia własnej wartości,
10. Wszystkie swoje niekontrolowane zachowania i kompulsywne reakcje w odpowiedzi na poczucie bezradności wobec szarpiących nimi emocji, takie jak choćby objadanie się słodyczami, hazard, nieustanne wpadanie w długi, alkohol, marihuana i inne używki.

Związek to wspólna przestrzeń, w której dwie osoby dzielą się tym, co mają.

Dzielą się tym, co mają, bo jak mogliby dać sobie coś, czego żadne z nich nie posiada?

Zobacz ile mają podświadomych oczekiwań.
Nie można ich za to winić, bo tak zostali wychowani.

Dziewczynkom ciągle czyta się bajki o królewiczach, którzy przybywają, żeby je uwolnić i uszczęśliwić. Chłopcy wszędzie widzą macho zdobywców oblepionych wiankiem wpatrzonych w nich półnagich dziewczyn z dużymi biustami. Przekaz jest jasny.

Muszę pokazać, że jestem silniejszy i lepszy od innych, to zdobędę taką dziewczynę na własność, wtedy inni ludzie będą patrzeć na mnie z podziwem, a ona mnie uszczęśliwi.

Zwróć uwagę na to, że to jest (podświadome) myślenie oparte na budowaniu pozorów. Chłopak nie myśli, że chce być silny i odważny. Wystarczy, żeby inni ludzie myśleli, że on taki jest. Wystarczy tak zbajerować laskę, żeby ona w to uwierzyła. Siła i odwaga w dzisiejszych czasach jest łatwo zdobywalna za pieniądze. Modna koszula, opalenizna i okulary przeciwsłoneczne tworzą *wrażenie* kogoś, kto jest silny, odważny, samodzielny i męski. On *udaje* kogoś, kto jest świetnym materiałem na życiowego partnera, ale ponieważ prawie wszyscy inni dookoła też udają kogoś, kim w rzeczywistości nie są, to świat jest pełen rozczarowanych par, rozstań, rozwodów i złamanych serc.

Wiesz o co chodzi.

Nikt nam nigdy nie powiedział,
że na pozorach nie da się zbudować czegoś trwałego.

Pozory pomagały nam przetrwać w nawałnicach wywołanych przez skonfliktowane emocje naszych rodziców i opiekunów. Wtedy chowaliśmy się w sobie, a na zewnątrz pokazywaliśmy tylko to, co było dozwolone, zalecane i chwalone.

Każdy miał być grzeczny, prawda?

Nieważne co działo się w twojej duszy, tak naprawdę pragnąłeś tylko jednego: być akceptowanym przez rodziców. W imię zdobycia tej akceptacji byłeś gotów udawać wszystko, nawet to, że nie czujesz tego, co czułeś.

Przywiązaliśmy się do tworzenia pozorów po to, żeby u innych wywołać odpowiednie złudzenie. To świetnie działało kiedy byliśmy dziećmi.

Ale to nie działa jeżeli chcesz stworzyć prawdziwy, dobry i trwały związek z drugim człowiekiem.

Prawda zawsze wyjdzie z ciebie w najmniej oczekiwanym momencie.

To nie znaczy, że jesteś złym człowiekiem. To nie znaczy, że nie zasługujesz na miłość.

To znaczy tylko tyle, że najpierw musisz znaleźć, odkryć i zrozumieć prawdę o samym sobie.

Przyznać się przed samym sobą do rzeczy i emocji, o których wiesz tylko ty.

Zrozumieć i nazwać ich przyczynę.

Przejąć pełną odpowiedzialność za to jak się czujesz i jaki jesteś. Być w kontakcie z samym sobą, rozumieć swoje myśli, uczucia, marzenia i pragnienia.

Wtedy w naturalny sposób przestajesz oczekiwać, że ktoś naprawi to, co jest wciąż w tobie mętne, złe, przykre i bolesne.

Kiedy jesteś naprawdę wewnętrznie silny,
jesteś w stanie dzielić się swoją siłą.

Jeżeli umiesz kochać siebie,
masz w sobie miłość, którą możesz się dzielić.

Jeżeli umiesz opiekować się swoim życiem,
potrafisz też zaopiekować się innymi w taki sposób,
który będzie dla nich pozytywny i konstruktywny.
Tak po prostu jest.

Związek z drugim człowiekiem to taki stan, kiedy nakładają się na siebie wszystkie wasze wewnętrzne przestrzenie. Także te, z których nie zdajecie sobie w pełni sprawy, bo nigdy o nich nie rozmawialiście. Wszystkie wasze odcienie samotności, nienawiści, pogardy, strachu, beznadziei, oczekiwań i nadziei.

Napędzane przez to, w co naprawdę wierzycie o miłości, rodzinie i związkach. Podszyte tym wszystkim, co naprawdę myślicie o samych sobie.

Wiesz co mam na myśli?

Związek z drugim człowiekiem nie zmieni tego,
czego w sobie nienawidzisz.
Nie naprawi twojego życia.
Nie przyniesie ci szczęścia, którego ci brakuje.

Jest tak z dwóch powodów.

Po pierwsze dlatego, że przyciągasz do siebie tylko
takiego człowieka, który w duszy
nosi podobne emocje jak ty.

Po drugie dlatego, że dzielić możesz się tylko tym, co masz.
Jeśli nie umiesz być szczęśliwa sama,
to nie będziesz szczęśliwa z nim.
Niezależnie od tego kim on jest albo kim wydaje się być.

Jeżeli nie umiesz dać samej sobie bezwarunkowej akceptacji, to nie będziesz w stanie pokochać siebie, a jeżeli nie umiesz kochać siebie, to znaczy, że po prostu nigdy nie nauczyłaś się kochać w ogóle, więc *nie potrafisz* kochać drugiego człowieka.

To co nazywasz miłością jest najprawdopodobniej wymianą wzajemnych świadczeń i oczekiwań. Ale to nie jest miłość. A jeśli to nie jest miłość, to jest pełna bardzo stromych urwisk, z których czasem spadasz, rozbijając sobie boleśnie serce i duszę, zdrad, kłamstw, podejrzeń i strachu.

Jasne, że można wytrwać w takim związku nawet przez pięćdziesiąt lat.

Jest wielu ludzi, którzy tak żyją.

Pytanie tylko czy to jest właśnie to, czego chcesz.

ROZDZIAŁ 16

W wesołym miasteczku

Jasne, że znam to z własnego doświadczenia.

Takie były wszystkie moje związki aż do pewnego szczęśliwego dnia, kiedy rozstałam się z chłopakiem i po raz pierwszy w życiu postanowiłam spędzić pewien czas *z samą sobą*.

To nie zdarzyło mi się nigdy wcześniej.

Kiedy kończył się jeden związek, prawie natychmiast rozpoczynałam poszukiwania kogoś, z kim mogłabym być, ponieważ czułam, że to jest dokładnie to, czego potrzebuję. Być z kimś. Z kimś, kto z grubsza spełnia moje wymagania dotyczące wyglądu, charakteru i osobowości. Z grubsza, żeby nie za mocno zawężać pole działania.

To, co mi nie pasowało, było pomijane milczeniem. Nauczyłam się perfekcyjnie ignorować cechy albo zachowania, które stały w sprzeczności z moim światopoglądem albo tym, w co wierzyłam. Udawałam, że ich nie ma.

Nawiasem mówiąc, to jest cecha podobna do ukrywania własnych emocji, czyli jeszcze jedno obronne zachowanie wyniesione z dzieciństwa. Kiedy jesteś dzieckiem, nie masz wpływu na to, co robią dorośli, nawet jeżeli zachowują się w sposób, który budzi twój strach albo zaprzecza temu, co sami wcześniej głosili.

Niektóre dzieci doskonalą się więc w sztuce *nie przyznawania się do tego, że coś widzą albo słyszą*, co daje im pozorne złudzenie, że to nie istnieje. Jeśli nie przyznam się, że to widzę, to wszyscy będziemy udawać, że tego nie ma.

Jeśli nauczysz się tego w dzieciństwie, zabierasz to potem w dorosłe życie i chociaż mogłoby się to wydawać przydatną umiejętnością, w rzeczywistości jest przyczyną bardzo wielu skonfliktowanych ze sobą emocji, sprzecznych uczuć, poczucia zagrożenia i zagubienia.

Wiesz o co chodzi.
O uczciwość.
Uczciwość wobec samego siebie.

Czym naprawdę jest to, na co patrzę?
Co naprawdę czuję do tego człowieka?
Dlaczego naprawdę chcę z nim być?
Co mnie przy nim trzyma?
Czy kocham go i akceptuję bezwarunkowo?

Może raczej jestem z nim dlatego, że dzięki temu zaspokajam jakieś moje oczekiwania i potrzeby?

Czy jestem z nim dlatego, że szanuję go jako człowieka, czy raczej dlatego, że nie znalazłam nikogo lepszego, kto mógłby go zastąpić?

Czy jestem z nim dlatego, że kocham go jako człowieka, czy może raczej dlatego, że boję się samotności?

Nigdy wcześniej nie zadałam sobie takich pytań. Bycie z kimś wydawało mi się wartością samą w sobie i nie miałam ochoty psuć sobie tej przyjemności.

Aż do tamtego szczęśliwego dnia, kiedy zostałam sama.

Właściwie już od pewnego czasu czułam, że zbliża się koniec. Albo raczej nie, powinnam powiedzieć inaczej: czułam, że zbliża się Wielka Zmiana.

Po wielu latach jeżdżenia w kółko na karuzeli związków i miłości, która zawsze była połączeniem radości i łez, rozstań i powrotów, wojen i chwilowych zawieszeń broni, wreszcie poczułam w sobie gotowość, żeby wyjść z tego zwariowanego miasteczka i zastanowić się w spokoju nad tym, jak to właściwie jest.

Jak to jest z tą miłością, jak to właściwie jest ze mną, jak to jest z życiem.

Bo wiesz o co chodzi.

Kiedy kręcisz się na karuzeli zdarzeń, nie możesz jednocześnie stanąć w miejscu i przyjrzeć się jej z pewnej perspektywy.

W wesołym miasteczku życia ciągle jesteś czymś zajęty. Ciągle dzieje się coś nowego, ktoś przychodzi, kręci kołem, błyskają światła, stukają młotki, ktoś wygrywa pluszowego misia na strzelnicy, ktoś sprzedaje lody, a w gabinecie luster możesz się godzinami przeglądać w zwierciadłach zawieszonych na ścianach i w każdym będziesz wyglądać inaczej. Ale to przecież tylko złudzenie. A jaka jesteś naprawdę?...

Jaka jesteś naprawdę?
Czy ty to wiesz?
Ja nie wiedziałam.

Wiedziałam jednak jedno: dojrzałam do tego, żeby zadać sobie uczciwie kilka pytań i równie uczciwie sobie na nie odpowiedzieć.

Czy myślisz, że ty jesteś na to gotowa?

Pierwsze proste pytanie:

Czy gdybyś dzisiaj wieczorem spotkała kogoś, kto ma wszystkie zalety twojego obecnego partnera i żadnej z jego wad, to czy chciałabyś zamienić twojego obecnego chłopaka na nowego?

Proste, prawda?

Wychodzisz dzisiaj wieczorem, poznajesz kogoś, kto jest tobą zauroczony, a w dodatku jest o niebo lepszy od chłopaka, z którym jesteś. Chce się z tobą umówić. Mówi, że jesteś taka piękna. Bardzo pragnie być blisko ciebie.

Wspaniałe, prawda?

Znikną twoje frustracje i bezsenne noce, zostanie tylko miłość z przystojnym nowym mężczyzną twojego życia.

Chciałabyś tak?

Gdybyś mnie wtedy o to zapytała, odpowiedziałabym, że tak.

Jasne, że chętnie wymieniłabym poprzedni model mojego narzeczonego na nowy, lepiej dopasowany do moich potrzeb.

Tylko że to właśnie nie jest miłość.

To jest instrumentalne traktowanie drugiego człowieka jako kogoś, kto ma zaspokoić moje wymagania i oczekiwania.

To nie jest miłość.

To jest używanie kogoś jako narzędzia, które ma dostarczyć tego, czego mi brakuje i naprawić to, co we mnie szwankuje.

To nie jest miłość.

Ale zaraz.

Cofnijmy się w takim razie o krok i zadajmy jeszcze jedno pytanie.

Jeżeli są we mnie potrzeby, tęsknoty, braki i oczekiwania, to co w takim razie mam z nimi zrobić?

Zapomnieć o nich? Ukryć je w sobie? To przecież niemożliwe.

Tak bardzo potrzebuję być z kimś, chcę być kochana, być potrzebna, dzielić się z kimś moimi radościami i mieć do kogo przyjść kiedy jest mi smutno. Przecież to oczywiste, że potrzebuję do tego drugiego człowieka, prawda?

Właśnie nie.
I to jest najważniejsza rzecz, jaką zrozumiałam o miłości.

Drugi człowiek nie jest w stanie cię naprawić.
Drugi człowiek nie jest w stanie uleczyć tego,
co jest w tobie cierpiące, bolesne i samotne.
Drugi człowiek nie jest nawet w stanie kochać
ciebie jeżeli ty sama siebie nie umiesz kochać.

Po prostu. Wyjaśnię ci dlaczego tak jest.

ROZDZIAŁ 17

Stan pomiędzy

Nigdy wcześniej nie byłam w życiu sama. Tak naprawdę sama. Nie przez tydzień albo miesiąc, rozglądając się w poszukiwaniu kogoś nowego.

Po raz pierwszy byłam sama i nie szukałam nikogo.

Po raz pierwszy postanowiłam spędzić ten czas z samą sobą.

Nie z konieczności i nie dlatego, że życie mnie do tego zmusza, ale dlatego, że po raz pierwszy w życiu świadomie chciałam siebie poznać tak, jak poznaje się drugiego człowieka.

Jasne, że niby wiedziałam kim jestem. Żyłam ze sobą przez trzydzieści kilka lat, trudno więc powiedzieć, że byłam sobie obca.

Ale z drugiej strony...

Zachowywałam się czasem całkiem jak nie ja. Miałam myśli, których nie rozumiałam i nie chciałam mieć. Szarpały mną emocje, nad którymi nie miałam żadnej kontroli. Czułam się czasem tak, jakby we mnie toczyło się drugie wewnętrzne życie, nad którym nie jestem w stanie zapanować.

Czasem go kochałam, a czasem nienawidziłam.

Czasem chciałam z nim być, a czasem chciałam uciec na koniec świata.

Byłam niecierpliwa, niezadowolona, obrażona, niechętna, odpychająca i podejrzliwa mimo że wcale nie chciałam tak się czuć. Stawiałam warunki i żądania, kłóciłam się, zarzucałam mu nielojalność, głupotę, brak miłości i wiele innych bezsensownych rzeczy. Ciągle z nim o coś walczyłam chociaż wcale nie chciałam walczyć.

Pewnego dnia zaczęło mnie dręczyć pytanie dlaczego tak jest.

I czy tak musi być?

Skąd się biorą we mnie sprzeczne pragnienia?

Dlaczego jestem z nim, skoro tak naprawdę wcale nie chcę z nim być?

Co mnie przy nim trzyma? No co?...

Rozstałam się więc z moim chłopakiem.

W przenośni mówiąc, zsiadłam z pędzącej przed siebie karuzeli, a potem nie oglądając się za siebie wyszłam z wesołego miasteczka.

I postanowiłam przez pewien czas do niego nie wracać.

Bo prawdę mówiąc w tym wesołym miasteczku było wiele zajmujących i sympatycznych zabaw i rozrywek, ale dotychczas nie udało mi się znaleźć tam niczego, co w trwały sposób mogłoby naprawić moje życie, moje serce i moją duszę.

Na każdej karuzeli – czyli w każdym kolejnym związku – było trochę szczęśliwie i trochę tragicznie, na każdej śmiałam się i płakałam, każda budziła moje sprzeczne emocje. Mówiłam, że kocham, ale zachowywałam się tak, jakbym wcale nie umiała kochać. On też mówił, że kocha, ale robił rzeczy, które dla mnie były zaprzeczeniem miłości.

Nic z tego nie wynikało. Kręciłam się w kółko czegoś, czego nie rozumiałam i co doskwierało mi coraz mocniej.

Postanowiłam więc oddalić się od zgiełku miejsc pełnych ludzi i spędzić pewien czas w ciszy. Z samą sobą.

Miałam dziwne przeczucie, że w tej ciszy usłyszę wreszcie coś bardzo ważnego, co na zawsze zmieni moje życie.

I miałam rację.

W tybetańskim buddyzmie istnieje pojęcie, które nazywa się *bardo*. To jest czas pomiędzy śmiercią a dotarciem do następnego życia.

Umiera fizyczne ciało, a dusza wraz ze świadomością istnieje przez pewien czas poza światem materialnym. Wtedy mogą dokonać się w niej ważne przemiany, żeby przygotować ją na rozpoczęcie następnego wcielenia.

Trudno powiedzieć ile to może trwać, bo dla każdego człowieka *bardo* wygląda inaczej, w zależności od tego jaki jest stan jego duszy.

W tybetańskim buddyzmie słowo „bardo" oznacza stan pomiędzy. Pomiędzy dawnym życiem i nowym.

To było właśnie moje *bardo*.

Trwało przez siedem lat.

Ale tego oczywiście jeszcze wtedy nie wiedziałam.

Zostałam więc sama.

Wróciłam do pustego mieszkania.

Wzięłam odkurzacz, żeby symbolicznie sprzątnąć stare śmieci.

A potem usiadłam w ciszy i po raz pierwszy w życiu pomyślałam, że nigdzie mi się nie śpieszy. Niech będzie co ma być. Pobędę teraz ze sobą i może trochę lepiej siebie poznam.

I wtedy też uświadomiłam sobie,
że właściwie dotychczas
cała moja uwaga była skierowana *na zewnątrz*.

Od innych ludzi czerpałam opinię na swój temat.

Od innych ludzi zależało moje samopoczucie. Byłam szczęśliwa kiedy ktoś okazał mi sympatię albo zainteresowanie, i nieszczęśliwa kiedy czułam się odepchnięta, niepotrzebna i niechciana.

W związku szukałam brakującej mi siły, poczucia własnej wartości i akceptacji.

Kiedy czułam się źle, szukałam kogoś, kto może mnie pocieszyć.

Krótko mówiąc, byłam ofiarą na łasce otaczających mnie osób.

Dokładniej biorąc, sama siebie kreowałam na ofiarę, która jest uzależniona od ich opinii, reakcji, słów i czynów.

Zawsze czujnie obserwowałam jak zachowują się ludzie w pobliżu. Jak na mnie patrzą, czy ich uśmiech jest szczery, czy słuchają tego co mówię, czy odpowiednie wrażenie robi na nich mój strój, czy przypadkiem nie traktują mnie jak gorszej albo mniej ważnej. Od nich zależało moje poczucie szczęścia. Tak naprawdę to oni decydowali o tym jak czuję się w moim życiu!

Czasem ktoś powiedział coś takiego, co psuło mi humor na cały dzień. Czasem mój chłopak zrobił coś, co rujnowało mi życie na kilka dni. Chodziłam smutna, przygnębiona, wszystko nagle traciło dla mnie sens.

Żyłam na wiecznej huśtawce, która unosiła mnie do góry, to znów zrzucała w przepaść i wydawało się, że nie mam na to żadnego wpływu.

Ale teraz dosyć.
Nie chcę już więcej karuzeli ani huśtawki.
Wychodzę w ogóle z wesołego miasteczka związków między ludźmi.
Zatrzymam się tutaj na tej cichej, bezkresnej pustyni i poczekam co przyniesie mi wiatr.

Bo w gruncie rzeczy wyczerpałam już wszystkie inne znane mi sposoby radzenia sobie z życiem.

W miłości zawsze byłam szczęśliwa i nieszczęśliwa jednocześnie. Zawsze chciałam z nim być i uciekać.
Po jednym związku natychmiast wchodziłam w następny, karmiąc się nadzieją, że „tym razem” będzie inaczej.

Ale nigdy nie było.

A więc dobrze.
Wyjdę poza wszystkie związki.
Stanę na zewnątrz.
Poczekam co przyniesie mi życie i co przede mną odkryje.

I powiem ci, że to była najpiękniejsza i jedna z najważniejszych lekcji w moim życiu.

ROZDZIAŁ 18

Sama. Samotna.

Drugiego dnia po rozstaniu zaczęłam płakać.

To były bardzo niezwykłe i bardzo oczyszczające łzy.

Nie płakałam ze smutku ani z samotności, ani z żalu za utraconym związkiem, ani ze strachu przed przyszłością. Nie płakałam z żadnego określonego powodu.

Miałam raczej wrażenie, że uwalniam się w ten sposób od czegoś, co od bardzo dawna gromadziło się w mojej duszy i nigdy nie mogło znaleźć ujścia. Aż do teraz.

Tak jak przepełniające się podziemne źródło, które kroplami rozlewa się pod ziemią tworząc trzęsawisko zamiast wytrysnąć jasnym, czystym strumieniem do góry i podlać rosnącą dookoła trawę.

Ale zaraz.

Czy nie na takich właśnie mrocznych mokradłach żyłam do tej pory? Nigdy nie wiedziałam czy przypadkiem nie wdepnę w emocjonalną dziurę, która wciągnie mnie w rozpaczliwe głębiny depresji. Nigdy nie wiedziałam kiedy zaświeci znów słońce ani jak lub dokąd iść dalej.

W każdym związku dręczyły mnie podejrzenia i wątpliwości. Czy on mnie wciąż kocha? A może mnie zdradza? Może mnie okłamuje? Może udaje, że chce ze mną być? Może on wcale nie jest gotowy na związek? A może jest gotowy, ale odkrył, że nie ze mną? Może on potrzebuje kogoś innego? Może on w ogóle nie wie czego chce? Może on jest uzależniony? Może to wszystko tylko iluzja?

Analizowałam jego słowa i spojrzenia, martwiłam się kiedy nie dzwonił, usiłowałam znaleźć w jego zachowaniu dowody na to, że mnie kocha albo że mnie zdradza i chce ode mnie odejść.

To naprawdę było trzęsawisko. Ciągle podejrzenia, zarzuty, pretensje, niespełnione oczekiwania, przykrości wymieszane z niespodziankami, uśmiechami, radościami, wspólnymi spacerami i planami.

Grząski grunt, w którym czasem udaje się znaleźć ciepłe i suche miejsce, a czasem wpadasz po pas w lepkie błoto.

Każdy związek był dla mnie jednocześnie szczęśliwy i nieszczęśliwy, wyczerpujący, intensywny, przynoszący tyle samo dobra, co zła.

Każdy dawał nadzieję na coś niezwykłego, co uskrzydli mnie i moje życie, ale jednocześnie każdy związek niszczył tę nadzieję i był potwierdzeniem tego, że to jest niemożliwe, a miłość wcale nie jest dobra i słodka, lecz wprost przeciwnie: miłość boli i przynosi cierpienie. Zawsze. Taka jest prawda.

I jeszcze jedno.

Mimo tego, że miłość zawsze boli, a związek zawsze po pewnym (krótkim) czasie zamienia się w walkę pełną podejrzeń, złych słów i niechęci pomieszanej z rozpaczą, to jednak zawsze tego pragnęłam. Ciągle szukałam nowego związku. Ciągle na nowo chciałam się zakochać.

Aż do tamtego dnia kiedy poczułam, że czas wysiąść z karuzeli i nauczyć się na nowo chodzić.

Płakałam przez trzy dni, czując jak oczyszczam się wewnętrznie i pozbywam ciężaru jakiejś niezwykłej wewnętrznej samotności. Czwartego dnia obudziłam się i poczułam się inaczej.

Tak jak Noe pod koniec powodzi, który widzi pierwszy promyk słońca między szarymi chmurami przykrywającymi niebo.

Dookoła wciąż tylko bezkresna przestrzeń wody, trzeba będzie więc jeszcze długo płynąć zanim uda się znaleźć stały ląd, ale przynajmniej przestało lać. Bóg zatrzymał wreszcie deszcz, żeby dać ci trochę nadziei.

Rozejrzałam się dookoła.
Świat był czysty, wymyty moimi łzami.
A więc dokąd?
Co dalej?...

Co ja mam teraz ze sobą zrobić?
Jak mam nauczyć się żyć *sama*?

Sama. Samotna. Straszne słowo.
To słowo ma w sobie zapisane cierpienie i tęsknotę. Kto normalny miałby tego chcieć???? To jest coś, do czego czasem jesteś zmuszony, ale nikt przecież nie wybiera tego na własną prośbę.
To co będzie teraz ze mną?...
W tej pustej, zimnej, ciemnej *samotności?...*

Łzy cisnęły mi się do oczu, ręka sama szukała telefonu, żeby jak najszybciej odezwać się do kogoś, nawiązać kontakt, spotkać się, może wybaczyć i zacząć wszystko jeszcze raz?.....

Nie! Zaraz! Stop!
Nie!!! Nie tym razem!
Nie chcę znów pakować się do następnego beznadziejnego życiowego wagonu, w którym jest tyle samo złości, co piękna, tyle samo łez, co radości, tyle samo zranionych uczuć, co cudownych niespodzianek.

Tyle samo miłości, co nienawiści.
Tyle samo dobra, co zła.

A wszystko przemieszane ze sobą tak dokładnie, tak splątane i zawikłane, że sam już człowiek nie wie co jest czym, dlaczego tak jest i dlaczego boli mimo że podobno miłość jest dobra.

Nie chcę tego.

Czego w takim razie chcę?

Chcę zrozumieć o co chodzi z tą miłością.

Chcę zrozumieć dlaczego we wszystkich związkach byłam szczęśliwa i nieszczęśliwa jednocześnie.

Czy zakochiwałam się w niewłaściwych mężczyznach? A jeśli tak, to dlaczego? Dlaczego wybierałam akurat takich mężczyzn, którzy byli samolubni, dziecinni i kłamali kiedy im było wygodnie?

I dlaczego właściwie byłam z nimi nieszczęśliwa? Czy to była ich wina, bo byli niewystarczająco silni, mądrzy, opiekuńczy i troskliwi?

Czy też może to ja oczekiwałam zbyt wiele albo miałam zbyt duże potrzeby albo może w ogóle chciałam dostać od nich coś, czego żaden z nich nie mógł mi dać? Jeśli tak, to czym jest to „coś"? Gdzie to się znajduje? Gdzie mam tego szukać?

Jak mam na nowo zorganizować moje życie?

Co zrobić z długimi pustymi wieczorami?

Jak ja mam nauczyć się żyć *sama* po raz pierwszy w życiu?

Poczułam drgnięcie serca.

Ale właściwie po co? Po co mam się męczyć? Po co robić coś, co może okazać się przykre i jest trudne? Przecież w sumie nie było mi aż tak bardzo źle. Na pewno znajdzie się ktoś, z kim mogłabym...

O nie! Moje myśli instynktownie biegły z powrotem do bycia z kimś i tego wszystkiego, co mogłabym od niego dostać i razem z nim stworzyć.

– Nie! – odpowiedziałam samej sobie. – Nie tym razem! Tym razem chcę to zrobić inaczej.

Jeżeli wszystkie moje dotychczasowe związki
okazały się pomyłką, bo rozpadły się
zamiast szczęśliwie trwać,
jeżeli wszystkie moje dotychczasowe związki
były pomieszaniem przyjaźni i niechęci,
miłości i wojny, prawdy i kłamstw, to wysnuwam z tego
jeden totalnie logiczny i niepodważalny wniosek.

Jest we mnie coś takiego, co *wnoszę* do każdego związku
i co sprawia, że czuję się w tym związku
w pewien określony sposób,
który jest źródłem tego co myślę,
robię, mówię i decyzji, jakie podejmuję.

Pozostawało tylko ustalić co to dokładnie jest, jak to działa i dlaczego jest akurat takie, a nie inne.

ROZDZIAŁ 19

Wyprawa badawcza do dżungli

Kiedy wyruszasz na wyprawę badawczą do australijskiego buszu albo dżungli amazońskiej, masz ze sobą zwykle pewien zestaw pytań, na które poszukujesz odpowiedzi, oraz pewien zestaw narzędzi, jakimi będziesz się posługiwać.

Jedziesz na poszukiwania czegoś, co z grubsza znasz, ale dopiero kiedy to znajdziesz, będziesz mógł dokładnie się temu przyjrzeć, opisać to i zrozumieć. Może się okazać, że to co, wydawało ci się, że wiesz, było w rzeczywistości bardzo dalekie od prawdy, bo przecież miałeś tylko domysły, wstępne założenia i pewne teoretyczne koncepcje, których nigdy wcześniej nie miałeś możliwości zweryfikować w praktyce.

No, ale w końcu spakowałeś walizki, wziąłeś zapas notatników i ołówków, wsiadłeś do samolotu i poleciałeś na odległy kontynent.

Kiedy wyruszasz na wyprawę badawczą do australijskiego buszu albo do dżungli...

Postanowiłeś zrealizować ten wielki badawczy projekt i masz pełną świadomość tego, że nie ma odwrotu.

Jesteś kilkanaście tysięcy kilometrów od domu i kraju, który znasz. Jeśli zatęsknisz do swojego biurka albo łóżka, nie możesz rzucić wszystkiego i polecieć z powrotem.

Jest mnóstwo rzeczy, których musisz nauczyć się na nowo – choćby języka, którym mówią ludzie dookoła. Nowych zwyczajów, nowego klimatu, nowych zasad. I w dodatku masz do wykonania konkretną pracę w ramach swojego kontraktu.

Tak właśnie podeszłam do mojego nowego życiowego projektu badawczego.

Tak, jakbym na pewien czas wyjechała z całego mojego dotychczasowego życia, żeby zamieszkać na wyspie i przeprowadzić tam konieczne prace naukowo-badawcze.

Jedyna różnica polegała na tym, że obiektem moich badań nie był egzotyczny fragment świata zewnętrznego, tylko raczej równie egzotyczna część mojej własnej duszy.

Egzotyczna, bo całkiem dla mnie nowa i nieznana.

Ja przecież nigdy wcześniej nie wyruszyłam w taką podróż w głąb samej siebie. Zupełnie więc nie wiedziałam czego mogę się spodziewać.

Czy spotkam tam drapieżne gigantyczne jaszczury, które będą chciały odgryźć mi głowę? A może stado rozwścieczonych słoni? A może złośliwe demony, które będą chciały zagarnąć mnie w swoje kościste dłonie i zatrzasnąć w pokoju bez klamek?

Nieważne jakie niebezpieczeństwa mogą tam na mnie czyhać. Po raz pierwszy w życiu byłam wewnętrznie gotowa na to, żeby odbyć tę podróż i dowiedzieć się prawdy.

Wiedziałam więc, że w pewien sposób skazuję siebie na rodzaj wygnania z normalnego życia. Takiego samego, jakiego doświadcza naukowiec wyruszający na czteromiesięczny kontrakt za oceanem. Nawet jeśli następnego dnia po przylocie stwierdzi, że właściwie wcale nie ma ochoty tam być, nie ma odwrotu. Musi zrealizować to, do czego się zobowiązał.

Takie zobowiązanie podjęłam wobec samej siebie.
Wstępnie założyłam, że mój projekt będzie trwał sześć miesięcy.

Chcę poznać siebie.
Chcę zrozumieć co tak naprawdę kieruje moim sposobem myślenia.
Chcę dowiedzieć się co naprawdę myślę o miłości i jakie mam w związku z nią oczekiwania.
Chcę stwierdzić co naprawdę myślę o samej sobie i czy to ma jakiś wpływ na to jak wyglądały wszystkie moje dotychczasowe związki.
Chcę znaleźć prawdziwe źródło wszystkich moich rozczarowań w miłości.

Chcę odpowiedzieć sobie na kilka fundamentalnych pytań.
Czy miłość w ogóle istnieje?
A jeśli tak, to czym tak naprawdę jest?

A jeśli jej nie ma, to dlaczego wszyscy o niej ciągle mówią i jej pragną?

Zabrałam się do tego tak samo, jak do wszystkich innych moich wcześniejszych życiowych projektów.

100% koncentracji na sprawie, w takim zakresie, jak to tylko możliwe.

Miałam przecież też pracę i zawodowe zobowiązania zaciągnięte wobec innych osób, musiałam pamiętać o płaceniu rachunków i innych rzeczach, ale w tle wszystkiego, czym się zajmowałam, był mój wewnętrzny projekt badawczy. Myślałam o nim przez cały czas.

Na wszystko patrzyłam przez pryzmat pytań, jakie sobie zadałam.

We wszystkim szukałam wskazówek, inspiracji, nowych faktów.

Każdy film, każda piosenka, każda książka wnosiły coś inspirującego.

Przez cały czas zadawałam sobie rozmaite pytania i słuchałam odpowiedzi, jakie we mnie się pojawiały.

Szukałam czegoś, co mogłabym uznać za jednoznacznie prawdziwe i na czym mogłabym budować następne piętra tej nowej konstrukcji.

Nie miałam pojęcia co buduję ani jakich konkretnie narzędzi i materiałów muszę użyć, ale ufałam w to, że życie samo przyniesie mi to, czego potrzebuję – jeśli tylko otworzę umysł i serce, i będę z ciekawością rozglądać się dookoła.

A więc dobrze. Zaczynam w punkcie, w którym niczego nie wiem.

Nie wiem dokąd iść ani gdzie szukać odpowiedzi.

Ale kiedy oczyszczę moje życie ze wszystkich innych spraw, które dotychczas mnie zajmowały, jeśli skieruję moją uwagę na chęć zrozumienia prawdy, jaka dotychczas kierowała moim zachowaniem i całkiem umykała mojej świadomej wiedzy, to prędzej lub później znajdę ją i zrozumiem.

Byłam więc jak naukowiec, który wchodzi do buszu albo do dżungli, nie wiedząc co ani kogo w niej spotka, gotowy jednak na to, żeby odnaleźć się w niej, zrozumieć zasady, jakie w niej obowiązują i poznać jej mieszkańców.

Mniej więcej rok później podczas kolejnej ekspedycji do Ameryki Południowej wsiadłam na statek płynący po Amazonce.

Było cudowne, tropikalne popołudnie. Gorące, pomarańczowe promienie słońca kładły się na lśniącej wodzie, dżungla na brzegach była jasna, soczyście szmaragdowa i dziewicza. Po czystym niebie wędrowały białe, puszyste chmury.

Oparłam się o burtę i chłonęłam cały ten nieziemski widok. Spokój, ciszę i harmonię.

Wszystko było doskonale piękne, spokojne i pełne harmonii. Rzeka, dżungla, niebo, statek i ja.

Wszystko trwało w cudownej, uzupełniającej się równowadze. Oddychało wolnością, było całkowicie spełnione i pełne sensu. Wszystko było dokładnie takie, jak powinno być. Łącznie ze mną!!!

I wtedy nagle mnie olśniło.

Miałam w sobie spokój i ciszę!!!
Jak nigdy wcześniej!!!

Nagle uświadomiłam sobie, że wszystkie moje związki – czyli praktycznie prawie całe moje wcześniejsze życie – były pełne głosów, które ciągle gadały w mojej głowie!

Ciągle pytałam siebie jak jest, czy wciąż jest dobrze, czy on mnie kocha, czy on chce ze mną być, a dlaczego nie dzwoni, a dlaczego nie pisze, że mnie kocha, gdzie on jest, co robi? Co ja mam zrobić? Dlaczego za nim tęsknię, czy on za mną tęskni, dlaczego on nie mówi, że za mną tęskni? Czy ja będę z nim szczęśliwa? Dlaczego on był wczoraj w złym humorze? Może coś próbuje przede mną ukryć? Może się z kimś spotyka? Może chce się spotykać z kimś nowym? Może on nie lubi długich związków? Może znudził się mną? Może chce być z kimś innym? Dlaczego czasem patrzy na mnie dziwnie spod oka? Czego we mnie nie lubi? Czego nie chce mi powiedzieć? Czy on coś ukrywa? Z kim tak ciągle esemesuje? Dlaczego czasem jest dla mnie niemiły? Dlaczego czasem odwraca się do mnie plecami? Co to oznacza? Czy każdy tak robi? Dlaczego ja się tak tym przejmuję? Dlaczego tak bardzo mi na nim zależy? Co zrobić, żeby uwolnić się od tego uczucia? Dlaczego on czasem woli być sam niż ze mną? Co to oznacza? Dlaczego on ma mniejszą potrzebę bycia ze mną niż ja z nim? Czy to znaczy, że on mnie nie kocha? A może po prostu znów zakochałam się w niewłaściwym mężczyźnie? Dlaczego to tak boli? Dlaczego ja nie potrafię przestać o tym myśleć???!!!

– O Boże! – pomyślałam wtedy patrząc na dżunglę, rzekę i słońce. – Proszę, pomóż mi zachować ten spokój serca, ciszę i wewnętrzną równowagę! To jest najważniejsze na świecie!

Poczułam ogromną ulgę.

A jednocześnie ze zdumieniem uświadomiłam sobie jak bardzo zniewolona czułam się wcześniej. W każdym związku miotały mną miliony niepewności, pytań i rozterek. Nie miałam chyba właściwie ani jednego spokojnego dnia. Ciągle myślałam o nim, jaki jest, dlaczego taki jest i dlaczego nie jest taki, jak bym chciała, żeby był.

Żyłam w więzieniu moich własnych myśli!

To dlatego każdy związek był dla mnie
jednocześnie szczęściem i nieszczęściem!
Szczęście zdarzało się wtedy, kiedy mój chłopak
robił coś zgodnie z moimi oczekiwaniami!
Nieszczęściem było to, kiedy czułam się
zawiedziona, rozczarowana albo zraniona
czymś, co on zrobił lub powiedział!!

Czy wiesz co to oznacza?

To znaczy, że moje samopoczucie i moje życie było uzależnione od drugiego człowieka.

Moje poczucie własnej wartości było uzależnione od drugiego człowieka.

Moje szczęście było uzależnione od drugiego człowieka.

Jak myślisz, czy było tak dlatego, że ten drugi człowiek uzurpował sobie takie prawo i zmuszał mnie do tego w sposób, któremu nie byłabym w stanie się przeciwstawić?

O nie!

Ja byłam emocjonalnym więźniem
na swoje własne życzenie.
A raczej – mówiąc dokładnie –
dlatego, że nie potrafiłam inaczej.

Nie wiedziałam, że można inaczej.
I to jest najważniejsza rzecz,
jaką odkryłam i zrozumiałam o miłości.

Żeby móc kochać szczęśliwie,
muszę najpierw być szczęśliwa z samą sobą.
Mieć poczucie własnej wartości, poczucie bezpieczeństwa,
czuć się spełniona i kompletna.

Ponieważ kiedy brakuje mi poczucia bezpieczeństwa, własnej wartości, kiedy czuję się niepełnowartościowa, gorsza i niepewna, to chcąc nie chcąc wszystkie moje braki, niepewności, rozterki i słabości przerzucam na związek i drugiego człowieka. A żaden człowiek na dłuższą metę nie jest w stanie unieść emocjonalnej odpowiedzialności za to jak czuje się jego żona czy mąż. I to jest właśnie początek każdego końca.

ROZDZIAŁ 20

Największe kłamstwo o miłości

Czy wiesz jakie jest największe kłamstwo o miłości?
Że przyniesie ci szczęście.

Pamiętasz te wszystkie bajki o zagubionych księżniczkach, które odzyskiwały prawdziwe życie dopiero wtedy kiedy zostały odnalezione przez wymarzonego księcia?

My, dziewczyny, jakoś ciągle podświadomie żyjemy w tej bajce i jakąś częścią serca wierzymy w to, że kiedy spotkasz właściwego człowieka, zakochasz się w nim z wzajemnością, wyjdziesz za niego za mąż, to *wtedy wreszcie będziesz szczęśliwa.*

Dziewczyny!!!
To jest nieprawda!!!

Każda z nas ma za sobą nieudane związki. Na początku zawsze było wspaniale, prawda? Motyle w brzuchu, zakochane spojrzenia, trzymanie się za ręce. A potem? Czy pamiętasz, co działo się potem?...

Potem stopniowo zaczynałaś coraz bardziej przyglądać się temu co on robi, co mówi i jak myśli. Poprawiałaś go, pouczałaś, uczyłaś go odpowiadania na twoje potrzeby i odczytywania twoich nastrojów, mówiłaś mu co ma robić i jak, a czego ma nie robić, bo tobie to się nie podoba. Byłaś niezadowolona kiedy się spóźniał, zapominał o czymś, co obiecał, nie zrobił czegoś, czego oczekiwałaś albo zrobił to w niewłaściwy sposób.

Usiłowałaś go dostosować do swoich potrzeb i oczekiwań! Chciałaś go zmienić i naprawić w tych sferach, które ci nie pasowały.
Prawda?

On miał być drugim tobą, który tak samo myśli o zasadniczych sprawach, przestrzega twoich zasad, robi to, co jest dla ciebie ważne i nie robi tego, co uważasz za głupie albo złe. I oczywiście – daje ci dowody, że ciebie kocha, ponieważ wtedy czujesz się szczęśliwa.
Tak było?

Nauczyłaś go odstawiać garnki we właściwe miejsca? Opuszczać deskę klozetową? Sprzątać po sobie? Mniej przeklinać? Być miłym dla jego matki? Zdejmować buty przed wejściem do domu?

Wyjaśniłaś mu jak się czujesz kiedy on ogląda skrót meczu zamiast słuchać tego, co masz mu do powiedzenia? W jaki sposób rani twoje uczucia kiedy opowiada o tobie dowcipy swoim kolegom? Czy pouczyłaś go, że owszem, cieszysz się z jego prezentu, ale tak naprawdę wolałabyś spędzić z nim cały wieczór, porozmawiać i po prostu pobyć razem? Czy pilnujesz, żeby jadł to, co uważasz, że jest dla niego dobre? Czy pilnujesz, żeby nie robił tego, co uważasz, że jest dla niego złe?

Czy nie jest tak, że w pewien delikatny, subtelny, ale wytrwały i nieustający sposób *tresujesz* swojego mężczyznę, żeby uczynić go lepszym i bardziej odpowiednim dla ciebie?...

Chcesz go zmienić, żeby lepiej przystosować go do swoich potrzeb i oczekiwań.

Prawda?

A wiesz dlaczego tak jest?

Ponieważ to on *nadaje sens twojemu życiu.*

Jesteś oczywiście wolnym człowiekiem, podejmujesz własne decyzje, nosisz takie ubrania, jakie lubisz, masz pracę i własne marzenia, ale jednocześnie emocjonalnie żyjesz bardziej jego życiem niż swoim.

Jesteś uzależniona od tego co on powie, zrobi, jak na ciebie spojrzy i od tego czy jest ci wierny.

Ciągle oceniasz jego zachowanie, jego wygląd, jego słowa, próbujesz zgadnąć jego myśli i intencje.

Tak naprawdę twoje samopoczucie, twój nastrój i twoje szczęście zależą od tego jak jest między wami, czyli od tego czy on spełnia twoje oczekiwania.

Tak jest?...

Nie musisz odpowiadać.

Ja ci powiem, że tak właśnie było we wszystkich moich związkach.

Dzisiaj patrzę na to z perspektywy czasu i widzę rzeczy, których wtedy nie byłam w stanie dostrzec.

Choćby to, że zachowywałam się jak Gollum w pościgu za złotym pierścieniem. Tak bardzo chciałam go mieć, bo czułam, że on wniesie do mojego życia to wszystko, czego teraz tak bardzo mi brakuje!

A kiedy wreszcie go zdobywałam, to mówiłam do niego:

– Teraz jesteś mój! Tylko mój! Nikomu cię nie oddam! Będę o ciebie dbać! Będę się o ciebie troszczyć najlepiej jak potrafię! A ty w zamian daj mi to, czego tak bardzo pragnę: uwagę, akceptację, miłość, spełnienie, ulgę.

Naprawdę byłam gotowa bardzo dużo poświęcić i dać.

Wcale nie byłam zimnym, wyrachowanym i bezwzględnym myśliwym w poszukiwaniu kogoś, kto zaspokoi moje potrzeby. Wprost przeciwnie. Naprawdę bardzo chciałam kogoś kochać i bardzo pragnęłam być kochana.

Tyle że nie rozumiałam czym jest miłość. Wydawało mi się, że jeśli dam z siebie wszystko, to dostanę w zamian to, czego emocjonalnie tak bardzo potrzebuję.

Ale zobacz.

Właśnie w ten sposób odbierałam samej sobie emocjonalną wolność, ponieważ uzależniałam ją od tego, co może mi dać drugi człowiek.

Mówiąc inaczej – nieświadomie przenosiłam na niego odpowiedzialność za to czy będę szczęśliwa.

I to właśnie dlatego usiłowałam go zmienić, naprawić i nauczyć nowych przydatnych umiejętności – żeby lepiej służył mnie i mojemu życiu.

Robiłam to oczywiście nieświadomie.

Z mojego ówczesnego punktu widzenia nie było w tym niczego złego ani żadnej manipulacji. Ja po prostu byłam mądrzejsza w niektórych kwestiach, więc mówiłam mu co jest dobre, a co złe.

Wydawało mi się też, że na tym właśnie polega komunikacja w związku – że ja mówię czego potrzebuję, a on mi tego dostarcza.

Ta nasza „zdrowa komunikacja" szybko jednak zamieniała się w skargi, zażalenia, żądania, zakazy, pretensje i kłótnie.

Osądzaliśmy wzajemnie swoje słowa i zachowania, zarzucaliśmy sobie nieuczciwość, głupotę, nieostrożność, bezmyślność, złośliwość i złe chęci.

Ciągle kłóciliśmy się i godziliśmy. Kłóciliśmy i przepraszaliśmy. I tak w kółko.

A miłość wcale nie była szczęśliwa.

Powiem ci więc z mojego własnego doświadczenia jak to jest z miłością.

Nauczono nas, że szczęście to jest miłość, i że ona zawsze przychodzi z zewnątrz. Że dopiero jak spotkasz swoją „drugą połowę", to zaznasz pełni szczęścia i miłości.

Nauczono nas więc, że drugi człowiek jest dostarczycielem wszystkiego, czego brakuje nam w duszy – szczęścia, miłości, spokoju, wewnętrznej równowagi, sensu.

I to właśnie jest jednym z największych kłamstw naszej cywilizacji, dlatego że jeśli w to wierzysz, nieświadomie stawiasz siebie w pozycji ofiary, która odbiera sobie samej prawo do pełni życia, ponieważ uzależnia to co jest najważniejsze – czyli swoje szczęście, poczucie własnej wartości i bezpieczeństwa – od drugiego człowieka.

A kiedy wchodzisz w związek z nieświadomym bagażem takich oczekiwań, to już na starcie jesteś na przegranej pozycji. Bo nikt nie może stworzyć twojego szczęścia dla ciebie. Będziesz wiecznie emocjonalnie głodna i będziesz ciągle szukać kogoś, kto zaspokoi twój głód.

Aż być może pewnego dnia uświadomisz sobie, że tak naprawdę jedyną osobą, która może sprawić ten cud, jesteś ty sama. I dopiero wtedy będziesz gotowa na szczęśliwą miłość.

ROZDZIAŁ 21

Nic na siłę

Minął rok od rozstania z moim chłopakiem.

Pomyślałam, że chyba nadszedł już czas, żeby znów zacząć się z kimś spotykać. Pomyślałam, że jestem już inna, mądrzejsza, że jestem gotowa na związek oparty na wzajemnym szacunku, przyjaźni i szczęściu. Bez żądań, oczekiwań i uzależniania mojego życia od tego jak on się zachowuje.

Rozejrzałam się.

Dookoła było dużo różnych ludzi. Ale nikogo, z kim chciałabym spotkać się jeszcze raz.

Mogłabym oczywiście zmusić życie do szybszego galopu. Poprosić, żeby ktoś umówił mnie na randkę w ciemno albo wejść na portal randkowy.

Ale w głębi duszy czułam, że to jest zła droga. Nic na siłę! Wszystko w życiu dzieje się wtedy, kiedy przychodzi na to naprawdę najlepszy czas.

Nie wtedy, kiedy wydaje mi się, że moment jest już odpowiedni. Raczej wtedy, kiedy naprawdę w kosmicznym splocie zdarzeń nastąpi takie doskonałe połączenie wszystkich okoliczności, że dopasuje się idealnie do mojego serca i życia.

Naprawdę w to wierzę.

Nic na siłę.

Ani związek, ani dziecko, ani podróż, ani praca.

Kiedy robisz coś na siłę i usiłujesz zmusić życie do tego, żeby coś ci przyniosło, zachowujesz się jak Bóg. Chcesz mieć kontrolę.

Ale przecież nie jesteś Bogiem.

I nie chodzi o to, że nie umiesz z gliny ulepić człowieka, tylko o to, że nie jesteś w stanie przewidzieć wszystkich możliwych zawiłości i konsekwencji tego, czego tak bardzo dzisiaj pragniesz i co wydaje ci się niezbędne.

Na przykład pragniesz ponad wszystko mieć dziecko. Wydaje ci się, że jesteś na to w 100% gotowa. To jest jedyna rzecz, na której naprawdę, *naprawdę*, najbardziej ci zależy.

Ale czy potrafisz przewidzieć jaką przyszłość będzie miało twoje dziecko jeśli przyjdzie na świat za dziewięć miesięcy od dzisiaj?

Być może byłoby dla niego znacznie lepiej gdyby urodziło się za dwadzieścia miesięcy albo za pięć lat? Bo wtedy nastąpi idealnie połączenie rozmaitych gwiezdnych współrzędnych, które stworzą twojemu dziecku najlepsze możliwe warunki do rozwoju i wykorzystania jego talentów? Być może za pięć lat skład powietrza na Ziemi będzie inny niż dzisiaj, co uchroni twoje dziecko przed astmą, na którą byłoby skazane gdyby przyszło na świat jeszcze w tym roku.

Rozumiesz co mam na myśli?

Wszystko ma swój idealny moment i czas.

Wszystko w życiu staje się wtedy, kiedy powinno się stać.

Kiedy chcesz być Bogiem i wymuszasz jakieś zdarzenia, w pewien sposób działasz wbrew swojemu przeznaczeniu. Z mojego doświadczenia wynika, że zwykle przynosi to więcej cierpienia niż szczęścia.

Wydawało mi się więc, że jestem gotowa na nowy, lepszy, zdrowy związek.

Ale nikogo nie spotkałam.

Minął następny rok.

Zajmowałam się w tym czasie różnymi pasjonującymi rzeczami. Pisałam książki, podróżowałam, robiłam fotografie i rysunki. Spędzałam świadomie dużo czasu ze sobą. Znalazłam w sobie fantastycznego przyjaciela, który potrafił odpowiedzieć na wszystkie moje pytania i wątpliwości, a w razie potrzeby naprowadzał mnie na właściwą ścieżkę.

Kiedy oglądałam komedię romantyczną, pojawiała się we mnie niewielka myśl, że miło byłoby zakochać się i trzymać kogoś za

Wszystko w życiu ma swój czas.
Staje się wtedy, kiedy
powinno się stać.

rękę, ale to była tylko krótka chwila, mgnienie, bez żalu i bez tęsknoty.

I nagle uświadomiłam sobie najbardziej niezwykłą rzecz!!!

Po raz pierwszy w życiu nie czułam się samotna!!!!

Po raz pierwszy w życiu czułam w sobie wewnętrzną równowagę i cudowny, pełen, kompletny spokój!!!

Jak nigdy wcześniej!!!

Wcześniej zawsze byłam pełna walki, niepokoju i wątpliwości.

Wcześniej prawie wszystkie moje myśli koncentrowały się na tym z kim jestem, dlaczego z nim jestem i dlaczego nie dostaję od niego tego, czego tak bardzo potrzebuję. Zastanawiałam się po co mi taki związek, skoro nie jestem w nim szczęśliwa. Czasem trochę szczęśliwa, owszem, ale po tych krótkich chwilach zawsze nadciągały ciemne chmury, a ja tonęłam w nich wśród ponurego nastroju i łez.

Byłam nieszczęśliwa, bo mój chłopak nie spełniał moich oczekiwań. Był niewystarczająco czuły, nie dość okazywał mi, że mu na mnie zależy, nie dość mnie chwalił, nie wystarczająco często mówił, że mnie kocha.

Kiedy więc w końcu zostałam sama i postanowiłam przez pewien czas nie szukać nikogo, po to, żeby sprawdzić jak to jest być *samemu*, stała się nadzwyczajna rzecz.

Zaopiekowałam się sobą!

Nauczyłam się kochać samą siebie!

Nauczyłam się mówić do siebie na głos: – Kocham cię!

Zrobiłam coś, czego nie zrobiłam nigdy wcześniej.
Zainteresowałam się kim jestem.
Czego potrzebuję. O czym marzę.

Zaczęłam o tym ze sobą rozmawiać,
tak jakbym rozmawiała z dobrym przyjacielem.
Znalazłam w sobie kogoś, kto był zawsze
gotowy do rozmowy, zawsze uczciwy
i uśmiechnięty i zawsze pomocny.
Spragniony mojej uwagi.
Potrzebujący mnie tak samo mocno
jak ja potrzebowałam jego.
Szczęśliwy zawsze kiedy do niego wracałam.

Nagle odkryłam, że mam w sobie
nadzwyczajnie wrażliwą, dobrą i szczęśliwą duszę,
która w rozpaczliwej samotności przez pół życia
szukała kogoś, kto się nią zaopiekuje.
Bo ja nigdy wcześniej nie miałam na to czasu.

Wcześniej podsuwałam moją głodną duszę innym ludziom,
spodziewając się, że ktoś wreszcie
odpowiednio się nią zaopiekuje.

Ale kto miałby to właściwie zrobić jeśli nie ja???
Kto lepiej wie i czuje jakie są jej potrzeby i pragnienia???
No kto???
Kto jeśli nie ja???...

Kto jeśli nie ty najlepiej potrafisz zaopiekować się swoją duszą? Sama powiedz?

Czy wiesz, że wszystkie twoje nieudane związki
były konsekwencją tego,
że zamiast kochać siebie i świadomie
opiekować się swoim życiem,
ty czekałaś aż ktoś zrobi to za ciebie?...

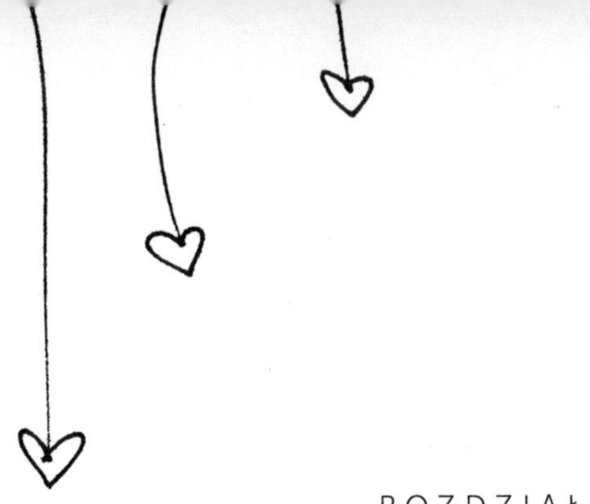

ROZDZIAŁ 22

Dziesięć minut

Niedawno zaproszono mnie na konferencję w Londynie. Na widowni zasiadło ponad trzysta osób. Rozmawialiśmy o podróżach, o życiu i oczywiście o miłości.

W pewnej chwili powiedziałam:

– Każda doba ma dwadzieścia cztery godziny, czyli 24 x 60 minut. To z grubsza daje mniej więcej półtora tysiąca minut codziennie. Ile osób z was siedzących tu na sali może uczciwie powiedzieć, że wśród tego półtora tysiąca minut codziennie świadomie znajduje *dziesięć* minut, żeby spędzić je z samą sobą?

Zapadła cisza.

– Dziesięć minut – powtórzyłam. – Wśród wszystkich ważnych spraw i ważnych osób, którymi musimy się zajmować, czy jest wśród was ktoś, kto samemu sobie daje codziennie choćby dziesięć minut świadomej uwagi? Nie na mycie ciała, nie na makijaż, ale na rozmowę z samym sobą. Na zapytanie samego siebie czego pragnę, czego potrzebuję.

Znów cisza, w której po chwili nieśmiało uniosła się jedna ręka. Potem druga.

– Ja codziennie wyprowadzam siebie na spacer – powiedziała dziewczyna z końca sali. – Czy to się liczy?

– Ja też! – dodała druga dziewczyna. – I mówię do siebie „kocham cię! ”

Jasne, że to się liczy! O to właśnie chodzi!

Przynajmniej dziesięć minut, które świadomie spędzisz z samą sobą.

Nie chodzi o to, żeby samotnie oglądać film, bo wtedy myślami jesteś przy akcji, bohaterach i ich życiu.

Chodzi o to, żeby świadomie poświęcić uwagę swoim myślom, pytaniom, które być może się w tobie pojawią. Chodzi o to, żeby świadomie dać sobie opiekę, przyjaźń i miłość.

Wyprowadzanie się na spacer to jedno z moich ulubionych ćwiczeń, które wymyśliłam kiedyś dla siebie, a potem opisałam w kilku książkach.

To fantastyczne narzędzie do oswojenia własnej duszy.

Chodzi o to, żeby codziennie, najlepiej o tej samej porze, wyprowadzić siebie na spacer i mówić do siebie „kocham cię”.

Wyprowadzić siebie na spacer tak, jak wyprowadza się psa. Albo tak, jak wyprowadza się kogoś, komu lekarz zalecił spędzanie czasu na świeżym powietrzu. Nie pytasz go wtedy czy ma na to ochotę, tylko mówisz:

– Chodź, teraz jest czas na to, żeby się przejść.

Wyprowadzić siebie na spacer tak, jak wyprowadza się małe, uparte dziecko, które woli siedzieć w ciemnym pokoju wśród ścian pomalowanych na czarno i świętować swoją samotność, smutek, melancholię i depresyjny nastrój.

Bo coś ci powiem.

Jeżeli nigdy nie zaopiekowałaś się swoją duszą, jeżeli nie nauczyłaś się siebie kochać, rozmawiać ze sobą i spędzać ze sobą czas, to twoja dusza jest właśnie jak taki bezdomny, uparty ludek, który wciska się w kąt, płacze i mówi, że chce tak płakać, bo z tymi łzami jest mu dobrze.

Żyje w smutnej samotności i poczuciu odrzucenia, przekonany o tym, że jest nikomu niepotrzebny i nikt go nie kocha.

No i rzeczywiście.

Bo zobacz.

Ty go nie kochasz, bo przecież nigdy nie zainteresowałaś się swoją własną duszą. Podsuwałaś ją tylko innym do pogłaskania. A ty?... Ile razu odrzucałaś samą siebie, gardziłaś sobą i nienawidziłaś siebie za coś?

To właśnie stąd bierze się poczucie odrzucenia i samotności.

Z tego, co ty sama dawałaś twojej własnej duszy.

Dziwisz się, że teraz nie ma do ciebie zaufania i nie chce robić tego, co jej każesz? Nie umie się cieszyć, ciągle szuka dziury w całym, podpowiada ci, że będzie źle i że to ci się na pewno nie uda. A kiedy chcesz w końcu zrobić dla siebie (i dla niej) coś dobrego i chcesz wyprowadzić ją na spacer, to ona mówi:

– Odczep się! Nie chce mi się! To nie ma sensu!

Wtedy odpowiedz jej:

– Kocham cię. Wyprowadzę cię teraz na spacer dlatego, że świeże powietrze zawsze poprawia nastrój. Dotlenia komórki, przynosi świeżą nadzieję. A poza tym chcę wyprowadzić cię na spacer po to, żeby spędzić z tobą dziesięć minut. Tylko ty i ja.

Nie pytaj siebie czy masz na to ochotę.
Po prostu zrób to.

To jest pierwszy krok do tego, żeby znaleźć w sobie to, czego tak bardzo poszukiwałaś we wszystkich związkach.

I czego – sama pewnie przyznasz – nigdy dotychczas w żadnym związku nie znalazłaś.

ROZDZIAŁ 23

Ty ze sobą

Ty ze sobą to najważniejszy związek na świecie.

To jest podstawa twojego poczucia bezpieczeństwa, wewnętrznej równowagi i siły.

To jest baza, na której można budować zdrowe związki z innymi ludźmi.

Jeżeli odrzucasz siebie, zapominasz o wyrażeniu sobie przyjaźni i miłości, to skazujesz się na samotność.

Bo prawdziwa samotność
nie jest brakiem innych ludzi,
tylko zagubieniem siebie wśród nich.
Podświadomym oczekiwaniem,
że to oni zapełnią w tobie tę bolącą pustkę,
że dzięki nim wreszcie poczujesz się
lepiej, pełniej, szczęśliwie.

Samotność nie jest brakiem innych ludzi, tylko zagubieniem siebie wśród nich.

No ale przecież wiesz.

Kto jeśli nie ty ma bezpośrednie połączenie z twoją duszą? Kto może ją zapytać czego pragnie? Kto może jej dostarczyć to, czego potrzebuje w każdej chwili, natychmiast i wszędzie na świecie?

Tylko ty.

Bo tylko ty jesteś z nią przez cały czas, w każdej sekundzie twojego cudownego życia.

Tyle że nikt ci pewnie nie powiedział, że masz w sobie samotne dziecko, które potrzebuje twojej uwagi, miłości i opieki.

Mówili ci raczej, że powinnaś jak najszybciej znaleźć męża, żeby jemu podrzucić to dziecko pod opiekę.

Prawda?

To mąż miał ci dać poczucie bezpieczeństwa, miłość, radość i spełnienie.

Prawda?

Wiem, wszyscy wychowaliśmy się w takim przeświadczeniu.

Ale coś ci pokażę.

Taki sposób myślenia odbiera ci poczucie odpowiedzialności za twoje własne życie i szczęście.

Zobacz.

Związek z mężczyzną ma ci dać poczucie bezpieczeństwa i szczęście, co podświadomie sugeruje, że jeśli będziesz sama, to będziesz samotna i nieszczęśliwa.

To w pewien sposób odbiera ci prawo do działania na rzecz twojego własnego życia! Jeżeli wierzysz w to, że tylko w związku zaznasz prawdziwego spełnienia, to instynktownie przestajesz interesować się innymi możliwymi rozwiązaniami. Po prostu z góry przekreślasz je jako nieskuteczne i nieodpowiednie.

Inaczej mówiąc – skazujesz siebie na przywiązanie się do jednej myśli, jednej drogi, jednej opcji. Nieświadomie tworzysz więzienie we własnej głowie i będziesz czuła się coraz bardziej zniewolona.

I to nie wszystko.

Jeżeli przyjmujesz taki sposób myślenia i wierzysz w to, że tylko związek z drugim człowiekiem – małżeństwo, ślub, rodzina – przyniosą ci upragnione szczęście, poczucie bezpieczeństwa, spełnienie i sens, to prędzej lub później będziesz go obwiniać za to, że tak się nie stało!

Czy wiesz co to oznacza?

Spotykasz cudownego mężczyznę. Zakochujesz się.

Wnosisz do związku swoją samotność, emocjonalną niepewność, brak poczucia własnej wartości i bezpieczeństwa.

Podświadomie oczekujesz, że związek, ślub, rodzina sprawią ten cud, napełnią cię poczuciem sensu, pełni i na zawsze uleczą cię z wewnętrznego drżenia, lęku, myśli depresyjnych, samotności i smutku.

Oddajesz w ręce drugiego człowieka swoją duszę, swoją emocjonalną kruchość, niepewność i lęk. A on nie tylko nie zdaje sobie z tego sprawy, ale też nie ma żadnych narzędzi, którymi mógłby w tobie naprawić to, co boli, co wymyka się spod twojej kontroli i co ciągnie cię w dół zamiast dodawać ci sił.

Czas mija.

Okazuje się, że twój mąż jest właściwie tak samo emocjonalnie poraniony i wewnętrznie rozchwiany. Czasem łatwo go urazić, zamyka się w sobie, staje się dziwnie obcy i daleki. Wcale nie leczy ciebie z twoich lęków, a wprost przeciwnie, ma własne, z którymi nie jest w stanie sobie poradzić.

Zaczynasz nieświadomie obwiniać go o to, że jest słaby, dziecinny i nie jest w stanie dać ci siły, której tak bardzo potrzebujesz. To ty właściwie musisz emocjonalnie opiekować się nim, bo on wydaje się tak bardzo wrażliwy i delikatny.

Nieświadomie obwiniasz go o to, że nie dał ci tego, co miał ci dać. Ani poczucia bezpieczeństwa, ani uleczenia z samotności, ani pozbycia się lęków. Wciąż jesteś tą samą, zagubioną, niepewną siebie, miotaną sprzecznościami i wątpliwościami dziewczyną. Wcale nie czujesz się bardziej atrakcyjna, silniejsza ani pewniejsza siebie. Wciąż miewasz ataki samotności, anoreksji albo bulimii. Wciąż boisz się tego co ludzie o tobie pomyślą albo powiedzą. Wciąż boli cię to, co zdarzyło się w przeszłości, wciąż nie możesz wybaczyć swoim rodzicom.

Zobacz.

Wszystko miało się zmienić. Ty miałaś się zmienić. Miałaś wreszcie znaleźć spokój i równowagę u boku ukochanego mężczyzny, tymczasem jesteś mu matką, pielęgniarką i opiekunką, bo okazało się, że to on potrzebuje więcej twojej opieki niż ty jego.

Prawda?

Nawiasem mówiąc to jest niezupełnie prawda.

Potrzebujecie tyle samo opieki, uwagi i wsparcia, tyle że ty zostałaś wychowana jako dziewczynka, a dziewczynkom wmawia się, że są odpowiedzialne za losy całego świata i że muszą być gotowe na poświęcenie samych siebie po to, żeby ratować innych. Dlaczego to jest nieporozumienie, wyjaśnię za chwilę.

Teraz wracam do związków.

Jeżeli jesteś jak słomiana chata, która chwieje się na wietrze, przecieka, nasiąka wodą, wymaga ciągłego podpierania, łatania i naprawiania, to jak myślisz, z jakim innym budynkiem będziesz czuła najwięcej wspólnego?

Jeżeli spotkasz na swojej drodze elegancki, nowoczesny, duży, biały dom. Przestronny, mocny, jasny i czysty. Co sobie wtedy pomyślisz?

Pomyślisz pewnie:

– Och, jak ja chciałabym być takim domem! On jest tak bardzo inny, lepszy i piękniejszy ode mnie! Jest o lata świetlne bardziej wyrafinowany i lepiej skonstruowany. Nie mam z nim nic wspólnego. On pewnie nawet mnie nie zauważył. Dla niego taka słomiana, chwiejna, wiejska chata to pewnie tylko pośmiewisko. Potoczę się dalej pokornie po moim życiu, może spotkam kogoś, kto mnie zrozumie i pokocha.

Kogo?

Drugą, podobną, słomianą chatę! Z takim samym głęboko wrośniętym brakiem poczucia własnej wartości, przekonaniem o byciu gorszym, lękiem przed oceną i odrzuceniem, czyli tak samo emocjonalnie uzależnioną od innych ludzi.

Instynktownie taki ktoś wyda ci się najbardziej atrakcyjny, dlatego że wyczujesz w nim dokładnie to samo, co jest też w tobie. Rozpoznasz w nim cząstkę siebie i to właśnie magnetycznie będzie cię do niego przyciągało, dając ci nadzieję na to, że zostaniesz zrozumiana i zaakceptowana.

Jeśli jesteś wewnętrznie samotna i przestraszona, to mężczyzna z podobną samotnością i lękiem wyda ci się najbardziej interesujący.

Jeśli jesteś silna i odważna, to instynktownie, podświadomie będziesz szukała człowieka o podobnej sile i odwadze.

Jeśli jesteś uzależniona od jedzenia albo leków poprawiających nastrój, to podświadomie najbardziej pożądany będzie ci się wydawał ktoś, kto cierpi na podobne zaburzenie poczucia własnej wartości i bezpieczeństwa, więc szuka pomocy – tak samo jak ty – w jakiejś kompulsywnej skłonności i też jest od czegoś uzależniony – być może od hazardu albo od alkoholu lub seksu.

Tak po prostu jest, że najbardziej atrakcyjny wydaje ci się ktoś, kto emocjonalnie jest najbardziej podobny do ciebie.

Albo – mówiąc inaczej – przyciągasz do siebie takie osoby, które są w podobnym stanie ducha i podświadomości.

Pozornie on może być inny. Może mieć inne zainteresowania, inny zawód, inne usposobienie. Ale w głębi serca, w głębi duszy, skąd wypływają wszystkie jego prawdziwe emocje, jest dokładnie taki sam jak ty.

Widzisz?

To, jaki jest stan twojej znajomości i przyjaźni
z twoją własną duszą,
ma bezpośredni wpływ na wszystko,
co istnieje w twoim życiu.

Na to czy czujesz się szczęśliwym człowiekiem.
Na to jak wygląda twoje małżeństwo czy związek.
Na to jaką masz pracę i jak się w niej czujesz.
Na to jakich ludzi spotykasz i co od nich dostajesz.

Cały twój zewnętrzny świat jest w rzeczywistości
odbiciem tego, co istnieje
w twoim wewnętrznym świecie.

Czy wciąż wierzysz w to, że drugi człowiek jest w stanie za ciebie go naprawić, uleczyć i przywrócić do równowagi?

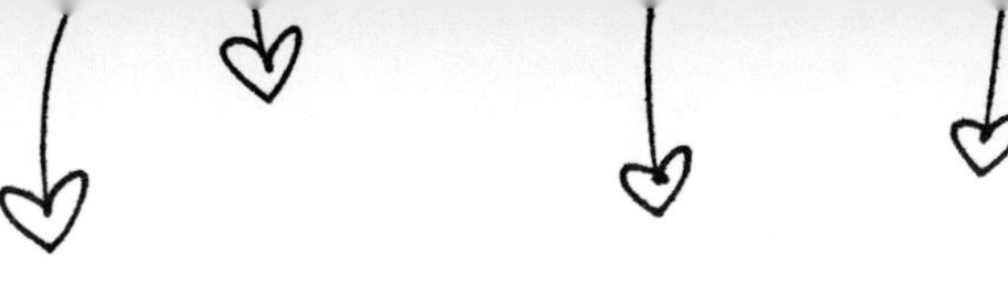

ROZDZIAŁ 24

Po raz pierwszy w życiu

Zaczęłam więc żyć jako singiel.

Singiel pojedynczy. Nie chciałam spotykać się z nikim na chwilę, żeby poprawić sobie nastrój. Nie umawiałam się na randki. Nie rozglądałam się nawet za kimś, z kim ewentualnie mogłabym się umówić.

Świadomie przyjęłam założenie, że jestem teraz sama po to, żeby samą siebie lepiej poznać. Spędzić ten czas ze sobą.

Nie na oglądaniu filmów ani imprezowaniu z przypadkowymi osobami. Nie chodziło mi o to, żeby unikać pakowania się w następny związek, a wprost przeciwnie – świadomie po raz pierwszy w życiu postanowiłam być w związku z samą sobą.

W trochę podobny sposób jak jest się z kimś innym.

Kiedy poznajesz kogoś nowego, rozmawiasz z nim, zadajesz mu pytania, jesteś ciekawa tego kim jest, jaki jest, o czym marzy, czego pragnie, co już dokonał, czego żałuje, a co uważa za swoje największe osiągnięcie.

Tak właśnie podeszłam do siebie.

Bo przecież ja nigdy wcześniej nie rozmawiałam ze sobą jak z przyjacielem!

Dotychczas traktowałam siebie jak zło konieczne. Nienawidziłam siebie i pogardzałam sobą kiedy zrobiłam coś, co uważałam za złe albo głupie. Dawałam sobie łaskawie kilka słów pochwały kiedy udało mi się zrobić coś wartościowego. Byłam właściwie ze sobą w stanie wiecznej wojny i niezrozumienia.

Po raz pierwszy w życiu postanowiłam więc na spokojnie przyjrzeć się *sobie*. Moim własnym emocjom, lękom, marzeniom, oczekiwaniom. Temu, co naprawdę czuję i myślę. Nawet mojej samotności, której nie wyleczył żaden związek.

Po pierwszym roku poczułam ten cudowny, ogromny, zachwycający spokój, jaki we mnie zamieszkał.

Ucichły wszystkie wrzeszczące wcześniej głosy i szarpiące wątpliwościami myśli. Nie miałam chłopaka, więc przestałam miotać się wśród milionów sprzecznych uczuć i wątpliwości związanych z tym jaki on jest, czy on jest dobry dla mnie, czy będzie moim mężem, czy jest mi wierny i tak dalej, i tak dalej, i tak dalej.

Podczas spacerów, wycieczek rowerowych i samotnych wypraw przez świat niespodziewanie znalazłam w sobie wsparcie.

Fantastycznego przyjaciela, który zawsze miał dla mnie dobre słowo, pocieszenie i siłę.

Wcześniej patrzyłam na siebie jak na wroga, bo przecież były we mnie myśli, słowa i uczucia, nad którymi nie miałam żadnej kontroli i które były czasem tak ciężkie i przykre, że stawały się trudne do zniesienia.

Teraz, zamiast unikać tych emocji i walczyć z nimi, zaczęłam szukać ich źródła. Chciałam zrozumieć skąd się we mnie biorą i co mogłabym zrobić, żeby samej sobie pomóc.

***Zaopiekowałam się* sobą zamiast siebie odrzucać.**

**Zaopiekowałam się sobą w taki sposób,
jak adoptuje się małe, zdziczałe zwierzątko,
które ucieka i ze strachu załatwia się
na środku dywanu w salonie.**

**Pokochałam siebie w taki sposób, jak kocha się dziecko,
które nigdy nie dorośnie i zawsze będzie potrzebowało
mojej obecności i bezwarunkowej miłości.**

I wtedy właśnie poczułam spokój.

Tak naprawdę to właśnie było wszystkim, czego potrzebowałam i czego wcześniej tak bezskutecznie szukałam u innych ludzi.

Pierwszy rok minął szybko.

Nagle zorientowałam się, że jestem singlem od prawie dwóch lat i jest mi z tym nadzwyczajnie dobrze.

Codziennie rano wyprowadzałam się na spacer i mówiłam do siebie „kocham cię! ". Codziennie rozmawiałam ze sobą o różnych ważnych sprawach. Codziennie zadawałam sobie różne pytania i dostawałam czasem całkiem zaskakujące odpowiedzi.

Zaopiekowałam się sobą we wszystkich życiowych sferach.

Nagle zrozumiałam, że jestem dla siebie ważna i świadomie szukałam takich rzeczy, które dałyby mi więcej siły. Zaczęłam się interesować zdrowym jedzeniem i gotować. Wprowadziłam do mojego życia regularny rytm snu i aktywności, przestałam oglądać śmieciowe programy w telewizji i słuchać katastroficznych wiadomości ze świata.

Odzyskałam nagle całe, wielkic, wspaniałe ŻYCIE!!!

Byłam sama, owszem, ale wcale nie byłam samotna.

Powiem więcej. Dopiero wtedy tak naprawdę przestałam być samotna!!!

Czułam w sobie dobrą, pozytywną równowagę. Miałam jasny umysł, który pozwalał mi pracować efektywnie i szybko. Byłam zdrowa, znikły gdzieś wszystkie poprzednie dolegliwości.

Kiedy wychodziłam o świcie na spacer albo bieganie, czułam się najzwyczajniej, w pełni i całkowicie szczęśliwa.

Bardziej szczęśliwa niż w jakimkolwiek związku, w jakim byłam wcześniej.

Miałam siebie.

Wschód słońca za przyjaciela.

Niebo, które spoglądało na mnie niebieskim okiem Boga.
Ptaki, które śpiewały „kocham cię! ".

Po raz pierwszy w życiu było mi dobrze. Bezpiecznie. Spokojnie. Szczęśliwie.

Po trzech latach bycia szczęśliwym singlem pomyślałam, że to jest chyba dobry czas, żeby kogoś poznać.

Ale życie wciąż nie przyprowadzało mi nikogo, z kim chciałabym być.

Nie szukałam na siłę.

Uznałam, że tak właśnie ma być. Że pewnie nie jestem jeszcze na to gotowa. Że wciąż są rzeczy, których powinnam się nauczyć zanim wejdę w następny związek.

Wierzyłam w to, że kiedy czas i moment będą odpowiednie, w moim życiu pojawi się ktoś, kto będzie dla mnie najlepszym partnerem.

Nie interesowały mnie więc portale randkowe ani bankiety, gdzie miałabym szansę kogoś spotkać. Wiedziałam, że to zdarzy się samo i to najprawdopodobniej w okolicznościach, których zupełnie nie byłabym w stanie przewidzieć.

Minął kolejny rok.

Zajmowałam się pisaniem książek, podróżowaniem, wymyślaniem nowych projektów.

Byłam w nieustającym kontakcie z samą sobą. Codziennie wyprowadzałam siebie na świeże powietrze, obserwowałam moje myśli i emocje, sprzątałam w nich to, co było zakurzone, brudne albo śmieciowe.

Było mi dobrze. Lepiej niż dobrze.

Było mi wspaniale.

Czasem podczas podróży przez świat na cudownej tropikalnej plaży spotykałam zakochane pary, które siedziały przytulone, trzymając się za ręce.

Uśmiechałam się na ich widok. Cieszyłam się ich szczęściem. Wiedziałam, że to jest coś, co miało się zdarzyć właśnie im, właśnie tutaj i właśnie teraz. Niezależnie od tego jak potoczą się dalej losy tych związków, na pewno każda z osób wyniesie z nich ważną życiową lekcję.

A ja?...

– A ja?... – odpowiadałam sobie i uśmiechałam się do gwiazd na niebie. – Kiedy przyjdzie właściwy moment, to zdarzy się także mnie. Na razie wciąż jestem w *bardo*, czyli czasie „pomiędzy". Pomiędzy tym kim byłam wcześniej, a tym kim będę kiedy stanę się w pełni gotowa do tego, żeby znów być z kimś.

Kiedy to będzie?

Nie wiem.

I nie ma to żadnego znaczenia.

Szczerze wierzę w to, że życie przynosi mi dokładnie to, co jest mi potrzebne i co jest dla mnie dobre. Czasem może mi się to nie podobać, ale to nie zmienia faktu, że to jest dokładnie tym, co w najlepszy sposób poprowadzi mnie dalej i nauczy mnie tego, co powinnam umieć.

Jeśli mam więc teraz być sama, to będę. I zrobię wszystko co w mojej mocy, żeby znaleźć w tym najlepsze, pozytywne strony.

A jest ich wcale niemało.

Och, co ja mówię! Jest ich po prostu mnóstwo!

Wszystko zależy od tego z jakiej perspektywy spojrzysz na to co masz.

Czy będziesz to porównywała z tym, co mają inni, czy będziesz uporczywie myślała o tym, czego żądasz od życia, a tego nie dostajesz, czy też może przeciwnie – czy uwierzysz w to, że dostajesz od życia to, co jest dla ciebie najlepsze, i czy postarasz się znaleźć w tej sytuacji wszystkie dobre strony.

Ja zrobiłam to drugie.

Uznałam, że jeśli nie pojawia się w moim życiu ktoś specjalny, to znaczy, że nie jestem gotowa na związek.

W takim razie wszystkie moje siły wkładam w to, żeby zaopiekować się moim własnym życiem, posprzątać w mojej duszy, odzyskać i utrzymać wewnętrzną równowagę i być szczęśliwa.

I tak zrobiłam!!!

ROZDZIAŁ 25

Bilet do Belize

Po pięciu latach życia jako szczęśliwy singel pomyślałam, że być może tak już zostanie na zawsze. Być może mam do zrealizowania w życiu inny projekt zamiast być w związku z drugim człowiekiem.

– Dobrze – pomyślałam. – Jeżeli tak ma być, to niech tak będzie. Jestem ciekawa co życie mi przyniesie, a na razie zajmuję się tym, co mam do zrobienia.

Totalnie i całym sercem zaakceptowałam to, że być może będę sama do końca życia. Sama, nie samotna. Bo przecież miałam już siebie za najlepszego przyjaciela.

Zgodziłam się z tym, że Bóg prowadzi mnie po drodze trochę innej od tego jak żyją inni ludzie. Bo przecież wszyscy dookoła byli w związkach!

Tylko ja przychodziłam jako pojedynczy singel, nie pasujący do nikogo. Ale prawdę mówiąc, wcale mi to nie przeszkadzało. W gruncie rzeczy wszyscy ci ludzie pospinani w pary złotymi obrączkami, też byli pojedynczymi, indywidualnymi osobami. Z mężem Agaty rozmawialiśmy o obozach przetrwania. Z żoną Piotra o pływaniu jachtem. Z chłopakiem Kasi o pieczeniu chleba, a z dziewczyną Marcina o radiu.

I co z tego, że byłam singlem wśród par? Przy stole zawsze znalazło się jedno krzesło więcej, a w dodatku z nikim nie musiałam negocjować jak długo tam jestem, co robię i kiedy wychodzę. Byłam sama, byłam szczęśliwa i sama decydowałam o wszystkim, co mnie dotyczy.

Sama chodziłam do restauracji na obiad jeśli miałam ochotę. Stolik dla jednej osoby? Oczywiście, żaden problem. Czy było mi smutno? Ależ skąd!!! Dlaczego miałoby mi być smutno???

Że sama jem?...
A dlaczego miałabym jeść z kimś?...

Jedzenie jest w gruncie rzeczy czynnością dość prywatną i bardzo ważną. Kiedy jesteś sam, możesz lepiej skoncentrować się na tym, co robisz. Lepiej docenić smaki, zapachy i to, w jaki sposób jedzenie zasila twój organizm, jak odchodzi głód, jak pysznie smakuje szklanka gorącej wody na koniec posiłku.

Kiedy jesteś sam, więcej myślisz, a mniej gadasz.

Byłam sama, byłam szczęśliwa i sama decydowałam o wszystkim, co mnie dotyczy.

Kiedy więcej myślisz, odkrywasz zupełnie nowe rzeczy, nowe rejony spraw i zainteresowań. Ja zawsze mam ze sobą notes i pióro wieczne, żeby na bieżąco zapisywać to, co pojawia się w moim umyśle.

Bycie samemu bardzo sprzyja rozwojowi wewnętrznemu i duchowemu. Zaczynasz słyszeć własne myśli i masz czas, żeby się nimi zająć. Czy mam cię przekonywać, że to jest fantastyczne uczucie i niepowtarzalna możliwość, żeby rozwijać swoje umiejętności i stawać się lepszym człowiekiem?...

Na tym się skoncentrowałam.

Na wszystkich absolutnie pozytywnych, konstruktywnych i genialnych stronach bycia singlem.

Niespodziewanie odkryłam też jeszcze jedną rzecz.

Owszem, byłam singlem wśród ludzi, czyli nie miałam drugiego człowieka, z którym tworzyłabym związek.

Ale nie byłam singlem w świecie natury, który mnie otaczał!!!

Byłam i jestem w cudownym związku ze wszystkimi ptakami, które śpiewają, ze wszystkimi drzewami, które szumią liśćmi, z wiatrem, ze słońcem, z niebem i chmurami, z deszczem, jaszczurką na gorącym kamieniu i z kwiatami, które zakwitają na mojej drodze.

Zachwycam się zapachem majowych bzów, cieszę się na widok dzielnego pająka, który przędzie srebrną nić, pozdrawiam krzewy magnolii i obsypane śniegiem choinki. A kiedy czuję się wśród nich tak bardzo szczęśliwa, to szepczę na głos:

– Kocham cię!

Wiesz co się wtedy dzieje? Zawsze dostaję odpowiedź. Ptak przelatuje tuż nad moim ramieniem albo mucha pojawia się znienacka przy mojej twarzy, albo z trawy wyskakuje zając, albo krzyczy bażant na polu. Albo wiatr szarpie mnie za włosy, albo kracze wrona, albo skowronek wzbija się na niebo i śpiewa.

Świat mnie kocha.

Jestem z nim w najszczęśliwszym związku.

Dlaczego miałabym się martwić tym, że nie ma obok mnie człowieka?

Nie martwiłam się więc.

Cieszyłam się z tego, co mam.

Nie wybiegałam myślami zbyt daleko w przyszłość. Co będzie, to będzie. W tym sensie, że życie samo zaprowadzi mnie tam, gdzie powinnam być, a ja ze swojej strony koncentruję się na tym, żeby tu i teraz robić w skupieniu to, co jest ważne.

Minął kolejny rok. I jeszcze jeden.

Wyruszyłam na kolejną samotną wyprawę. Podróżowanie w pojedynkę ma też mnóstwo dobrych stron. Sama podejmuję wszystkie decyzje, mogę na bieżąco kierować się moim instynktem i poświęcić całą uwagę światu, który mnie otacza.

Bo przecież kiedy jesteś w związku, to starasz się zajmować także drugą osobą. Dbać o to, co lubi, pomagać jej uniknąć tego, co jest dla niej trudne, dostosować swoją prędkość do jej tempa, negocjować wszystkie kolejne kroki. Musisz czekać jeśli ona długo śpi i robić z nią także to, czego nie lubisz, bo chcesz sprawić jej przyjemność.

Kiedy jesteś sam, masz cały czas i cały świat dla siebie. Ja na przykład uwielbiam zerwać się bardzo wcześnie rano i rozpocząć dzień przed świtem, czyli wtedy, kiedy w małych wioskach toczy się najbardziej interesujące życie.

Kucharki przychodzą z koszami świeżo upieczonych bułek, w budce gotuje się pierwsza świeża kawa, przy blasze dziewczyny z czarnymi warkoczami lepią placki z mąki kukurydzianej. Ktoś przynosi czerwone, pachnące pomidory, ktoś ustawia na ziemi kopczyk z owoców mango, ktoś polewa wodą pęczki zielonej kolendry.

Wszystko się zaczyna.

Ja jestem tam jako gość, ale jednocześnie siadam do stołu wspólnie z tubylcami, zamawiamy to samo śniadanie, uśmiechamy się do siebie i jesteśmy w gruncie rzeczy jak przyjaciele połączeni wspólnym celem i wspólną podróżą przez ten wczesny, rozświergotany, pachnący pomarańczami poranek.

To jest wspaniałe.

Wyruszyłam więc na kolejną samotną wyprawę. Kupiłam bilet do Belize nad Oceanem Atlantyckim z zamiarem przewędrowania po lądzie aż na drugi kraniec Ameryki Środkowej, do Salwadoru nad Oceanem Spokojnym.

Dobry plan. Spinający dwa ostatnie kraje w Ameryce Łacińskiej, w których nigdy wcześniej nie byłam. Miesiąc w samotnej podróży, trzydzieści cudownych tropikalnych poranków i trzydzieści spokojnych, egzotycznych nocy pod niebem pełnym gwiazd. Uwielbiam!

I wtedy to się stało.

W najmniej oczekiwanym momencie. Wcale nie szukałam nikogo i wcale nie miałam ochoty z kimś być. W pełni akceptowałam moje życie jako singla i nie oczekiwałam, że to się zmieni.

Ale widzisz, myślę, że życie polega właśnie na tym, żeby być wdzięcznym za to, co się ma. Na tym, żeby nie żądać niczego. Można marzyć, wyobrażać sobie i uśmiechać się do swoich pragnień, ale nie upierać się, że one muszą się spełnić. Bo kto tak naprawdę może wiedzieć z całą pewnością co jest dla mnie najlepsze?

Ja?...

Tak, może się tak wydawać.

Ale przecież nawet ja sama nie jestem w stanie stwierdzić *dlaczego* pragnę akurat tego, czego pragnę. Jedyne, co mogę odpowiedzieć to to, że tak czuję, że wydaje mi się, że właśnie to byłoby dla mnie najlepsze. Ale nie mam na to żadnego dowodu, prawda?

Mam ograniczoną wiedzę. Nie wiem tego, czego nie wiem i nie jestem w stanie przewidzieć przyszłości.

Bo to wie tylko Bóg. Niezależnie od tego jak go rozumiesz. Czy jest przystojnym brodaczem o niebieskich oczach, czy nieokreśloną i nieskończoną chmurą energii.

Jedno więc wiem na pewno.

Ufam w to, że Bóg wie.

Kiedy przestaję się upierać, żądać i udawać, że mam kontrolę, to moja dusza i mój umysł stają się na tyle otwarte i kochające, że stają się częścią Boga i częścią jego mądrości. Czuję w sobie jego energię, dobro, miłość i harmonię, i on pokazuje mi dokąd iść dalej przez życie.

Wystarczy tylko puścić się. Przestać kurczowo trzymać się swoich wyobrażeń, lęków, przesądów i ograniczeń.

Przyznać przed samą sobą, że jestem czasem bezradna wobec tego, co dzieje się w moim życiu.

I zawierzyć Sile Wyższej, która wszystko w najlepszy sposób odżywia, tworzy, prowadzi i napełnia życiem.

I wiesz co Bóg zrobił?

Postawił na mojej drodze mężczyznę w niebieskiej koszuli w kratkę, w butach trekkingowych i w kapeluszu. Siedziałam w samochodzie terenowym, którym miałam jechać do dawnego miasta Majów w zachodniej części Belize, tuż przy granicy z Gwatemalą. Patrzyłam przez okno i słuchałam rozmów pozostałych pasażerów. Nagle otworzyły się drzwi i do środka na siedzenie obok kierowcy wsiadł ten gość w niebieskiej koszuli. A ja nie mogłam przestać na niego spoglądać.

Siedział tyłem do mnie. Widziałam tylko brodę, nos i kapelusz. Było w nim coś takiego, co budziło moją ciekawość. Odwrócił się na chwilę, przedstawił się, porozmawiał z parą Francuzów obok mnie. A ja co chwilę na niego patrzyłam i zastanawiałam się dlaczego.

Kiedy doszliśmy do piramidy schodkowej Majów i zrobiliśmy zdjęcia, podeszłam i zapytałam jakiego aparatu używa. Tak naprawdę szukałam pretekstu do rozmowy.

Na następnej piramidzie tak się zagadaliśmy, że zgubiliśmy resztę grupy.

Kiedy wróciliśmy wieczorem do miasta, Daniel zapytał czy może chciałabym napić się z nim kawy, znaleźliśmy więc bar, zamówiliśmy coś do picia i jedzenia, i rozmawialiśmy przez kilka godzin. O życiu, o podróżowaniu, organizowaniu wypraw, o miejscach, które znaliśmy. Umówiliśmy się na śniadanie następnego dnia w tym samym miejscu.

A potem nie rozstaliśmy się już ani na chwilę i spędziliśmy razem następne dwa tygodnie, podróżując po Salwadorze, Gwatemali i Panamie.

Potem każde z nas miało bilet powrotny do swojego kraju. On poleciał do Nowego Jorku, ja do Warszawy.

Ale pojawiło się między nami coś, co nie znikło kiedy straciliśmy się z oczu.

On był singlem, tak samo jak ja. Nikogo nie szukał, tak samo jak ja. Był zadowolony ze swojego dotychczasowego życia, tak samo jak ja. Podróżował samotnie po świecie, bo tak lubił – tak samo jak ja. I wcale nie zamierzał się w nikim zakochać, tak samo jak ja.

I kiedy każde z nas ułożyło sobie szczęśliwe życie na swoim kontynencie, czując pełnię i sens tego, co każde z nas miało, nagle spotykamy się przypadkiem podczas egzotycznej podróży i chcemy być razem!

Wyobrażasz sobie?
A wiesz co ci powiem?

Ja właściwie wcale nie zamierzałam wyruszać w tę podróż. Całkiem niedawno wróciłam z miesięcznej wyprawy do dżungli amazońskiej, pomyślałam więc, że zostanę raczej w Polsce, powrócę do mojego regularnego trybu życia, napiszę nową książkę.

Daniel też nie planował tej podróży. Miał pracę, był zajęty innymi planami.

Nagle po Bożym Narodzeniu poczułam w sobie gorączkę podróżniczą. Ruszać w drogę! Jechać! Wędrować! Poznawać! Dać się porwać okolicznościom, autobusom, deszczom i tropikalnym porankom!!!
Zaczęłam szukać miejsca. Na Hawajach było zbyt zimno, w Zimbabwe trwała akurat pora deszczowa, w Kongo wciąż było zbyt niebezpiecznie.

Westchnęłam. Chyba w takim razie wrócę do pierwotnego pomysłu i pojadę do dwóch ostatnich krajów, w których jeszcze nie byłam w Ameryce Środkowej – do Belize i Salwadoru.

Mniej więcej w tym samym czasie Daniel w Nowym Jorku dostał wypowiedzenie z pracy. Jego pierwszą myślą było szukanie nowego zajęcia, ale nagle po Nowym Roku poczuł, że musi wyjechać. Dokąd? Do ostatnich dwóch krajów, w których nie był w Ameryce Środkowej – Belize i Panamy.

Spotkaliśmy się w Belize. Zahaczyliśmy o Salwador i polecieliśmy razem do Panamy. Rozstaliśmy się w połowie lutego. W kwietniu Daniel przyleciał do Polski, a ja niespodziewanie odkryłam jak bardzo zmieniłam się przez te siedem lat i jak bardzo inaczej podchodzę do bycia w związku z drugim człowiekiem.

ROZDZIAŁ 26

Prawo do bycia sobą

**Najważniejszy związek na świecie jaki masz,
to związek z samym sobą.
To jest jeszcze bardziej prawdą wtedy, kiedy jesteś z kimś.**

Każdy człowiek jest ważną, odrębną, wartościową całością. Każdy człowiek ma swoją drogę przez życie. Nawet kiedy jest w związku z drugą osobą, wciąż pozostaje odrębną całością. I wciąż jest przed samym sobą odpowiedzialny za to jak wygląda jego życie, jego dusza, jego samopoczucie i jego przyszłość.

Ludzie mają odruch przerzucania odpowiedzialności na drugą osobę. Tak jakby odtąd stanowili duchową jedność, która zmierza w dokładnie tym samym kierunku, takimi samymi krokami i w takim samym tempie.

Ale przecież tak nie jest!

Jesteś duchową całością tylko i wyłącznie z samym sobą.

Świadomość tego faktu jest podstawą twojej integralności jako człowieka.

Uświadomienie sobie tego faktu
jest źródłem twojej wewnętrznej siły i wolności.
To jest podstawa stworzenia szczęśliwego związku.

Rozumiesz co mam na myśli?

Jesteś, byłeś i zawsze będziesz odrębną, indywidualną istotą, która ma własny wewnętrzny świat i odpowiedzialność za siebie.

Niezależnie od tego co wmawiano ci kiedy byłaś/byłeś dzieckiem, w rzeczywistości wcale nie potrzebujesz nikogo, kto mógłby cię dopełnić i uzupełnić.

Ty sam ze sobą –
ty sama ze sobą –
tak jak jesteś w tej chwili,
tworzysz całkowicie pełną, skończoną i doskonałą całość.
Doskonałą nawet w jej niedoskonałościach.
Bo przecież na tym właśnie polega życie.

Na przyznaniu się do prawdy.
Na pracy nad sobą.
Na pomnażaniu dobra i uczciwości,
które tworzą twoją rzeczywistość
i przekładają się na to, co zdarzy się w przyszłości.

Wiem co ci mówili.

Że musisz być doskonały, bo taki jak jesteś teraz, jesteś niewystarczający, nie dość dobry.

Tak mówią dorośli, którzy sami nigdy nie zaznali spokoju i miłości.

Zmuszają samych siebie – i swoje dzieci – do pościgu za czymś, co nie istnieje, obiecując w zamian, że dopiero kiedy będziesz lepszy, szybszy, bardziej utytułowany, to zasłużysz na to, żeby cię szanować, kochać i akceptować.

To jest największe kłamstwo na świecie.

To jest zaprzeczenie bezwarunkowej miłości i karmienie cię strachem, że jeśli nie osiągniesz wyznaczonej ci doskonałości, to zostaniesz odrzucony jako gorszy, niepotrzebny i niekochany.

Jeżeli wciąż wierzysz w to, że musisz bardzo się starać,
żeby zasłużyć na miłość,
to skazujesz się na niewolę własnego sposobu myślenia,
który zmusza cię do bycia służącym
na bankietach życiowych innych ludzi.

Wtedy stajesz się emocjonalnie zależny od opinii, jaką mają na twój temat inni ludzie.

To oni nadają ton twojemu życiu. Od nich zależy czy jesteś szczęśliwy, czy pogrążony w depresji.

Czy naprawdę tego właśnie chcesz?

Czy chcesz swój nastrój, samopoczucie, twoje życie oddać pod kontrolę obcych ludzi, którzy przecież nawet nie wiedzą jaki naprawdę jesteś?...

To powiem ci jeszcze raz.

Najważniejszy związek na świecie
to jest twój związek z samym sobą.
Najważniejszy związek na świecie
to jest twój związek z samą sobą.
Daj sobie bezwarunkową miłość i akceptację.
Daj sobie przyjaźń i świadomą uwagę.
Daj sobie prawo do bycia sobą.

Czy wiesz co jest w tym najbardziej niezwykłe na świecie? Otóż to, że kiedy szanujesz siebie jako odrębną, indywidualną całość, kiedy dajesz sobie prawo do wolności, poszukiwań i do bycia niedoskonałym, to jednocześnie instynktownie w taki sam sposób traktujesz innych ludzi!

To oznacza, że jesteś w stanie szanować drugiego człowieka jako odrębną, indywidualną całość, która ma prawo do swoich marzeń, wolności, poszukiwań i bycia niedoskonałym.

Szanujesz go takim, jaki jest. Dajesz mu wolność. Nie obarczasz go swoimi potrzebami, nie oczekujesz, że on podaruje ci miłość, radość i spełnienie, nie obwiniasz za swoje samopoczucie albo cierpienie.

To jest podstawa zdrowej miłości i szczęśliwego związku.

Rozumiesz?

Zamiast oczekiwań, że ktoś naprawi twoje życie
i nada mu sens, masz wtedy swoją własną wolność
i siłę zbudowane na bazie przyjaźni do samego siebie,
bezwarunkowej miłości i akceptacji, jakie sobie dałaś.
Masz wewnętrzny spokój, równowagę i poczucie pełni.
Wiesz, że jesteś odpowiedzialna za siebie
i to samo prawo dajesz innym ludziom.

Nie próbujesz nikogo naprawić ani zmienić, bo wiesz, że każdy może zmienić siebie tylko wtedy, kiedy sam tego chce i kiedy jest na to w pełni gotowy.

Kiedy szanujesz siebie, szanujesz też innych.
Kiedy kochasz siebie, umiesz kochać innych.
Kiedy jesteś dla siebie cierpliwa i kochająca,
taka sama potrafisz też być dla innych.

To, co myślisz i czujesz w stosunku do samego siebie,
jest źródłem tego, co czujesz i myślisz o innych ludziach.

To co czujesz i myślisz w stosunku do samej siebie,
przekłada się na to jak wygląda
twój związek z życiowym partnerem.

Jeśli masz odruch myślenia, że to przez niego źle się czujesz, bo on znów zachował się tak, że ty przez niego płaczesz, albo on znów zapomniał o czymś, co było dla ciebie ważne, on nie robi tego, co powinien robić albo robi to, czego nie powinien robić, więc jesteś przygnębiona i nieszczęśliwa, to wiesz co to znaczy, dziewczyno?

To znaczy, że jesteś od niego emocjonalnie uzależniona. Jesteś niewolnikiem swojego związku. Jesteś niewolnikiem swojego sposobu myślenia i oczekiwań, że ktoś inny jest odpowiedzialny za to jak się czujesz.

Znam to doskonale z własnego doświadczenia.

Ile ja przepłakałam nocy i dni, czując się odrzucona, niewystarczająco kochana i niepotrzebna!!

Tak było w każdym związku aż do tamtego cudownego dnia, kiedy zostałam sama i postanowiłam zostać ze sobą przez jakiś czas.

Po siedmiu latach bycia szczęśliwym singlem niespodziewanie spotkałam kogoś, z kimś stworzyłam nowy związek. I sama nie byłam wtedy w pełni świadoma jak bardzo innym jestem człowiekiem i jak bardzo zmieniło się moje podejście do miłości, bycia w związku i dzielenia życia z drugim człowiekiem!

Podam ci przykład, który mnie samą zaskoczył.

ROZDZIAŁ 27

Mój świat zależy ode mnie

Daniel bardzo lubi swojego smartfona. I swojego laptopa, oraz wszystkie inne peryferyjne urządzenia, które do tych dwóch pierwszych można podłączyć. Telefon jest przedłużeniem jego ręki i umysłu. Pokazuje najbliższą stację metra w Londynie i wyznacza najkrótszą trasę, żeby do niej dojść, mówi ci nawet ile kosztuje bilet, gdzie go kupić, jak długo będziesz jechał, ile stacji miniesz po drodze, a podczas jazdy wyświetla twoją aktualną pozycję na mapie, więc nie musisz się martwić o to gdzie wysiąść. Telefon ci to powie.

Telefon obliczy ile spaliłeś kalorii na rowerze, znajdzie przepis na sałatkę i sklep, gdzie możesz kupić składniki, obliczy ci wszystkie możliwe działania matematyczne, nawet gdybyś miał ochotę polecieć na Marsa, przynosi wiadomości ze świata, pokazuje śmieszne filmiki, odbiera i wysyła maile, jest notatnikiem, przewodnikiem, latarką, kalkulatorem, biblioteką, telewizorem, kinem, radiem, aparatem fotograficznym, kamerą, komputerem, krótko mówiąc – jest wszystkim, czego potrzebujesz.

Mój telefon nie jest dla mnie wszystkim, czego potrzebuję. Czasem przez pół dnia leży w kieszeni kurtki i nie jest dla mnie przedmiotem pierwszej potrzeby. Przypominam sobie o nim kiedy chcę zrobić zdjęcie albo do kogoś zadzwonić.

No, ale wiesz jak to jest.

To, że dla mnie coś nie jest ważne, wcale nie oznacza, że powinno to być równie nieważne dla kogoś innego.

Pewnego dnia telefon Daniela zaczął się dziwnie zachowywać. Nie odbierał smsów, gasł w nieoczekiwanym momencie, nie reagował na dotyk, nie chciał zrobić zdjęcia. Potem w ogóle zamilkł na wiele godzin, a kiedy łaskawie znów zechciał się przebudzić, połowa funkcji przestała działać.

Wyobrażasz sobie?

Dla kogoś, kto korzysta ze swojego smartfona na tysiąc różnych sposobów we wszystkich codziennych sytuacjach, to prawdziwa porażka.

Daniel zaczął szukać pomocy w autoryzowanych punktach sprzedaży, na infolinii i w internecie. Wszystko na próżno. Kiedy coś udawało się naprawić, psuło się coś innego.

Był wtorek. Dzień, kiedy mieliśmy piec chleb, a w dwóch miskach stał już wstępnie przygotowany zakwas. W zlewie piętrzyły się nie pozmywane naczynia. Pod stopami grzechotały ziarenka piasku przyniesione przez koty. Trzeba posprzątać. Przydałoby się też nastawić pranie, i oczywiście jak co dzień ugotować obiad.

Zwykle robiliśmy to razem.

Tamtego poranka jednak Daniel wstał, zszedł do kuchni z telefonem w ręce, włączył laptopa i z nieobecnym wyrazem twarzy czegoś w nim szukał. Chyba nawet mnie nie zauważył.

No dobra.

Pieczenie chleba, pranie, sprzątanie, zmywanie naczyń, gotowanie obiadu. I ja sama z tym wszystkim, bo Daniel jest, ale tak, jakby go nie było.

– Muszę iść! – powiedział nagle i wstał.

– Oczywiście – powiedziałam tylko.

– Pojadę na drugą stronę Wisły, tam jest punkt, gdzie mogą mi naprawić telefon.

– Oczywiście – powtórzyłam i zażartowałam: – Telefon jest najważniejszy.

– Tak! – zgodził się od razu Daniel. – Muszę jechać! Do zobaczenia później!

– Do zobaczenia – odpowiedziałam.

Usłyszałam jak otwierają się drzwi garażu, samochód odjeżdża. Zostałam sama. Z praniem, gotowaniem, pieczeniem, sprzątaniem, zmywaniem i moimi własnymi myślami.

I to było dla mnie największe zaskoczenie!!!

– To jest dla niego ważne – pomyślałam. – To jest dla niego w tej chwili najważniejsza sprawa na świecie, więc cieszę się, że znalazł sklep, gdzie być może ktoś mu pomoże.

Pieczenie, pranie, gotowanie, sprzątanie i zmywanie?

O nie, wcale nie zamierzałam się tym wszystkim zajmować!

Zazwyczaj robimy to razem, więc jeśli Daniel nie ma na to czasu, to po prostu nie zrobimy tego wcale.

Pozmywam naczynia, bo i tak bym to zrobiła gdybym była sama. I ugotuję obiad, bo i tak bym go ugotowała dla siebie.

Pranie może poczekać, sprzątanie też. Wyrośnięty zakwas powinien być dzisiaj zamieniony na chleb i taki miałam plan, ale w gruncie rzeczy przecież nie muszę tego robić! Dodam tylko trochę żytniej mąki, żeby przedłużyć zakwasowi życie i może zrobimy chleb jutro. A jeśli nie, to trudno.

A teraz idę się zająć rysunkami do książki.

Czułam w sobie spokój!

W zupełnie naturalny sposób uznałam, że Daniel ma prawo do swoich wyborów i wyznaczania swoich priorytetów. Dla niego najważniejsze było naprawienie telefonu. Wszystko inne przestało chwilowo mieć znaczenie.

To wcale nie znaczy, że ja jestem nieważna albo że przestał mnie kochać. To znaczy tylko tyle, że cała jego uwaga jest skoncentrowana na jednej sprawie, która jest dla niego ważna.

A ja to szanuję!

Ja na jego miejscu zachowałabym się zupełnie inaczej. Ale ja nie jestem nim, a on nie jest mną. Ja mam prawo do mojego sposobu reagowania i patrzenia na świat, a on ma dokładnie takie samo prawo do tego, żeby na świat patrzeć po swojemu.

Weszłam po schodach do mojego gabinetu, usiadłam przy biurku, wzięłam do ręki pióro i nagle uświadomiłam sobie jak bardzo inaczej zareagowałabym w tej sytuacji dziesięć lat temu. Ha! Sama nie mogłam uwierzyć w to, że tak bardzo się zmieniłam!!!

Dziesięć lat temu gdyby mój chłopak tak się zachował, czułabym się urażona. Miałabym zepsuty cały dzień, a potem zepsułabym jemu cały dzień, bo opowiadałabym mu o tym jak mnie zranił i jak powinien był się zachować, żeby uszanować moje uczucia. Czyli zepsułabym sobie i jemu następnych kilka dni, bo on nie rozumiałby o co mi chodzi, ja czułabym się odrzucona i na widok jego telefonu od razu dostawałabym złego humoru.

Tragikomedia! Oparta na uzależnionych emocjach i traktowaniu drugiego człowieka jako źródła mojego samopoczucia.

Och, jestem w stanie to sobie dokładnie wyobrazić, bo podobne sytuacje zdarzały mi się w przeszłości!

Zacznijmy od tego, że krytykowałabym jego nadmierne przywiązanie do telefonu. Mówiłabym mu, że telefon nie jest całym światem, że powinien czasem rozejrzeć się dookoła siebie, że przecież nie musi wyznaczać trasy biegania, tylko po prostu wystarczy pobiec przed siebie.

Bo taki był mój punkt widzenia. Instynktownie usiłowałam narzucić mój sposób myślenia mojemu chłopakowi.

To dowodzi, że wcale nie go nie szanowałam i w gruncie rzeczy, gdzieś w głębi serca uważałam się za lepszą od niego.

Potem kiedy telefon się zepsuł, a Daniel godzinami siedział w internecie usiłując znaleźć przyczynę awarii, próbowałabym wywołać w nim poczucie winy, że już się mną nie interesuje, że mu na mnie nie zależy, że nawet nie zauważa mojej obecności.

To jest z kolei dowód na to, że potrzebowałam jego do tego, żeby dostarczyć sobie poczucia ważności i akceptacji, bo w gruncie rzeczy wcale ich nie miałam. Czy to nie jest podświadoma manipulacja? Masz chłopaka po to, żeby dzięki niemu poczuć się ważna, akceptowana i potrzebna.

Czyli jesteś uzależniona od tego, żeby budować poczucie własnej wartości na tym, co dostaniesz od niego. Ponieważ ty sama nie tylko go nie masz, ale i nie potrafisz sobie tego dać.

A tamtego ranka, kiedy Daniel w ogóle nawet na mnie nie spojrzał, tylko usiadł przy laptopie jak przy najlepszym przyjacielu?

Dziesięć lat temu poczułabym się odtrącona i nieważna. To byłby dla mnie dowód na to, że on nie dba o moje uczucia i nie zależy mu na mnie. Pomyślałabym wtedy coś w rodzaju:

– On mnie nie kocha! Jak on mógł się tak zachować?! Zakochałam się w niewłaściwym człowieku, który wcale nie dba o to jak ja się czuję, bo jedyne, co jest dla niego ważne, to ten głupi telefon! A więc dobrze! Nie to nie! Ja ci pokażę! Nie potrzebujesz mnie, to nie będziesz mnie miał! Odsunę się emocjonalnie, zatrzasnę się w moim nieszczęściu, będę cierpieć samotnie i płakać, i nie powiem ci o co chodzi, bo jeśli jesteś za głupi, żeby to wiedzieć, to nie zrozumiesz nawet jeśli ci to wytłumaczę! A więc to koniec! Nie ma niczego ważnego między nami jeśli wygrywa telefon!!! Jest mi źle! Jestem samotna! Jestem odtrącona! Jestem nieważna i niepotrzebna! Jestem nieszczęśliwa!!!!

Tak bym się wtedy czuła.

I zobacz w jaki sposób sama siebie kreowałam na ofiarę!

To on miał mi dostarczyć poczucia, że jestem ważna i potrzebna!

Wystarczy, że raz nie zainteresował się mną, a ja od razu wpadam w dół rozpaczy, samotności i cierpienia, chociaż w rzeczywistości przecież wcale nie stało się nic wielkiego!!!

Czy widzisz w jaki sposób manipulowałam zarówno sobą, jak i nim?

Uważałam się podświadomie za ośrodek wszechświata, wokół którego muszą się kręcić wszyscy inni ludzie, a to co robili, odbierałam natychmiast jako skierowane przeciwko mnie!!!

Obwiniałam ich o to, że źle się czuję! Żądałam, żeby dostarczali mi miłych wrażeń i nieustannych zapewnień o tym, że mnie lubią, kochają i chcą ze mną być!!!

Oczekiwałam, że będą zaspokajali moje potrzeby, a jednocześnie wcale nie umiałam uszanować tego, co dla nich było ważne!

To jest czysta manipulacja wynikająca z braku poczucia własnej wartości, poczucia bezpieczeństwa i wewnętrznej równowagi.

Czy nie tak właśnie zachowują się ludzie w większości związków?

Gdyby zapytać w tamtej chwili mojego chłopaka o to czy wciąż mnie kocha, odpowiedziałby pewnie:

– Jasne, że tak! Co to w ogóle za pytanie? Dlaczego miałbym nagle przestać ją kochać? Tyle że teraz jestem skoncentrowany na załatwieniu ważnej dla mnie sprawy, więc to chyba zrozumiałe, że to nie jest czas na czułości i rozmawianie o miłości.

Dziesięć lat temu chciałabym z nim dyskutować i powiedziałabym coś w rodzaju:

– Ale z mojej perspektywy to wygląda inaczej! Czy wiesz jak ja się poczułam kiedy jedyne, czym byłeś zainteresowany, to był twój telefon? Ja mogłabym wcale dla ciebie nie istnieć! Zostawiasz mnie samą bez słowa ze wszystkim, co jest do zrobienia! Mam dla ciebie upiec chleb, ugotować ci obiad, posprzątać, nakarmić koty, zrobić pranie i co jeszcze?...

A przecież on wcale nie oczekiwał, że coś zrobię.

Zajmował się swoim telefonem i zostawiał mi *całkowitą wolność* w wyborze tego, czym ja będę się zajmować.

A ja?... Ja czułabym się *w obowiązku* wypełnić wszystko, co było zaplanowane! Czułabym się jak ofiara zmuszona do tego, żeby pracować za dwoje! Mieszałabym masę na chleb pewnie ze

On robi to, co jest dla niego ważne.
Szanuję to. Mój świat nie zależy
od tego co robi mój chłopak.

łzami w oczach, że mieliśmy to robić razem, ale jemu wcale na tym nie zależy, więc ja *muszę* zrobić to sama!

Mimo że przecież wcale nie musiałam.

Zobacz jak dziewczyna potrafi przerzucić odpowiedzialność za swoje życie na swojego chłopaka, jak go oplątuje swoimi oczekiwaniami, jak spodziewa się, że on będzie ją traktował tak, jak ona sobie życzy, a jeśli on tego nie robi albo robi to inaczej, ona jest rozczarowana, nadąsana, obrażona i nieszczęśliwa.

Ja też kiedyś taka byłam!!!

Potem przez siedem lat żyłam jako szczęśliwy singel.
Zaopiekowałam się sobą. Przejęłam całkowitą odpowiedzialność nie tylko za moje życie i moje decyzje, ale też za moje samopoczucie.

Ja jestem odpowiedzialna za to jak się czuję,
ponieważ wiem, że moje samopoczucie
zależy nie od tego, co się dzieje albo co ktoś powie,
tylko od tego w jaki sposób ja te słowa albo zachowania
odbiorę i w jaki sposób zareagują moje emocje!

Kiedy uzdrowiłam moje emocje, uzdrowiłam też moje relacje z innymi ludźmi.
I byłam w stanie mieć zdrowy związek z moim nowym chłopakiem.

Daniel odjechał ratować swój telefon, a ja zajęłam się swoimi sprawami. Było mi lekko i dobrze na duszy.

On robi to, co jest dla niego ważne. Szanuję to i nie dopisuję do tego żadnego dodatkowego znaczenia. Mój świat nie zależy od tego co robi mój chłopak.

Mój świat zależy ode mnie.

ROZDZIAŁ 28

Twój mąż

Powiem ci jak to działa.

Kiedy masz swoje własne życie i czujesz się odpowiedzialna za siebie, nie obciążasz drugiego człowieka oczekiwaniami, że to on przyniesie do twojego życia sens i radość.

Kiedy obarczasz go takim myśleniem, czynisz jednocześnie z siebie niewolnika jego zachowań, słów i decyzji. Tracisz wolność, ponieważ oddajesz odpowiedzialność za swoje życie w ręce kogoś, kto nawet w pełni nie zdaje sobie z tego sprawy.

Ty jesteś wtedy niewolnikiem jego reakcji, a on jest zniewolony twoimi oczekiwaniami.

Czy myślisz, że taki związek ma szansę być szczęśliwy?

Bo ja myślę, że nie.

Z mojego doświadczenia wynika, że taki związek jest raczej toksycznym przyciąganiem dwóch osób, które uwierzyły w to, że potrzebują drugiego człowieka, bo same nie dałyby sobie rady i nie byłyby w stanie dostarczyć sobie brakujących emocji.

Teraz pewnie powiesz mi coś takiego:

– Wszystko to bardzo pięknie. Może nawet zgodziłabym się z tym, że szczęśliwy singel ma szansę na lepszy związek niż ktoś, kto wyszedł za mąż w wieku dwudziestu lat i nigdy tak naprawdę nie miał szansy poznać samego siebie. Ale zejdź na ziemię, dziewczyno! To są piękne teorie dla kogoś, kto nie ma rodziny i może sobie pozwolić na to, żeby przez siedem lat być szczęśliwym singlem. W normalnym, prawdziwym życiu to jest niewykonalne! Czy może poradzisz mi, że mam zostawić męża, psa i dzieci, żeby wąchać co rano kwiatki na łące?

Wiesz co ci na to odpowiem?

Że szukasz przeszkody zamiast sposobu.

Jasne, że nie namawiam cię do porzucenia rodziny ani rozstania z mężem.

Powiem ci więcej!

Twój mąż pojawił się w twoim życiu nie przez przypadek.

Pamiętasz jak na niego patrzyłaś? Jak cudownie czułaś, że się w nim zakochujesz? Jak bardzo go pragnęłaś i jak bardzo byłaś szczęśliwa kiedy powiedział, że cię kocha?

To nie mógł być przypadek.

Bóg postawił na twojej drodze akurat tego mężczyznę. Dał ci go w prezencie. A ty poczułaś, że jest to ktoś naprawdę wyjątkowy.

I nawet jeżeli nie czujesz się już tak samo jak wtedy, kiedy po raz pierwszy wyznał ci miłość, to twój mąż wciąż jest tą wyjątkową osobą wybraną dla ciebie przez Boga[2].

To jest dokładnie ten człowiek, który wniósł i wciąż wnosi do twojego życia coś bardzo ważnego, co jest ci potrzebne do poznania prawdy o sobie i stawania się lepszym, mądrzejszym człowiekiem. Nawet jeśli tego nie rozumiesz i nie masz pojęcia o jaką wiedzę chodzi.

Radziłabym ci więc raczej zostać z twoim mężem i spojrzeć na niego z nowej perspektywy.

Przyzwyczaiłaś się pewnie postrzegać go jak swoją własność. Czy mówisz mu, że ma wycierać buty zanim wlezie do salonu? Czy każesz mu ustawiać talerze w zmywarce tak jak ty lubisz? Czy masz do niego pretensje, że powiedział coś, czego nie wolno mówić? Albo zrobił coś, czego nie wolno albo nie wypada robić? Czy mówisz mu jak ma się ubrać? Czy pilnujesz jego diety i wagi, bo on sam nie potrafi? Czy wyśmiewasz się z jego wpadek albo pomyłek? Czy mówisz mu czasem, że jest głupi? Że go nienawidzisz? Czy mówisz mu, że jest oszustem, kłamcą, że życie go ukarze?

---

[2] Proszę nie oburzaj się na słowo „Bóg". W następnym rozdziale wyjaśnię ci dokładnie co przez to słowo rozumiem.

Przyznaj się.
Przed samą sobą.

Tak naprawdę traktujesz go trochę jak niewolnika. Sama powiedz. Czy wysyłasz go po coś do sklepu, a potem robisz awanturę, że kupił nie to, co mu kazałaś?

Czy wyzywasz go od głupców jeśli stłucze twój ulubiony talerz, filiżankę albo wazon? Bo wazon jest dla ciebie ważniejszy niż drugi człowiek?

Czy mówisz mu w czym jest gorszy albo słabszy od innych mężów, których znasz? Chcesz go zawstydzić, upokorzyć, wywołać w nim poczucie winy?

Czy narzucasz mu czasem swoją wolę i nie przyjmujesz do wiadomości, że on chce czegoś innego?

Powiesz mi pewnie obronnym głosem, że on robi to samo.

A ja ci powiem, że to nie jest istotne,
ponieważ nie rozmawiamy teraz o nim, tylko o tobie.
O tym jak ty traktujesz swojego mężczyznę.
O tym czy ty potrafisz go szanować.
I o tym czy ty potrafisz go kochać.

To co on robi, myśli, czuje i mówi, to jest odrębna sprawa, ale powiem ci w sekrecie, że on jest lustrzanym odbiciem ciebie.

Jeśli ty nie umiesz go szanować, on też nie umie szanować ciebie. Bo dobraliście się na zasadzie emocjonalnych podobieństw.

To oznacza też jeszcze jedną, bardzo ważną rzecz.

Jeśli ty nauczysz się go szanować,
jeśli ty zaczniesz traktować go jak pełnowartościową,
odrębną od ciebie indywidualność,
która ma prawo do własnych zasad,
potrzeb, reakcji, priorytetów,
to on też w taki sposób zacznie zwracać się do ciebie.
Nie dlatego, że się umówicie.
Nie dlatego, że nauczysz go nowej umiejętności.

Tylko dlatego, że każdy związek to
nieustannie zmieniające się,
ewoluujące połączenie między dwiema osobami,
które wysyłają i odbierają od siebie
podświadome sygnały kierujące ich zachowaniem.

To jest jedna z najbardziej niezwykłych rzeczy, jakie odkryłam i zrozumiałam na temat związków.

Istnieje bardzo silna zależność pomiędzy tym, co dzieje się w podświadomości każdej z osób tworzących związek. To jest właściwie motor wszystkiego, co dzieje się w ich związku. Wzajemnego nastawienia, miłości, pragnienia bycia z kimś albo rozstania.

To jest nieustanne oddziaływanie na siebie pewnych emocjonalnych stanów i naprężeń, które są odbierane przez drugą osobę w związku w sposób, z jakiego nie zdaje sobie sprawy, ale co w konsekwencji przynosi jej określone decyzje, chęci, pragnienia i w rzeczywistości kieruje jej zachowaniem.

Mówiąc inaczej – to co znajduje się w twojej podświadomości (na przykład podświadome oczekiwanie, że on będzie ze mną do końca życia) ma realny wpływ na to czego on pragnie i jak się zachowuje, mimo że przecież nie jest w stanie czytać w twoich myślach. A jednak jego podświadomość jest w stanie odbierać takie komunikaty z twojej duszy, i to ma ogromny wpływ na to, co się między wami dzieje.

Wyjaśnię to dokładnie za chwilę.

Najpierw odpowiem na twoje pytanie jak sobie wyobrażam bycie „szczęśliwym singlem" skoro masz rodzinę, męża, dzieci, zobowiązania i tak dalej.

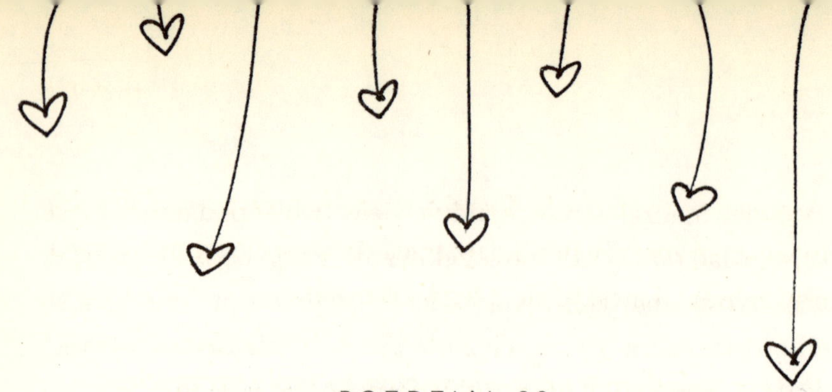

ROZDZIAŁ 29

Warunek szczęścia

Kiedy zobaczyłaś tytuł tej książki, co sobie pomyślałaś? Że to będzie opowieść o życiu w pojedynkę, prawda?

Ale przecież ja jestem teraz w związku, a jednak wciąż jak najbardziej jestem szczęśliwym singlem.

Bo bycie szczęśliwym singlem oznacza emocjonalną samodzielność.

Ja opiekuję się moim życiem i moją duszą. Ja dostarczam sobie poczucia bezpieczeństwa, bezwarunkowej akceptacji i miłości. Ja świadomie dbam o to, żeby być zdrowa i silna. Ja troszczę się o to, żeby mieć marzenia i je spełniać. Ja codziennie poświęcam czas na rozmowę z samą sobą. Ja znam moje pragnienia i potrzeby i staram się, żeby zostały zaspokojone.

A ponad wszystko – ja dbam o to, żeby utrzymywać w sobie stan wewnętrznej równowagi, patrzeć pozytywnie na siebie, świat i innych ludzi, i cieszyć się z tego, co mam.

Jestem świadomie odpowiedzialna za moje szczęście.

Nie przerzucam tej odpowiedzialności na mojego partnera i nie oczekuję, że będzie umiał mnie uszczęśliwić. To wcale nie jest zadanie dla niego. A ja wcale nie chcę uzależniać mojego samopoczucia od tego co mówi albo robi drugi człowiek.

Ja dbam o to, żeby być szczęśliwym i spełnionym człowiekiem. Niezależnie od tego, czy jestem w związku z kimś, czy z samą sobą.

I do tego właśnie chcę cię namówić.

Jesteś w takim momencie swojego życia, do którego przyprowadziły cię wszystkie zdarzenia i decyzje z przeszłości.

Mimo że cię nie znam i nic nie wiem o twoim życiu, założę się, że jesteś w stanie wskazać kilka wspaniałych rzeczy, które masz i z których jesteś dumna. Być może jednocześnie trochę za bardzo koncentrujesz się na tym, co ci przeszkadza i co przesłania ci te wszystkie dobroci, które życie ci przyniosło.

To właśnie dlatego, że przyzwyczaiłaś się do myślenia, że ktoś inny *powinien* dostarczać ci powody do radości i szczęścia. Na przykład pewnie oczekujesz, że ktoś *powinien* pamiętać o twoich urodzinach i złożyć ci życzenia. Albo ktoś *powinien* interesować

Jestem szczęśliwym singlem, także w związku. To oznacza emocjonalną samodzielność.

się twoim samopoczuciem. Albo że ktoś *powinien* podziękować za prezent, jaki mu dałaś.

Jeśli myślisz, że ktoś coś *powinien*, to stajesz się więźniem. I to więźniem podwójnie spętanym.

Po pierwsze jesteś więźniem swoich oczekiwań, ponieważ *oczekujesz*, że ktoś *powinien* coś zrobić.

Po drugie jesteś więźniem tego, co zrobią albo czego nie zrobią inni ludzie, bo jeżeli oczekujesz, że ktoś wyrazi wdzięczność za to, co dla niego zrobiłaś, to jeśli on tego nie zrobi, to będziesz miała zepsuty dzień.

Prawda?

Jesteś więc więźniem swoich oczekiwań, a potem więźniem zachowania innych ludzi, ponieważ to oni ostatecznie nadają ton twojemu życiu i mają wpływ na to jak się czujesz, czy jesteś szczęśliwa, czy rozczarowana i urażona.

W pewien sposób podświadomie
wykluczyłaś siebie z kręgu osób, które tworzą twoje życie
i podświadomie przerzuciłaś to zadanie na innych ludzi.
Na męża, na rodziców, na dzieci, na siostrę albo brata,
na przyjaciół. Ty starasz się ze wszystkich sił
zaspokoić ich potrzeby, pamiętać o wszystkich rocznicach
i dbać o to, żeby było im dobrze,
ale w zamian (podświadomie) oczekujesz,
że oni zrobią to samo dla ciebie.

Ja jako szczęśliwy singel widzę to inaczej.

W miarę moich możliwości staram się dbać o to, żeby zaspokoić potrzeby innych osób, ale jednocześnie z taką samą uwagą dbam o moje potrzeby i nie oczekuję, że ktoś zrobi to za mnie.

Na przykład pamiętam o urodzinach mojego brata, dzwonię do niego i składam mu życzenia, ale nie oczekuję, że on będzie pamiętał o moich i wcale nie jest mi przykro kiedy nie zadzwoni. Bo ja koncentruję się na tym, żeby być dobrym człowiekiem, a nie na tym, żeby zmuszać do tego innych ludzi.

W dniu moich urodzin wstaję wcześnie rano i wychodzę na dwór, żeby przywitać się ze światem i podziękować Bogu za to, że mam życie i że świat jest taki piękny. Czuję się wtedy bardzo szczęśliwa i wdzięczna za to co mam. Za powietrze do oddychania, za słodkie czereśnie, za zieloność drzew i zapachy dżungli, które przywożę z podróży.

Żyję w szczęśliwym związku z samą sobą, z Bogiem i ze światem. Dostaję od nich – od świata, Boga i samej siebie – tyle miłości, przyjaźni i dobra, że czuję się pełna radości. Z tej radości pamiętam o urodzinach mojego brata i życzę mu wszystkiego najlepszego.

I z tej samej radości daję mu prawo do tego, żeby zajmował się sprawami, które dla niego są najważniejsze, i nie mam nic przeciwko temu, że moje urodziny nie znajdują się na liście spraw dla niego ważnych. Po prostu. Nie jest mi z tego powodu przykro. Ja mam swoje ważne sprawy, a on ma swoje inne ważne sprawy i już.

Albo inny przykład.

Ja jako szczęśliwy singel dbam o to, żeby karmić moją duszę dobrem i miłością. Codziennie rano wychodzę na dwór, żeby biegać i przypominać sobie o tym, że siebie kocham. Codziennie znajduję kilka minut, żeby usiąść w ciszy i zrobić to, co nazywa się medytacją, ale w rzeczywistości jest odnowieniem połączenia z Bogiem, wszechświatem, przeznaczeniem, Siłą Wyższą, wraz z ich kosmicznym spokojem i równowagą.

Aktywnie dbam o to, żeby być w kontakcie z samą sobą. Rozmawiam ze sobą, zadaję sobie pytania, odpowiadam na nie, a raczej słyszę pojawiające się we mnie odpowiedzi, które czasem są tak zaskakujące albo nieoczekiwanie trafne, że sama jestem nimi zdziwiona.

Ale wiesz jak to jest.

Każdy z nas ma w sobie Mędrca i Siłacza. Wystarczy tylko go przebudzić, żeby dostawać od niego wsparcie, rady i pomoc.

Czuję w sobie miłość, przyjaźń i wdzięczność. Dlatego właśnie nie jestem uzależniona od otrzymywania dowodów miłości, przyjaźni albo wdzięczności ze strony żadnych innych ludzi, łącznie z moimi krewnymi i moim partnerem.

Czuję w sobie miłość, przyjaźń i wdzięczność, i jest ich tak dużo, że z wielką radością dzielę się nimi z innymi ludźmi, bez oczekiwania, że to samo dostanę od nich. Być może dostanę, ale być może nie. Chodzi o to, że nie jest to dla mnie warunek mojego szczęścia, ponieważ warunek mojego szczęścia NOSZĘ W SOBIE.

To rozumiem przez bycie szczęśliwym singlem.

Masz wtedy tyle radosnej, dobrej, ciepłej, kochającej energii, że chcesz się nią dzielić ze światem, i robisz to bez oczekiwania na wzajemność.

I powiem ci, że kiedy nie oczekujesz wzajemności, to tym więcej równie dobrej, ciepłej i kochającej energii dostajesz z powrotem.

Wracam więc do odpowiedzi na pytanie JAK TO ZROBIĆ?

Jak to zrobić wtedy, kiedy jesteś w związku, w którym wcale niekoniecznie jesteś szczęśliwa, masz dzieci i wiele innych obowiązków, które pochłaniają praktycznie cały twój czas.

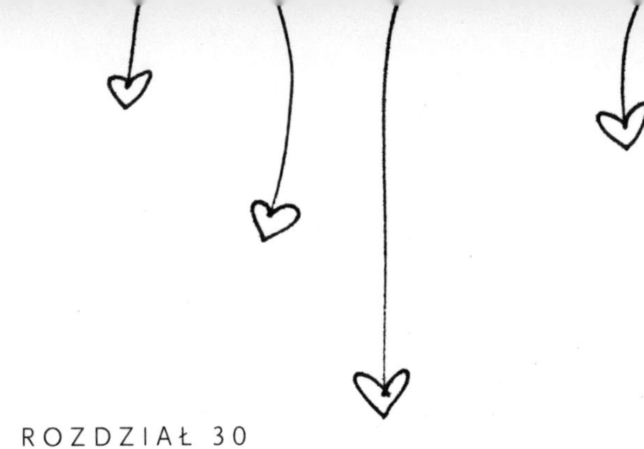

ROZDZIAŁ 30

Pierwszy krok

Wiem, na pewno jesteś bardzo zajętą osobą.

Nawet więcej. Ledwie dajesz radę nadążyć ze wszystkim, co jest do zrobienia i cierpisz na chroniczny brak wolnego czasu.

Wiem jak to jest, bo też kiedyś tak się czułam.

A potem wpadłam na pomysł, żeby przyjrzeć się świadomie wszystkiemu, na co poświęcam mój cenny czas. Ile godzin realnie jestem w pracy, a ile godzin tylko udaję, że coś robię. Ile godzin jestem zajęta obowiązkami domowymi, a ile czasu spędzam przed komputerem oglądając sukienki na wyprzedaży, szukając fajnego filmu albo dając się wciągnąć w oglądanie serialu.

Dziwna rzecz.

Odkryłam, że tak naprawdę wcale nie byłam *ogromnie zajęta* przez dwadzieścia cztery godziny na dobę!

Mój czas był właściwie podzielony na dwie części:
To, co musiałam zrobić i robiłam z większą lub (częściej) mniejszą przyjemnością.

Pozostały wolny czas, który spędzałam najczęściej przed telewizorem albo ekranem komputera, surfując po sklepach, portalach i innych wirtualnych rzeczywistościach, które w gruncie rzeczy nie wnosiły do mojego życia żadnej realnej wartości. Uważałam, że to jest „relaks", ale prawdę mówiąc wcale nie czułam się potem wypoczęta, a wprost przeciwnie, żyłam w chmurze dziwnego zmęczenia.

Wtedy nie rozumiałam skąd bierze się to zmęczenie, skoro przecież nie robiłam niczego trudnego ani wyczerpującego, tylko siedziałam przed ekranem i patrzyłam.

Wyobraź sobie, że to właśnie jest wyjątkowo wyczerpujące! Karmisz swój mózg nieważnymi, śmieciowymi informacjami, z których nic nie wynika! Spędzasz czas zamknięta w czterech ścianach z betonu i wśród mrugających urządzeń elektronicznych, które usypiają i ogłupiają twój rozum to tego stopnia, że właściwie nic już ci się nie chce.

Ale halo!!!
Czy naprawdę chcesz w taki sposób
przespać całą resztę twojego życia?...

I jak to właściwie jest z tym twoim czasem?

Czy spomiędzy jednego tysiąca czterystu czterdziestu minut składających się jedną dobę, naprawdę nie jesteś w stanie wykroić DZIESIĘCIU minut, które poświęcisz na związek z samą sobą?

1440 minut ma dzień i noc. Codziennie.

Czy myślisz, że mogłabyś z tych 1440 minut wziąć 10 minut i przeznaczyć je na budowanie związku z samą sobą?

Myślę, że jest na to szansa, prawda?

Dziesięć minut to niewiele.

To dobry początek.

A teraz druga najważniejsza sprawa.

Ludzie zwykle wiedzą co powinni zrobić, żeby polepszyć sobie życie. Nałogowy palacz zazwyczaj wie, że przestałby kaszleć gdyby rzucił palenie. Monika wie, że zrzuciłaby kilka kilogramów gdyby przestała codziennie jeść pączki z marmoladą. No ale jednak coś jest silniejsze od niej i codziennie zajada się ciastkami, bo czuje, że musi i to jest ważniejsze niż świadomość tego, co byłoby dla niej dobre.

I o to właśnie chodzi.

Jedną rzeczą jest wiedzieć co warto zrobić, żeby polepszyć sobie życie.

Drugą rzeczą jest być w stanie to zrobić.

W sumie to drugie wcale nie jest trudne jeśli tylko podejdziesz do tego z odpowiednim nastawieniem.

Pomyśl, że robisz dla siebie COŚ DOBREGO.

Robisz to dlatego, że jesteś dla siebie przyjacielem, a nie dlatego, że chcesz się za coś ukarać.

Robisz to po to, żeby wprowadzić do swojego życia nowe, zdrowe nawyki, które pomogą ci w odnalezieniu zagubionego szczęścia, radości i sensu.

Robisz to dlatego, że *chcesz* to zrobić.

Bez marudzenia, bez szukania pretekstu, żeby się z tego wycofać, bez ulegania lenistwu i niechęci.

Raz w życiu ROBISZ TO, CO JEST DO ZROBIENIA I ROBISZ TO SPECJALNIE DLA SIEBIE DLATEGO, ŻE SIEBIE KOCHASZ!

Sama powiedz.

ROBIĘ TO, CO JEST DO ZROBIENIA,
ROBIĘ TO SPECJALNIE DLA MNIE
I ROBIĘ TO DLATEGO, ŻE KOCHAM SIEBIE!!!

Superuczucie, prawda?

Podejmij więc decyzję o tym, że będziesz to robić codziennie, niezależnie od tego czy masz na to ochotę czy nie, ponieważ twoim celem jest nauczenie samą siebie nowego, zdrowego nawyku, który pomoże ci odzyskać pełnię twojego życia.

Czy myślisz, że jesteś gotowa?

To zobowiązanie podjęte wobec samej siebie, które ma taką samą wartość jak zobowiązania podejmowane wobec innych ludzi.

Jeśli tak, to weź ołóweczek, pochyl się nad kartką papieru i zapisz to własnymi słowami.

Zobowiązuję się przed samą sobą, że codziennie spędzę ze sobą świadome 10 minut. Wyprowadzę się na spacer, będę oddychać, patrzeć w niebo, cieszyć się światem i spacerem, i będę przypominać sobie o tym, że siebie kocham.

Będę mówić:

– Kocham cię!

Będę to mówić do drzew, do ptaków, do kwiatów, do Boga, do kamieni i do wiatru, ale przede wszystkim będę to mówić do samej siebie.

To jest pierwszy krok.
Dostrzec samego siebie jako odrębną, w pełni wartościową osobę, która jest tak samo ważna jak inni ludzie.
Chcieć spędzić ze sobą świadomie przynajmniej dziesięć minut każdego dnia.
Dać sobie przyjaźń i miłość, i codziennie o tym sobie przypominać.

Czy myślisz, że jesteś w stanie dokonać takiego wyczynu? ☺

ROZDZIAŁ 31

Głodne serce

Proste rozwiązania są zwykle dużo trudniejsze niż wielkie akcje, które przewracają życie do góry nogami.

Byłoby ci pewnie łatwiej gdybym powiedziała, że jeśli czujesz się nieszczęśliwa w związku, to najlepiej weź kilof, rozbij wszystko w proch i zacznij od nowa.

Wtedy mogłabyś powiedzieć:

– No coś ty! Przecież ja nie mogę tak jednym ruchem przekreślić tylu lat małżeństwa, wspólnych kredytów, znajomych i wspomnień!

I poczułabyś się usprawiedliwiona, że jesteś *zmuszona* zostać w tym samym życiowym miejscu, mimo że czujesz się nieszczęśliwa, zniewolona, sponiewierana i samotna. Dodałabyś pewnie też zaraz, że nie możesz się wyprowadzić, bo nie masz dokąd, że nie

Podrzucanie komuś swojego
smutnego serca to ryzyko,
że twoje serce zawsze będzie
smutne i głodne.

stać cię na wynajęcie dodatkowego mieszkania, że to wszystko jest bardzo skomplikowane i przerasta twoje skromne siły.

Powiem ci, że tak tobą kieruje twój dotychczasowy sposób myślenia, który zawsze każe ci uzależniać swoje szczęście i samopoczucie od innych ludzi i nie dopuszcza do siebie myśli, że jesteś w stanie doskonale zadbać o siebie sama.

Tyle że ja wcale nie namawiam cię do rozstania, rozwodu i zburzenia całego dotychczasowego życia.

Wprost przeciwnie.

Namawiam cię do czegoś dużo prostszego i łatwiejszego, co w gruncie rzeczy może okazać się dla ciebie dużo trudniejsze. Trudniejsze dlatego, że zależy wyłącznie od ciebie, a ty ze sobą dotychczas nie miałaś najlepszej współpracy, prawda?

I to jest prawdziwe źródło wszystkiego, co czujesz, że w twoim życiu nie gra.

Nieświadomie oddałaś swoje życie i szczęście w ręce innych ludzi, mimo że przecież nikt nie zna i nie potrzebuje ciebie tak bardzo jak ty sama.

Jeśli jesteś nieszczęśliwa w związku, to pewnie gdzieś w twojej głowie pojawia się myśl, że pewnie byłabyś szczęśliwsza z kimś innym, ale sama zobacz co to oznacza!

Rozważasz odejście od twojego dotychczasowego partnera dlatego, że on nie spełnia twoich oczekiwań i nie zapewnia ci tego, czego potrzebujesz, więc masz zamiar poszukać kogoś, kto zaopiekuje się tobą lepiej.

Ale halo!!!

Znów chcesz oddać swoje życie w czyjeś ręce i stać się emocjonalnym niewolnikiem tego, co robi inny człowiek?

Czy nie sądzisz, że nadszedł czas, żebyś to ty zaopiekowała się sobą i dała sobie to wszystko, co jest ci tak bardzo potrzebne? Miłość, przyjaźń, wierność, troskę, uśmiech, wsparcie, zainteresowanie, akceptację, poczucie bezpieczeństwa?

Czy naprawdę wciąż chcesz podrzucać swoje serce do kieszeni innych ludzi z nadzieją, że je znajdą i zaopiekują się nim w odpowiedni, właściwy i troskliwy sposób?... Serio?...

A czy kiedykolwiek ktoś potrafił to zrobić? Nie? Czy nie sądzisz, że to oznacza, że inny człowiek po prostu *nie może* tego dla ciebie zrobić, ponieważ każdy musi to zrobić dla siebie?...

Podrzucanie komuś swojego pustego, strapionego serca to skazywanie się na wielką niewiadomą i ryzyko, że twoje serce zawsze pozostanie głodne.

Ja myślę, że to nie ma sensu.

Gdyby do mojego domu przybłąkał się głodny kotek, to nie próbowałabym podrzucać go sąsiadom z nadzieją, że domyślą się co należy zrobić i będą wiedzieli jakie jedzenie należy mu podać, w jakiej ilości, jak i kiedy, że będą umieli go oswoić i uspokoić, że będą mieli chęć i umiejętność, żeby o niego właściwie zadbać.

Raczej sama dałabym mu miseczkę wody i zdrowe jedzenie, cierpliwie starałabym się zdobyć jego zaufanie i dać mu dobre życie.

A ty?...

Czy ciągle podrzucasz swoje głodne miłości serce różnym osobom z nadzieją, że będą wiedziały co z nim zrobić?

Czy wiesz, że ty i tylko ty jesteś jedyną osobą, która potrafi to zrobić?

Czy jesteś wreszcie na to gotowa?...

ROZDZIAŁ 32

Bóg jest dla innych

Kiedyś mówiłam, że Bóg jest dla innych ludzi, nie dla mnie. Oni go potrzebują, a ja sama sobie daję radę.

I to była prawda, ale tylko w połowie.

To było coś, w co ja *chciałam* wierzyć, bo chciałam postrzegać siebie jako totalnie samodzielną osobę, która wszystko potrafi zrobić sama.

I znów, teoretycznie to była prawda, bo rzeczywiście, wyruszałam na samotne wyprawy, mieszkałam sama i sama potrafiłam zatroszczyć się o wiele spraw.

Ale gdyby tak spojrzeć na moje ówczesne życie i uczciwie powiedzieć jak ono wygląda, to okazałoby się, że oprócz fantastycznie samodzielnych dni i przedsięwzięć, oprócz przekonania, że świetnie sobie ze wszystkim radzę, zdarzały mi się też chwile bezradności, załamania i rozpaczy, kiedy czułam się jak małe dziecko na łasce osób i sił większych od siebie, nad którymi nie ma absolutnie żadnej kontroli. Te chwile zamieniały się w godziny, a czasem dni i tygodnie.

Trudno więc właściwie w pełni uczciwie powiedzieć, że byłam rzeczywiście całkowicie samodzielna i nie potrzebowałam nikogo, dlatego że była to prawda w połowie.

Czasem traciłam poczucie panowania nad moim życiem i wpadałam w czarne dziury smutku, depresji, poczucia bezradności i samotności.

To działo się zawsze wtedy kiedy nikt mnie nie widział, nie było więc żadnych świadków oprócz mnie samej.

Wydawało mi się, że jeśli będę udawała, że te stany totalnej bezsilności i rozpaczy w ogóle nie istnieją, jeśli będę ignorowała ich istnienie i nie przyznam się do nich nawet przed samą sobą, to one znikną.

Ale sama przecież wiesz,
że problem nienazwany po imieniu wcale nie znika,
tylko zaczyna żyć własnym życiem i rośnie.
Udawanie, że coś nie istnieje,
wcale nie sprawia, że to znika.
Unikanie rozmowy na trudny temat wcale nie sprawia,
że ten temat sam z siebie stanie się łatwy.

Zamykanie oczu na widok płaczącej kobiety nie sprawi, że ona przestanie płakać i poczuje się lepiej. Pomoże ci tylko udawać, że tej kobiety tam nie ma.

Nieprzyznawanie się do własnych słabości nie sprawi,
że one znikną i naprawią się same.
Utrzymają cię tylko w pozornym stanie
dobrego samopoczucia,
który pęknie natychmiast gdy zmienią się okoliczności.

No, ale tak nas uczą dorośli kiedy jesteśmy mali, prawda? Że zawsze trzeba udawać kogoś lepszego niż się jest, a prawdę o sobie trzeba ukrywać jak coś wstydliwego.

Ja też więc odruchowo tak właśnie robiłam. Udawałam przed wszystkimi – oraz przed samą sobą – że jestem całkowicie samodzielna, ze wszystkim daję sobie radę i nie potrzebuję pomocy.

I rzeczywiście, udawało mi się to w różnych fizycznie namacalnych sprawach – takich jak choćby docieranie na końce świata, zarabianie i wydawanie pieniędzy, napisanie książki.

Ale raczej nie udawało mi się to w sferze bardziej nieuchwytnej, duchowej, emocjonalnej, tej, gdzie byłam tylko z samą sobą. Prawda była taka, że czasem czułam się całkowicie bezsilna wobec wszystkiego, co dzieje się we mnie i dookoła mnie. Nic nie wiedziałam i nic nie mogłam zrobić. Szarpały mną emocje, nad którymi nie byłam w stanie zapanować.

Ogarniał mnie wielki, porażający strach, któremu w żaden sposób nie umiałam się przeciwstawić. Byłam ziarenkiem piasku na łasce szalejącego huraganu. Nie miałam ani okrucha siły ani mocy, żeby mu się przeciwstawić.

To miała być samodzielność?...

Dlaczego tak było i jak wyglądał proces uzdrawiania mojego życia napisałam w książce „Wyszłam z niemocy i depresji. Ty też możesz". Skąd bierze się ten emocjonalny huragan i poczucie bezsilności wyjaśniłam w książce „Narkotyki, anoreksja i inne sekrety".

Teraz wspominam o tym dlatego, żeby opowiedzieć o Bogu. Kim jest, jak działa i dlaczego chcę z nim być.

Różne religie podają różne fakty. Dla niektórych Bóg jest przystojnym brodaczem o niebieskich oczach, dla innych jest niebieskim człowiekiem z głową słonia albo hipopotamem.

W niektórych religiach Bóg nie ma konkretnej postaci, ale ma charakter podobny do ludzkiego. Obserwuje cię jak wielki dyrektor, ocenia twoje zachowanie, osądza cię i może cię boleśnie ukarać za coś, co mu się nie podoba. Potrafi być złośliwy, podstępny i czasem celowo sprowadza na ciebie nieszczęście, żeby udowodnić ci swoją wyższość.

Bóg w ludzkich opowieściach reaguje ludzkimi emocjami, bywa zazdrosny, wpada w gniew, traci nadzieję, zarzuca komuś kłamstwo.

Myślę, że to właśnie dlatego długo nie potrafiłam dopuścić Boga do mojego serca.

W naszej katolickiej tradycji Bóg kojarzy się z cierpieniem. W kościele widzisz umęczonego, chudego mężczyznę, któremu ktoś włożył na głowę wianek upleciony z kolców. Kazał mu dźwigać ciężki drewniany krzyż. Przebił mu dłonie i stopy gwoździami.

Bóg na krzyżu w kościele nawet nie patrzy na ciebie, bo nie ma już siły. Jego głowa zwisa bezwładnie z zamkniętymi oczami. Jak miałbyś oddać swoje życie w dłonie kogoś, kto sam już nie żyje, a w dodatku zmarł w tragicznych okolicznościach i cierpieniu? Jak mógłbyś mu dokładać jeszcze swoją bezsilność, brak nadziei i zagubienie? On już przecież nie jest w stanie podźwignąć nic więcej. Sam raczej wymaga pomocy i opieki.

Prawie w każdym kościele jest tak samo. Na całym świecie. W prawie wszystkich kościołach katolickich spotkasz wycieńczonego, wychudzonego i zakrwawionego Jezusa, który wygląda na kogoś, kto raczej potrzebuje opieki niż jest w stanie komuś jej udzielić.

Pewnie dlatego długo uważałam, że nie ma sensu obciążać Boga moją osobą i moimi zmartwieniami.

Ale potem zaczęłam myśleć.

Zaczęłam myśleć o różnych sprawach. O życiu, o prawdzie, o tym skąd biorą się różne kłopoty, o mechanizmach zarządzających ludzkim umysłem, o tym czego potrzebuję i czego pragnę, o tym jak wziąć życie w moje ręce i jak znaleźć szczęście.

I wtedy zdarzyła się dziwna rzecz.

Podczas wypraw do dżungli amazońskiej w Ameryce Południowej miałam dużo czasu, żeby przewartościować wszystkie moje wcześniejsze przekonania.

Nie dlatego, że przyjechałam tam z plecakiem pełnym spraw do rozwiązania, ale po prostu dlatego, że Amazonia to trudne, niebezpiecznie, nieprzewidywalne miejsce, gdzie musisz nauczyć się żyć na nowo. Odrzucić wcześniejsze przyzwyczajenia i europejski sposób myślenia. Otworzyć swój umysł i serce, żeby być w stanie zrozumieć miejsce, w którym się znalazłeś. Także po to, żeby ocalić swoje życie w obliczu nieoczekiwanych, nowych zagrożeń i niebezpieczeństw.

W dżungli tak naprawdę po raz pierwszy musiałam się zmierzyć z moim strachem.

W dżungli po raz pierwszy poczułam też obecność Boga. I dopiero tam zrozumiałam o co w tym wszystkim chodzi.

ROZDZIAŁ 33

Łódka na rzece

Bóg nie jest osobą. Nie jest postacią. Nie ma kształtu. Nie ma twarzy. Nie ma imienia. Nie ma historii, nie ma charakteru ani osobowości. Nie zajmuje się osądzaniem tego co robisz ani wymierzaniem ci kar.

Bóg nie jest *jedyny*, bo samo to słowo implikuje istnienie innych bogów, spomiędzy których tylko jeden zostaje wybrany i uznany za ważniejszego od pozostałych.

Bóg nie wyznacza granic, nie mówi co jest dobre, a co złe, nie tworzy listy zakazów ani powinności.

Bóg nie potrzebuje kościołów, świątyń, kapłanów, różańców, rytuałów ani strojów. Bóg nie potrzebuje złota, kwiatów, kadzidła ani kłów słoni. Bóg nie potrzebuje żadnego miejsca ani żadnej rzeczy.

Religie to rzecz stworzona dla ludzi, a nie dla Boga. Czy to nie zabawne, że ludzie wybierają sobie taką religię, która im najbardziej odpowiada, czyli w pewien sposób wybierają sobie najbardziej wygodnego Boga?

Jeśli nie pasuje ci obowiązek chodzenia do kościoła w niedzielę, ksiądz w czarnej sutannie, spowiedź w konfesjonale i Jezus wiszący na krzyżu, możesz sobie wybrać innego Boga. Na przykład możesz wstąpić do ruchu Hare Kryszna, śpiewać mantry i czcić posągi Kryszny oraz jego awatarów. Tak samo jak wybiera się ulubiony smak lodów, tak możesz sobie wybrać takiego Boga, jaki najbardziej ci pasuje.

Tyle że Bóg jest ponad religiami. Nie należy do żadnej z nich z tego prostego powodu, że żadna religia nie jest w stanie zamknąć Boga w swoich definicjach.

Bóg wymyka się wszystkim ludzkim definicjom, opisom i obrazom.

Bóg jest nieokreślony dlatego, że my, ludzie, nie mamy tak potężnego umysłu, żeby pojąć to wszystko, co składa się na pojęcie i istnienie Boga.

Tak samo jak nie potrafimy wyjaśnić mechanizmu życia ani go stworzyć. Tak samo jak nie jesteśmy w stanie objąć umysłem całego kosmosu ze wszystkimi zawartymi w nim galaktykami. Tak samo jak nie potrafimy zrozumieć istoty atomu i wszystkich najmniejszych cząstek, które się na niego składają.

Kolejne pokolenia naukowców chlubią się tym, że nazwali coś po imieniu, ale kilkadziesiąt lat później okazuje się, że byli w stanie dostrzec i nazwać tylko cząstkę prawdy, ponieważ w ich czasach urządzenia elektronowe nie były w stanie zobaczyć więcej.

Im więcej wiemy, tym bardziej okazuje się, że jest przed nami jeszcze mnóstwo do odkrycia i zrozumienia.

Bóg jest ponad nauką, ponad słowami,
ponad konkretną wiedzą.
Nie ma cech, które można mu przypisać,
nie ma koloru, nie ma wagi ani wzrostu.
Jest totalnie POZA DEFINICJAMI.

I to jest właśnie w nim najlepsze.
Ponieważ kiedy Bóg nie jest niczym,
co znamy i potrafimy zrozumieć,
łatwo pojąć, że BÓG JEST WSZYSTKIM.

Bóg jest Siłą, której nie można zawrzeć w żadnej definicji.
Ani naukowej, ani filozoficznej czy religijnej.

Pamiętam jak pewnego dnia rozmawiałam ze słynnym reżyserem Krzysztofem Zanussim. Siedzieliśmy przy długim stole w jego posiadłości, jedliśmy ogromne krewetki z rusztu i dyskutowaliśmy o sztuce, filmach, książkach, podróżach, o życiu. Nagle rozmowa zeszła na temat Boga.

– Moim zdaniem Bóg nie ma żadnej postaci – powiedziałam. – Nie jest Jezusem Chrystusem ani jego ojcem, bo Bóg nie potrzebuje mieć ojca, rodziny, krewnych ani w ogóle żadnego z ludzkich pojęć.

– To kim lub czym w takim razie jest według pani Bóg? – zapytał Krzysztof Zanussi.

– Bóg jest energią – odpowiedziałam.

– To niech mi pani wytłumaczy jaką energią jest Bóg, bo ja jestem z wykształcenia fizykiem i bardzo chciałbym to zrozumieć.

Bóg jest energią w sensie życiowej siły, ale nie jest jedną z energii znanych ludziom. Gdyby ludzie znali i rozumieli ten rodzaj Siły (czy Energii), to pewnie byliby w stanie sami stworzyć Boga i wydrukować go na drukarce 3D.

Bóg jest Siłą Wyższą. W tym znaczeniu, że przewyższa nasze możliwości i jest ponad wszystkim, co istnieje.

Bóg jest źródłem wszystkiego, co jest. Całe nasze życie i cały wszechświat jest w pewien sposób zrodzony z niego, ale jednocześnie jest *nim*.

Bóg jest wszystkoprzenikającą Mocą zbudowaną wyłącznie z tego, co stanowi Prawdę, Miłość, Dobro i Harmonię w ich najbardziej bezwzględnych, pierwotnych postaciach, niepodlegających naszym ludzkim akceptacjom, definicjom, próbom opisania.

Bóg jest tym wszystkim, co skupia w sobie uniwersalny sens i istotę życia. Jest wszystkowiedzący nie dlatego, że posiada całą wiedzę świata, ale dlatego, że jest stwórcą całej wiedzy, możliwości pojmowania i wyrażania jej zmiennych.

Bóg jest właścicielem wszystkiego, choć jednocześnie niczego nie posiada, bo nie musi niczego mieć, żeby mieć wszystko.

Bóg nie tylko posiada mądrość, ale *jest* mądrością. Nie tylko kieruje się dobrem, ale *jest* nim, nie tylko *zna* całą prawdę, ale *jest* prawdą. Nie tylko kocha, ale po prostu *jest* miłością.

Rozumiesz?

Bóg jest w pewien sposób całym światem i całym życiem. Bóg jest całym tobą, ponieważ przenika wszystko, co istnieje i co jest otwarte na doświadczanie jego mocy.

To właśnie po raz pierwszy poczułam w dżungli.

Dziewicza puszcza dookoła mnie była potężna, wielka, groźna, pełna niebezpieczeństw, milcząca, a jednocześnie pełna tajemniczych odgłosów. Mogła mnie w każdej chwili pochłonąć i unicestwić w taki sposób, że nie zostałby po mnie żaden ślad.

Ja byłam tylko pyłkiem na jednej z jej ścieżek.

Najpierw czułam wielki strach. Brakowało mi oddechu w ciężkim od wilgoci powietrzu. Miałam spuchnięte stopy i ręce. Pot spływał ze mnie strumieniami, nad którymi nie miałam żadnej kontroli. Po prostu lał się z mojego czoła, kapał z czubka nosa, płynął mi po plecach. Byłam mokra, zgrzana, zmęczona i przerażona.

Wszędzie dookoła czaiły się jadowite skorpiony i pająki, węże i skolopendry. Głodne jaguary, krwiożercze piranie, podstępne kajmany i malaryczne moskity. Tysiące pluskiew przybywały nocą

Wszędzie dookoła czaiły się jadowite skorpiony i pająki, węże i skolopendry.

w poszukiwaniu krwi. Nawet motyle potrafiły wywołać ślepotę, a dotknięcie niektórych gąsienic powodowało gangrenę i śmierć.

Tak długo jak kierowałam się strachem, dopuszczając go do mojego serca, pielęgnując i podtrzymując to uczucie, karmiąc się wizjami potencjalnych zagrożeń i usiłując panicznie przygotować się na całe zło, jakie za chwile zapewne stanie się moim udziałem, byłam słaba, bezbronna i nieszczęśliwa.

Aż pewnego dnia płynęłam indiańskim czółnem. Na niebie niespodziewanie pojawiły się ciężkie, szare, groźne chmury. Wyglądały jak ostre skały, które mogą za chwilę wybuchnąć. Zerwał się silny wiatr, który zburzył powierzchnię rzeki i wywołał tak duże fale, że nie mogłam dalej wiosłować.

Nad całym światem zapadło przerażające, pełne napięcia milczenie. Nadchodziło coś strasznego.

Tropikalna nawałnica może być bardzo niebezpieczna kiedy siedzisz w małej łódeczce na środku rzeki. Woda zbierająca się w czółnie po prostu je zatopi, a ty zostaniesz w nurcie pełnym piranii i kajmanów rozglądających się na łatwą zdobyczą.

I wtedy poczułam nagle coś niezwykłego.

Zamiast strachu poczułam wielką, otaczającą mnie moc natury. Boską moc, która jest początkiem wszystkiego.

I pomyślałam wtedy:

– Weź mnie! Oddaję się tobie bez walki. Niech będzie co ma być!

Nie czułam strachu ani bezradności, nie byłam zmuszona do tego, żeby się poddać.

Wcześniej pewnie usiłowałabym przygotować się na zderzenie z burzą, złorzeczyłabym wiatrowi i chmurom. Przyzywałabym może histerycznie Boga, prosząc go o uratowanie życia, czułabym przerażenie na myśl o tym co może się zdarzyć.

A wtedy w czółnie poczułam, że *chcę* oddać się pod opiekę sile większej ode mnie. Chcę puścić się mojego strachu i przywiązania do tego, co znam, łącznie z życiem. Chcę przyznać się, że jestem bezradna i chcę, żeby siła większa ode mnie poprowadziła mnie dalej. Tak, jak prowadzi się za rękę dziecko.

Byłam gotowa zaufać temu, czego nie znam, nie rozumiem, nie umiem wyjaśnić i nad czym nie mam żadnej kontroli.

Wiem jednak i widzę, że jest to siła potężniejsza od wszystkiego, co istnieje w świecie ludzi. I wiem, że jest to moc będąca wcieleniem wszystkiego, co jest właściwe, prawdziwe i mądre.

Oczywiście wciąż trzymałam wiosło w rękach i w miarę możliwości robiłam z niego użytek, ale ogarnął mnie spokój zamiast lęku.

Ja *wiedziałam*, że będzie dobrze.

Wiedziałam, że będzie dobrze, cokolwiek to miałoby oznaczać.

I tak właśnie znalazłam Boga.

Bóg to siła większa ode mnie. Większa od wszystkich ludzi, ich maszyn i pomysłów.

Bóg jest wszędzie dookoła. W każdym źdźble trawy, każdym płatku kwiatu, w każdym powiewie wiatru, w słońcu, w powietrzu i w przelatującym ptaku. Bóg jest rodzajem niezmierzalnej i niemożliwej do opisania energii, która przenika wszystko i utrzymuje wszystko przy życiu.

Gdyby istniała możliwość zgromadzenia w jednym miejscu dobra, prawdy, mądrości, miłości i życia, to tak właśnie wyglądałby Bóg.

Ale dobro nie ma kształtu, prawda? A jednak jesteś w stanie poczuć dobro w sercu, kierować się nim i dzielić się nim z innymi.

Jeżeli jesteś w stanie zaufać tej Sile Większej od ciebie, to stajesz się jej częścią. Czujesz w sobie jej moc.

Znika wtedy strach i poczucie, że musisz wiecznie z czymś walczyć.

Znika konieczność udawania, że musisz sobie ze wszystkim poradzić, bo nie musisz. Są rzeczy, które przerastają twoją silną wolę, twoją wiedzę i możliwość kontroli. Tymi wszystkimi rzeczami zajmuje się Bóg i robi to w sposób bosko mądry.

Kiedy przestajesz udawać i kierować się strachem przed tym czego nie znasz i nad czym nie masz kontroli, przestajesz się spinać i usztywniać od środka. Krew krąży swobodnie, serce bije regularnie, płuca oddychają bez trudu. W takim stanie ciała także twój umysł lepiej pracuje, szybciej reaguje i znajduje rozwiązania. Dusza jest lekka, radosna, pełna nadziei.

Masz wrażenie, że świat ci sprzyja. I tak jest w istocie, ale nie dlatego, że świat się zmienił, lecz dlatego, że ty przestałeś z nim walczyć.

Wtedy na łódce na środku rzeki nie błagałam Boga o pomoc, nie prosiłam, żeby mnie uratował i pozwolił dopłynąć do brzegu. Nie chodzi przecież o to, żeby mówić Bogu co ma zrobić. On sam to wie. I wie to lepiej od każdego z nas.

Powiedziałam wtedy do niego:

– Jestem pod twoją opieką. Ty wiesz, co jest dla mnie najlepsze. Mam wiosło i będę nim wiosłować do brzegu, a ty prowadź mnie tak, żebym dotarła do celu. Gdziekolwiek ten cel się znajduje.

Deszcz wcale nie spadł tamtego popołudnia. Chmury zastygły na niebie, tak jakby zdumione tym, że jestem wreszcie gotowa uwierzyć w Boga i powierzyć mu moje życie.

A ja naprawdę byłam gotowa. I naprawdę to zrobiłam.

Burza rozpętała się dopiero wieczorem, kiedy leżałam w bezpiecznym schronieniu mojego hamaka.

ROZDZIAŁ 34

Dźwięki muzyki

Bóg to Siła większa od wszystkiego i zawierająca wszystko, co istnieje, łącznie z tobą. Jasna, czysta i zawsze w stanie idealnej harmonii. Kiedy oddasz jej to, wobec czego sama jesteś bezradna, ona poprowadzi ci dalej.

To wszystko, nad czym nie masz kontroli – twoją przyszłość i życie, relacje z innymi ludźmi, najtrudniejsze problemy, uzależnienie, bezsilność.

Wystarczy poczuć to w sercu i powiedzieć:

– Boże, przyjacielu mój, weź mnie za rękę i prowadź mnie dalej, bo ja nie wiem co robić.

Albo:

– Boże, przyjacielu mój, daj mi siłę i mądrość, żebym mogła zrozumieć to, czego nie rozumiem i ułożyć moje życie tak, jak będzie dla mnie najlepiej.

Czujesz się czasem bezradna, prawda?

Czasami zdarzają się rzeczy, nad którymi nie masz żadnej władzy, które cię przerastają i napełniają smutkiem. Pewnie tak długo jak to możliwe usiłujesz poskładać to wszystko w całość, być silna za wszystkich, udowodnić sobie, że dasz radę, ale mimo że tak bardzo się starasz i naprawdę wkładasz w to całą swoją moc, zostajesz z niczym. Bezradna. Bezsilna. Z poczuciem porażki.

Wiesz dlaczego tak jest?

Bo chociaż nie przyznasz się do tego głośno, ty przez chwilę chciałaś być Bogiem. Chciałaś załatwić to, co niemożliwe. Chciałaś pokazać, że masz kontrolę nad wszystkim.

A życie co pewien czas udowadnia ci, że nie jesteś Bogiem i nie możesz załatwić wszystkiego, naprawić wszystkiego i wszystkich.

I tak jest dobrze.

Każdy sam musi znaleźć swoją drogę, zrobić to, co jest w jego mocy, a resztę powierzyć Bogu. On wie najlepiej. On ma tak niezwykłą siłę, że może zatrzymać deszcz jeśli uzna to za potrzebne. On potrafi tak skrzyżować drogi dwóch obcych osób, że spotkają się, spojrzą sobie w oczy i zakochają się w sobie.

On potrafi podsunąć ci pomysł i możliwość jego zrealizowania, potrafi dać ci nadzieję kiedy wszystko wydaje się stracone i siłę, żeby zrealizować to, czego pragniesz.

On cały *jest* tą siłą, nadzieją, mądrością, każdym szczęśliwym zdarzeniem i rozwiązaniem problemu. On jest po prostu cały utkany z tego, co jest szczerze prawdziwe, dobre, uczciwe, mądre i silne.

Dlatego kiedy zawierzysz mu swoje życie,
stajesz się po prostu jego częścią.
On cię prowadzi nie dlatego, że wybiera ciebie
i wskazuje na ciebie boskim palcem,
ale dlatego, że *ty* podejmujesz decyzję o tym,
że chcesz być z nim.

Bycie z nim oznacza po prostu stanie się
częścią tego wszystkiego, czym on jest.

Dlaczego o tym piszę?
Dlaczego w książce o szczęśliwym singlu pojawia się Bóg?
Dlatego, że on każdemu singlowi pomaga wstać na nogi i nauczyć się wewnętrznej wolności i odpowiedzialności za samego siebie.

Ty zrobisz to wszystko, co jest w twojej mocy, a to, nad czym nie jesteś w stanie zapanować, oddasz jemu. I on się tym najlepiej zajmie.

Zaczęłam rozmawiać z Bogiem kiedy uświadomiłam sobie, że jestem więźniem jednego z moich związków. Chciałam odejść, ale nie mogłam. Byłam emocjonalnie uzależniona od obecności drugiej osoby, od tego jak się zachowuje wobec mnie i ile czasu ze mną spędza.

Chciałam to zmienić, ale nie umiałam.
Chciałam przestać o nim myśleć, ale nie byłam w stanie.

Chciałam nie przejmować się tym, że on mnie już (chyba) nie kocha, ale czułam z tego powodu taką obezwładniającą rozpacz, że niczym innym nie mogłam się zająć.

Byłam totalnie bezsilna wobec tego, co działo się w mojej głowie.

I wtedy zaczęłam mówić do Boga, do Siły Wyższej:

– Boże, przyjacielu mój, proszę daj mi siłę i mądrość do tego, żebym mogła uwolnić się od tego uzależnienia. Daj mi siłę i mądrość, żebym mogła zająć się moim życiem. Naucz mnie jak żyć lepiej. Weź mnie za rękę i poprowadź mnie dalej. Ty wiesz najlepiej co jest dla mnie dobre. Potrzebuję twojej pomocy. Chcę stanąć znów na nogi. Chcę być wolnym człowiekiem. Proszę daj mi mądrość i siłę, żebym mogła tego dokonać.

Codziennie rano dziękuję Bogu za to, że jestem. Za to, że czuję w sobie jego obecność i moc.

– Dziękuję, dziękuję, dziękuję! Dziękuję za ten nowy dzień. Dziękuję za to, że zachwycam się zielonymi liśćmi na drzewach. I za to, że przy drodze rośnie pachnący krzak bzu. Dziękuję za to, że mam siłę, żeby wstać, biegać i pracować. Dziękuję za pomysły, które przychodzą mi znienacka do głowy. Dziękuję za to, że czuję tę wspaniałą, wypełniającą mnie wdzięczność.

Kiedy jestem szczęśliwa, siadam na chwilę z zamkniętymi oczami i mówię w myślach:

– Dziękuję! Dziękuję, że tak cudownie jest żyć! Za to, że mogę tego doświadczać. Chcę zapamiętać tę chwilę i zabrać ją ze sobą w sercu, żeby jej radość i moc karmiła mnie od wewnątrz.

Kiedy jestem smutna, mówię do Siły Wyższej:

– Prowadź mnie dokąd zechcesz. Chcę się uczyć jak być lepszym człowiekiem, chcę oczyścić moją duszę z tego, co przeszkadza mi w szczęściu. Wiem, że to mi się uda. Wiem, że znajdę sposób, bo chcę tego całym sercem. I będę pracować tak ciężko, jak to konieczne, żeby to osiągnąć. Dziękuję ci, Boże, przyjacielu mój, za wsparcie i pomoc.

Rozmawiam z Bogiem, czyli z Siłą Wyższą, tak, jakby on był częścią mnie. Tak jakby mieszkał w moim sercu. Tak jakby zajmował w mojej duszy sekretne miejsce sztabu dowodzenia całym moim życiem.

I naprawdę czuję, że tak właśnie jest.

Bóg – czyli Siła Wyższa – nie jest czymś odległym i oderwanym ode mnie. Nie jest czymś innym, niezrozumiałym, obcym, niedostępnym.

Bóg jest najzwyczajniej częścią mnie.

Jest jednocześnie wszystkim i ponad wszystkim, jest ogromną niewidzialną siecią mocy obejmującą wszystko, co istnieje we wszechświecie, a jednocześnie jest ze mną i we mnie jak mój przyjaciel, przewodnik i nauczyciel.

A może Bóg czyli Siła Wyższa jest czymś w rodzaju niebiańskiej orkiestry tworzącej niezwykłą muzykę, której dźwięki roznoszą po świecie mądrość, dobro, siłę, nadzieję, prawdę i wszystko inne, co jest wcieleniem boskości.

Jeśli dostroisz swoją duszę do muzyki, jaką gra orkiestra, zawsze będziesz ją słyszał i ona będzie cię prowadziła przez życie.

Spróbuj poczuć to w sobie.

Spróbuj wyrazić wdzięczność za to co masz.

Spróbuj zawierzyć Bogu to, co przerasta twoje możliwości.

Spróbuj być w stałym kontakcie z Siłą Wyższą. Ona przywraca cię do stanu równowagi, ciepła, spokoju i nadziei. Dodaje siły. Prowadzi naprzód w najlepszą możliwą stronę.

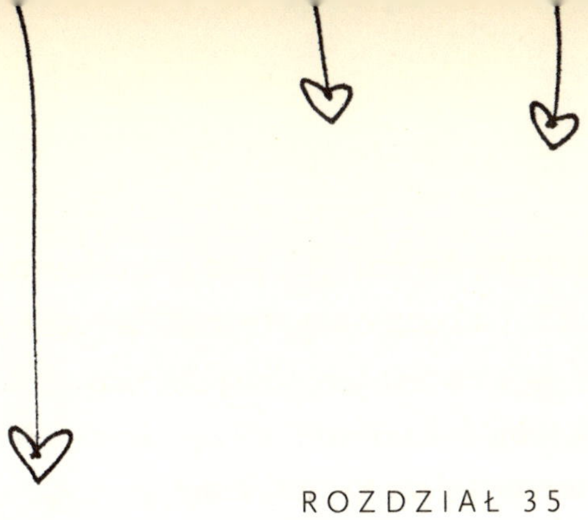

ROZDZIAŁ 35

Zestaw podstawowy

1. Bądź w kontakcie z Siłą Wyższą,
2. Codziennie poświęć kilka minut na medytację albo modlitwę,
3. Codziennie wyraź wdzięczność za to, co masz,
4. Codziennie wyprowadź siebie na spacer i oddychaj świeżym powietrzem,
5. Codziennie porozmawiaj ze sobą i powiedz do siebie „kocham cię!".

To jest mój zestaw podstawowy na stworzenie szczęśliwego związku z samą sobą, czyli na zostanie szczęśliwym singlem.

Możesz jednocześnie być w związku, mieć rodzinę, dzieci i rozmaite zobowiązania. Nie namawiam cię do tego, żeby wszystko rzucić i zamieszkać w pustelni.

Wprost przeciwnie.

Namawiam cię do czegoś, co jest prostsze i chyba trudniejsze: do skoncentrowania się na stworzeniu szczęśliwego związku z samą sobą pomimo wszystkiego, co było i jest dookoła.

Do tego wrócę za chwilę.

Teraz krótko opowiem jak rozumiem te pięć najważniejszych punktów, które podałam powyżej.

Kiedy myślisz, że musisz sobie dać ze wszystkim radę, że nie wolno ci popełnić błędu i nie wolno okazać słabości, zapętlasz się w kreowaniu pewnej iluzji.

Ja wiem, że tak nas nauczono. Że każdy musi być silny i zawsze zwyciężać.

Wiesz jakie są najbardziej powszechne kłamstwa o chłopcach i dziewczynkach?

Uważa się, że chłopiec musi bez słowa skargi znosić ból, być twardy i silniejszy od dziewczynki. Nawet jeżeli nie wie co zrobić, musi tworzyć wrażenie, że wie. Musi zawsze dotrzeć do celu, pokonać przeciwnika, być najszybszy i mieć najlepsze zabawki. Nie wolno mu płakać, okazać strachu ani słabości.

Nawet jeśli *czuje* strach, to nie wolno mu się do tego przyznać.

To znaczy, że będzie okłamywał samego siebie i wmawiał sobie, że się nie boi mimo że czuje strach, czyli będzie zaprzeczał własnym uczuciom.

Dziwisz się, że potem w dorosłym życiu ten chłopiec nie będzie miał pojęcia co naprawdę czuje i co ma z tymi emocjami zrobić?...

Panuje powszechne przekonanie, że dziewczynka musi zadbać o wszystkich. Musi być matką, pielęgniarką, nauczycielką i pocieszycielką. Musi za wszelką cenę utrzymać rodzinę w całości i nie wolno jej ujawnić prawdy nawet jeżeli w tej rodzinie panuje wieczna wojna i przemoc. Dziewczynka musi się poświęcać na rzecz innych. Jej życie jest uważane za mniej ważne niż życie jej dzieci, męża i krewnych.

I to właśnie dziewczynka ma wpojone, że zawsze musi być silna dla wszystkich i za wszystkich.

Nawet jeśli sama czuje się słaba i bezradna, jest gotowa do największego wysiłku, żeby pomóc innym. A jednocześnie nie potrafi tej samej siły dać sobie, bo przecież ma wpojone, że ona nie ma prawa do szczęścia.

Czy ty też w to wierzysz?

Czy ty też jesteś zawsze gotowa ratować wszystkich, a nigdy nie potrafiłaś uratować siebie?

Czy ty też natychmiast stajesz się siłaczem dla każdego słabszego, ale nie umiesz być siłaczem dla siebie?

Czy ty też niesiesz pomoc wszystkim potrzebującym, a sama czasem zapadasz się w czarną dziurę bezradności wobec tego, co dzieje się w twoim życiu?

Och, jak ja to dobrze znam!

Kobiety są cichymi siłaczkami,
które chętnie przejmują odpowiedzialność
za swoich mężów, narzeczonych i chłopaków,
wychowując ich tak, jakby byli dziećmi.

Uczą ich dobrego zachowania, zdrowego jedzenia,
gotowania, pozytywnego myślenia,
naprawiają ich stosunki z rodzicami,
tłumaczą dlaczego powinni rzucić
palenie albo przestać przeklinać,
pomagają kupić nowe zabawki,
a w razie potrzeby usprawiedliwiają
przed szefem, policją albo sąsiadem.

Dziewczyno!
Twój mąż nie jest twoim dzieckiem.

Ty nie jesteś wszechmocnym siłaczem,
który musi utrzymać rodzinę razem
i uchronić twojego męża przed nim samym.

Ty jesteś człowiekiem, który ma równe prawo
do w pełni wartościowego i szczęśliwego życia.
Własnego życia.
Własnego życia w ramach rodziny, której jesteś częścią.
Nie musisz żyć za kogoś, poprawiać czyichś błędów,
ukrywać czyichś złych czynów ani pilnować,
żeby jego życie było znośne.

Każdy dorosły jest odpowiedzialny za swoje życie. Każdy dorosły ponosi konsekwencje własnych decyzji. Każdy dorosły ma prawo i obowiązek zająć się własnym życiem w miarę swoich możliwości.

A to, czego udźwignąć sam nie potrafi, może oddać Sile Wyższej.

Zajmij się swoim życiem.
Przestań być siłaczem i opiekunem innych dorosłych.
Zaopiekuj się sobą.
Daj sobie wsparcie, przyjaźń i nadzieję.
Szukaj odpowiedzi na ważne pytania.

To, czego nie potrafisz udźwignąć albo zrozumieć, zostaw Sile Wyższej.

Są przecież sprawy, sytuacje albo uczucia, wobec których czujesz się bezradna, prawda? Takie, nad którymi bardzo pragniesz zapanować, ale okazuje się, że zwyczajnie nie jesteś w stanie. Oddaj to Sile Wyższej. Ta siła jest „Wyższa" nie przez przypadek. „Wyższa", czyli większa od naszych możliwości. Większa, czyli posiadająca nadzwyczajne umiejętności. Tak nadzwyczajne, że tworzenie cudów jest dla niej czymś codziennym.

Bądź w stałym kontakcie z Siłą Wyższą.
Codziennie poświęć kilka minut na medytację albo modlitwę. Mów do Boga (czyli Siły Wyższej) zwykłymi słowami. Takimi, jakimi rozmawiałbyś z zaufanym przyjacielem. Otwórz przed nim swoje serce.

Nie musisz znać tekstów modlitw napisanych przez kogoś innego, nie musisz śpiewać psalmów ani klęczeć. Możesz jeśli chcesz, ale nie musisz.

Nie musisz być w kościele ani żadnej innej świątyni. Wystarczy jeśli zatrzymasz się w lesie, w ogrodzie, w parku albo we własnej kuchni. Bóg jest wszędzie. Jest wszędzie tam, gdzie jesteś gotowa się z nim spotkać i nawiązać z nim łączność.

Codziennie wyraź wdzięczność za to, co masz.
Powiesz, że nie masz zbyt wiele?
A życie samo w sobie nie jest czymś niesamowitym? To, że oddychasz, czytasz, rozumiesz, poruszasz się, myślisz, marzysz – czy to nie jest *coś*? Myślisz, że to jest mało?

A jak byś się poczuł gdyby ktoś ci to teraz odebrał? Czy nie pragnąłbyś z całych sił te możliwości odzyskać? Chciałbyś znów móc chodzić na swoich nogach, czuć powietrze w płucach, mówić, słyszeć, podejmować decyzje.
A czy lubisz się cieszyć? Bo ja uwielbiam. I codziennie dziękuję za to, że mogę się z czegoś cieszyć.

Dziękuję Bogu za to, że są truskawki, morele i brzoskwinie. Że lato w Polsce jest zawsze takie piękne. Nawet kiedy leje deszcz i robi się zimno, to jest zielono, a w powietrzu czuje się wakacje i wolność.

Jest mnóstwo pięknych rzeczy na świecie.

Doceń to, co jest piękne i wyraź wdzięczność za to, że istnieje, a ty możesz tego doświadczać.

Używaj zwykłych, codziennych słów. Ja zwykle mówię:
– Dziękuję! Jestem taka wdzięczna za to, że jem na śniadanie tę pyszną, słodką owsiankę z daktylami i bananami. Dziękuję za ten spokój za moimi oknami. I za to, że tak cudownie śpiewają ptaki. I za to, że tak łagodnie kołyszą się liście na drzewach. I za to, że czuję ten spokój w sobie.

Codziennie wyprowadź siebie na spacer i oddychaj świeżym powietrzem.

Niekoniecznie wtedy, kiedy masz na to ochotę. Wyprowadzaj siebie na spacer po to, żeby dotlenić wszystkie komórki twojego ciała. Dotlenić swoje serce i mózg. Zobaczysz jak wspaniale się poczujesz kiedy wyjdziesz z betonowego pudełka, sztucznego oświetlenia i klimatyzacji.

Nieważne jaka jest pogoda. Jeśli pada deszcz, włóż kalosze i weź parasol. Posłuchaj jak niesamowicie pięknie szumi deszcz, jak trzepoczą liście pod kroplami, jak pluskają powiększające się kałuże.

Słuchaj jak chrzęści żwir albo piasek pod twoimi butami. Posłuchaj jak furkocze skrzydełkami mucha, jak wieje wiatr i gdacze kura.

Popatrz na niebo, na drogę, w przestrzeń.

Codziennie wyprowadź siebie na spacer i powiedz do siebie: – Kocham cię! ♡

Oddychaj.

Ta droga po której idziesz, jest trochę jak twoje życie. Poczuj ją pod swoimi stopami.

Nie musisz wychodzić na godzinę. Wystarczy pięć minut. Lepiej dziesięć.

Albo powiem ci tak: wyprowadź siebie na spacer na pięć minut. Tyle możesz sobie dać w prezencie, prawda?

Kiedy wyjdziesz na dwór, poczujesz tlen i przestrzeń, sama będziesz miała ochotę zostać dłużej i wrócisz do domu szczęśliwa.

Codziennie porozmawiaj ze sobą i powiedz do siebie „kocham cię!".

Możesz to zrobić podczas codziennego spaceru. Spróbuj nawiązać kontakt ze swoją własną duszą.

Zadaj jej pytanie. Zobaczysz, że po chwili pojawi się w twoich myślach odpowiedź. Nie wymyślona przez ciebie. Ona sama wpłynie do twojej świadomości. Usłyszysz ją tak, jak słyszy się zdanie wypowiedziane przez osobę, która stoi obok. To dusza właśnie odpowiada w taki sposób.

Zadawaj jej pytania. Pytaj o wszystko, co chcesz wiedzieć, co cię trapi, co budzi twoje wątpliwości. Zdziwisz się jak trafnie podpowiada ci rzeczy, z których nie zdawałaś sobie sprawy albo jak odkrywczo podchodzi do tematu.

Doceń to, że masz w sobie taki fantastycznie mądry głos.

I mów do siebie jak najczęściej:
– Kocham cię!

Kiedy zobaczysz się w lustrze albo w szybie na wystawie sklepu, w lusterku samochodu albo w odbiciu na powierzchni wody, mów do siebie:
– Kocham cię!

Kiedy idziesz przed siebie, powtarzaj w myślach:
– Kocham cię!

Niech twoja dusza to usłyszy. Być może nikt wcześniej nie mówił tego do niej z takim przekonaniem i tak uczciwie, jak ty teraz. Bo przecież ty ze sobą to najdłuższy związek, jakiego doświadczysz w życiu.

Kochaj siebie jak przyjaciela. Bądź ze sobą jak z przyjacielem.
Znajdziesz w sobie siłę i mądrość tak wielką, że sama zdziwisz się, że wcześniej nie wpadłaś na pomysł, żeby z nich korzystać.

ROZDZIAŁ 36

Oczekiwania

Oczekiwania to gigantyczny i niewidzialny bagaż, z którym wkraczasz do związku. Jest tak wielki, że obciąża zarówno ciebie, jak i drugą osobę. I tak ciężki, że oboje ledwie jesteście w stanie go udźwignąć.

Powiesz, że nie masz wcale takich dużych oczekiwań?

Że wystarczy ci, żeby on cię kochał i był wierny?

Naprawdę?

A ja myślę, że nawet nie zdajesz sobie w pełni sprawy ze wszystkiego, czego w rzeczywistości oczekujesz od drugiego człowieka w związku.

To dzieje się podświadomie. Tak jak wyjaśniłam wcześniej, jesteśmy w pewien sposób przyuczani do tego, żeby uzależniać swoje szczęście, swoje samopoczucie i swoją przyszłość od tego co robi i mówi drugi człowiek.

Zobacz.

Kiedy spotykasz kogoś i zakochujesz się, pozornie nie masz żadnych oczekiwań. Gdyby on cię zapytał czego chcesz, powiedziałabyś pewnie:

– Chcę tylko być z tobą szczęśliwa.

Ale gdybyśmy mogli zajrzeć do twojego umysłu, to najprawdopodobniej znaleźlibyśmy tam TYSIĄC różnych drobnych i większych oczekiwań, z których sama w pełni nie zdajesz sobie sprawy.

Na przykład zapewne przyjmujesz podświadome założenie, że w różnych sytuacjach on będzie reagował podobnie jak ty, więc nie musisz formułować specjalnego oczekiwania, że on będzie potrafił zachować się przy stole w taki sposób, jaki ty uważasz za wskazany i właściwy. Prawda?

Kiedy chłopak zapyta cię czego pragniesz, to nie powiesz mu przecież:

– Pragnę, żebyś umiał jeść z zamkniętymi ustami, bez mlaskania i bez siorbania zupy.

Nie powiesz mu tego, bo nawet nie wiesz, że tego pragniesz i że nieświadomie zakładasz, że on właśnie tak będzie się zachowywał.

To przychodzi w związku dopiero po pewnym czasie. Poznajesz go lepiej i wtedy dopiero odkrywasz jaki jest w różnych codziennych sytuacjach. Czy krzyczy na psa i łatwo traci cierpliwość, czy łapczywie wypija kieliszek wina, żeby szybciej poczuć jego działanie, czy chętnie sam płaci za zakupy, czy raczej woli zaczekać aż ty sięgniesz po portfel, czy znika na całe dnie bez śladu życia, czy pamięta o twoich urodzinach i tak dalej.

Tego będziesz się dowiadywać stopniowo, im dłużej będziecie razem.

Ale sama przyznaj, przecież ty masz oczekiwania!

Oczekujesz, że

- on będzie cię kochał,
- będzie pamiętał o twoich urodzinach,
- będzie chciał słuchać tego, co masz mu do powiedzenia,
- będzie sprzątał po sobie w kuchni,
- będzie chciał spędzać z tobą wolny czas,
- będzie widział, że zostawia brudne ślady kiedy wchodzi w butach do salonu,
- będzie mówił, że ciebie kocha,
- będzie ci wierny,
- będzie mówił prawdę,
- będzie miał pracę,
- będzie dzielił się z tobą pieniędzmi,
- będzie ciekawy twoich planów i projektów,
- będzie chciał robić coś wspólnie z tobą,
- będzie chciał wyjechać z tobą na wakacje,
- nie opuści się,
- da ci poczucie bezpieczeństwa,
- będzie dbał o ciebie,
- będzie chwalił twoje stroje,
- będzie potrzebował twojego towarzystwa,
- będzie lubił to samo co ty,
- będą mu smakowały twoje ulubione słodycze,
- będzie się śmiał z tych samych dowcipów,

- będzie miał poczucie humoru,
- będzie miły dla twoich rodziców,
- będzie cierpliwy dla twojego kota albo psa,
- będzie pamiętał jaki lubisz deser,
- będzie nosił ubranie, które ci się podoba (zamiast czegoś, co jest twoim zdaniem ohydne),
- będzie chciał być twoim przyjacielem,
- będziesz mogła mu się zwierzyć,
- będzie chciał ci pomóc,
- będzie robił za ciebie różne rzeczy (na przykład zmieni oponę w samochodzie, wyjdzie z psem, przygotuje herbatę),
- będzie wolał spędzać czas z tobą niż sam,
- będzie wolał pójść z tobą na spacer zamiast oglądać czwarty mecz,
- będziesz słuchał co do niego mówisz nawet kiedy ogląda swój ulubiony serial,
- będzie wiedział kto to jest Picasso, James Cameron i Tom Hanks,
- będzie zachowywał się cicho kiedy ty śpisz,
- będzie wrzucał śmieci do kosza,
- będzie wiedział ile może wypić, żeby nie stracić świadomości,
- będzie dbał o swoje zdrowie,
- będzie jadł obiad zamiast batona z czekoladą,
- będzie umiał zapanować nad swoim strachem zamiast wpadać w panikę,
- będzie przestrzegał zaleceń lekarza,

- będzie wiedział do czego służy odkurzacz,
- będzie wiedział jak obsługuje się pralkę,
- będzie chciał przeczytać książkę, którą mu polecasz,
- będzie spędzał czas w produktywny i rozsądny sposób,
- nie będzie lekkomyślny,
- nie będzie rozrzutny ani skąpy,
- nie będzie histerykiem,
- nie będzie okrutny,
- nie będzie leniwy,
- nie będzie brudny,
- nie będzie bezmyślny,
- będzie chciał się leczyć kiedy jest chory,
- nie będzie bał się pójść do dentysty kiedy boli go ząb,
- nie będzie wywoływał bijatyk,
- będzie dla ciebie czuły,
- będzie pisał często do ciebie kiedy wyjedzie,

i tak dalej, i tak dalej, i tak dalej.

Ta lista nie ma końca. To wszystko są podświadome oczekiwania, z którymi wkraczasz w każdy nowy związek.

Czy wiesz co dzieje się potem?

Oczekiwania zostają skonfrontowane z rzeczywistością. Pojawia się rozczarowanie, zaskoczenie, gniew, niechęć, sprzeciw, opór, lęk, przygnębienie, depresja, smutek, samotność, wyobcowanie, nienawiść.

Kiedy wchodzisz w nowy związek z rozmaitymi – także nieuświadomionymi – oczekiwaniami, twoja relacja z drugim człowiekiem koncentruje się głównie na porównywaniu go z tym, czego się spodziewałaś, na osądzaniu jego zachowania, a potem najprawdopodobniej na próbach nauczenia go „właściwego" zachowania.

„Właściwego" z twojego punktu widzenia. Zgodnego z twoim światopoglądem i wychowaniem.

To jest jedna z najważniejszych rzeczy, jakie zrozumiałam na temat miłości i związków między ludźmi.

Kiedy wchodzisz w związek z oczekiwaniami,
to będziesz rozczarowana tym,
że on zachowuje się inaczej.
Inaczej niż ty oczekujesz.
Inaczej niż uważasz za wskazane.

Najpierw jesteś zaskoczona, potem pojawia się zniecierpliwienie, złość i niechęć.

Ale tak naprawdę to, co cię boli,
to wcale nie to co on robi, tylko to,
że ty *oczekiwałaś* czegoś innego.

Prawda?

Gdybyś tak samo jak on lubiła wchodzić w zabłoconych butach na biały dywan w salonie, to wcale nie przeszkadzałoby ci to, że on to robi.

Gdybyś tak samo jak on lubiła grać w okrutne wojenny gry, to wcale nie miałabyś nic przeciwko temu, że on spędza całą noc na strzelaniu bombami do potworów w komputerze.

Gdyby tobie samo jak jemu nie zależało na własnym zdrowiu, to nie uważałabyś za dziwne ani naganne, że on na śniadanie chrupie czipsy, zamiast obiadu zjada batona czekoladowego, a potem skarży się na to, że nie ma siły i boli go brzuch.

Gdybyś myślała i czuła tak samo jak on, nie przeszkadzałoby ci to, co on robi i mówi.

Problem pojawia się wtedy kiedy ty myślisz i czujesz inaczej, i podświadomie *oczekujesz*, że on będzie podobny do ciebie.

Co wtedy robisz?
Próbujesz go nauczyć lepszych nawyków, prawda?

Próbujesz go zmienić, bo taki, jaki jest teraz, nie odpowiada twoim przyzwyczajeniom i oczekiwaniom.

Chcesz go nauczyć porannego biegania, jedzenia sałatek, wycierania nosa w chusteczkę, chodzenia w kapciach, pamiętania o rocznicy ślubu, samodzielności, odwagi, dbania o zęby, spuszczania wody, opuszczania deski, zakręcania tubki z pastą, bycia miłym dla listonosza, szacunku dla władzy albo autorytetów, mówienia komplementów, wierności, szacunku dla pieniędzy, życzliwego podejścia do zwierząt, pamiętania o tym, żeby wysłać do ciebie sms kiedy przyjedzie na miejsce, zachowania spokoju kiedy stoi w korku, umiaru kiedy pije alkohol, zrozumienia twoich emocji, właściwego sposobu pocieszenia cię kiedy jesteś smutna, pomocy w obowiązkach domowych, dawania ci właściwych prezentów, właściwego zachowania w pracy i tak dalej, i tak dalej, i tak dalej.

Inaczej mówiąc: chcesz zrobić z niego kogoś, kim on nie jest.

Chcesz go „naprawić". Chcesz, żeby był taki, jak tobie jest wygodnie. Chcesz, żeby był taki jak ty.

Powiesz, że to nic złego? Że ludzie wzajemnie uczą się od siebie różnych umiejętności, że dostosowują się do siebie wzajemnie i tworzą rozwiązania kompromisowe?

Teoretycznie masz rację.
Ale zobacz jak to wygląda w praktyce.

Przywiązujesz się podświadomie do pewnego rozwiązania, które uważasz za „właściwe".
Drugiego człowieka traktujesz podświadomie jak kogoś, kto nie jest w pełni dojrzałym i kompletnym dorosłym, z którym tworzysz partnerski związek.

Traktujesz go jak kogoś, kogo trzeba dostosować do twoich oczekiwań, nauczyć go potrzebnych umiejętności, wychować jak uczniaka, który jest ładny i miły, ale niesforny i pełen złych nawyków, które trzeba z niego wykorzenić.

To oznacza, że koncentrujesz swoją uwagę na tym, co on robi, dokąd idzie, jak reaguje, co mówi i z kim rozmawia. Przez cały czas automatycznie osądzasz jego zachowanie, oceniasz czy ono jest dobre i poprawne, czy złe i niewłaściwe.

Stajesz się niewolnikiem.
Stajesz się niewolnikiem swoich własnych oczekiwań.
Stajesz się niewolnikiem swoich własnych emocji związanych z tymi oczekiwaniami.

Zobacz ile czasu poświęcasz na rozmyślanie o tym co on zrobił, dlaczego on to zrobił albo jak on mógł tego nie zrobić i jak bardzo oraz na ile sposobów to ciebie krzywdzi.

Stajesz się niewolnikiem własnych emocji.

Stajesz się niewolnikiem poczucia, że jesteś ofiarą związku, który nie spełnia twoich oczekiwań.

Stajesz się niewolnikiem tego co on robi, myśli i mówi, i od tego zależy twoje samopoczucie.

Widzisz to?

Stajesz się ofiarą swoich własnych oczekiwań.

Stajesz się ofiarą swojego uzależnienia od tego, co robi, mówi i myśli drugi człowiek, a raczej od tego co tobie *się wydaje* na jego temat. Prawie cały swój czas spędzasz na zgłębianiu domysłów, poczuciu żalu i rozpamiętywaniu przykrych emocji, które temu towarzyszą.

Sama przyznaj.

Jest tak?

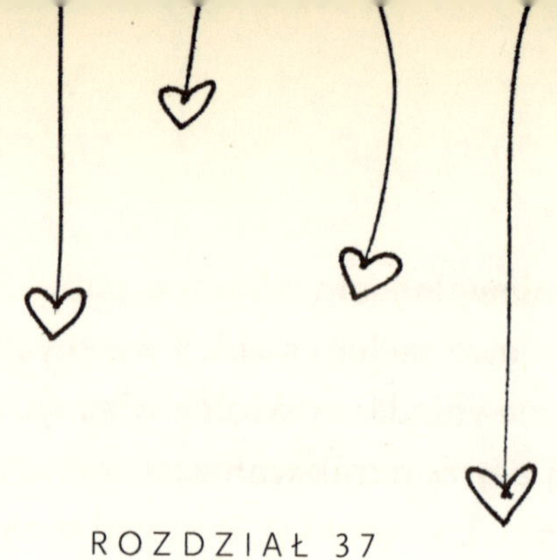

ROZDZIAŁ 37

W niewoli

Świetnie znam to z mojego życia.

Cały dzień miałam zepsuty. Siedziałam przy stole w kuchni i rozmyślałam:

– Jak on może traktować mnie tak bez serca? Jak może być taki nieczuły? Jak mógł po prostu przerwać mi w pół słowa i wyjść? I to wtedy, kiedy otworzyłam przed nim serce i szczerze opowiadałam mu o tym co czuję? A on potraktował mnie okrutnie! Patrzył bez współczucia, niecierpliwie odwracał głowę do okna, tak jakby chciał uciec, nie chciał w ogóle słuchać tego co mówię, a potem po prostu wstał, trzasnął drzwiami i wyszedł! Rzucając przy tym kilka niechętnych, nieprzyjaznych, odpychających słów. Jak on mógł się tak zachować????!!!! Ja nigdy nie zrobiłabym czegoś takiego! Jak on może być taki nieczuły, obcy, wrogi, w ogóle nie zainteresowany tym co ja czuję i czego potrzebuję!!!

Miałam zrujnowany nie tylko ten poranek, ale i następnych kilka dni.

Mój chłopak wyszedł i znikł. Nie odzywał się. Nie zadzwonił, nie przybiegł z przeprosinami, nie zrozumiał swojego błędu, nie miał zamiaru go naprawić. Zostawił mnie po prostu na łasce losu. Nie obchodziło go to co się ze mną stanie, jak się czuję i czy potrafię sobie poradzić. Nie chciał mnie. Nie kochał mnie. Nie potrafił o mnie zadbać.

Nie umie zachować się w dojrzały sposób. Ucieka jak przestraszony uczniak, a potem chowa się jak tchórz, bo nie jest w stanie stawić czoła sytuacji.

Płakałam, czułam się opuszczona, zraniona, skrzywdzona, odtrącona, a do tego rozczarowana, zrozpaczona i porzucona.

Wyobrażałam sobie, że to już koniec, że on nigdy nie wróci, litowałam się nad sobą, że znów zakochałam się w niewłaściwym chłopaku, że miłość nie istnieje, że na nikogo nie można liczyć i tak dalej, i tak dalej. Pewnie potrafisz dopisać do tej listy coś z własnego repertuaru uczuć po kłótni i gwałtownym rozstaniu.

Ale zobacz.

Ja tak naprawdę wcale nie cierpiałam z powodu tego co on zrobił.

Cierpiałam z powodu moich oczekiwań!

Cierpiałam dlatego, że moim zdaniem on powinien był zachować się inaczej!

Czy widzisz te wszystkie oczekiwania, jakimi obciążałam mojego chłopaka w tym związku? Jasne, że były to oczekiwania podświadome i ja nie zdawałam sobie sprawy z tego, że je mam.

Ale zobacz w jak realny i przytłaczający sposób te niespełnione oczekiwania rujnowały moje życie!

Byłam niezdolna do działania. Wszystkie moje myśli i uczucia krążyły tylko wokół tego jak okropnie on się zachował, jak mnie zranił, jak bardzo nie zasługuje na moją miłość, jaki on jest okropny, a jaka ja jestem nieszczęsna, że z nim jestem!

Sama zobacz jakie były moje oczekiwania i co tak rozpaczliwie krzyczało w moim sercu.

Jak on może traktować mnie tak bez serca? To znaczy, że podświadomie oczekiwałam, że on będzie traktował mnie dobrze, ze zrozumieniem, miłością i że będzie rozumiał „dobre traktowanie" dokładnie tak samo, jak ja to rozumiem. Inaczej mówiąc – nie dawałam mu prawa do tego, żeby myślał, czuł i zachowywał się zgodnie ze swoją naturą, swoimi przyzwyczajeniami, w zgodzie z jego sercem. Chciałam – i żądałam – żeby on robił to, co ja zrobiłabym w tej sytuacji. Inaczej mówiąc – nie akceptowałam go takim, jaki jest. Chciałam, żeby był taki sam jak ja.

Jak może być taki nieczuły? To znaczy, że podświadomie oczekiwałam, że zawsze kiedy tego potrzebuję, on okaże mi czułość, zainteresowanie i opiekę, oraz że będzie umiał zgadnąć, że te emocje są mi akurat w tym momencie najbardziej potrzebne. Uzależniałam moje dobre samopoczucie od tego jak on się zachowa. I znów, żądałam, żeby zachowywał się jak mój niewolnik, zawsze gotowy do spełniania moich życzeń i zachcianek.

Jak mógł po prostu przerwać mi w pół słowa i wyjść? To znaczy, że podświadomie oczekiwałam, że on zawsze będzie chciał mnie słuchać. Że będzie grzecznie stał i słuchał tego, co ja mam mu do powiedzenia, bo przecież to co ja mam mu do powiedzenia jest dużo ważniejsze od tego, o czym akurat on myśli, czego potrzebuje i czego chce.

Patrzył bez współczucia, niecierpliwie odwracał głowę do okna, tak jakby chciał uciec, nie chciał w ogóle słuchać tego co mówię, a potem po prostu wstał, trzasnął drzwiami i wyszedł! To znaczy, że podświadomie uważałam, że ja jestem najważniejsza na świecie, że ja jestem centrum całego wszechświata i wszyscy – łącznie oczywiście z moim chłopakiem – mają obowiązek zatrzymać się kiedy ja zaczynam coś mówić. On ma obowiązek okazać mi współczucie i ma wyglądać tak, żebym miała pewność, że jest zainteresowany tym co mówię.

Rzucając przy tym kilka niechętnych, nieprzyjaznych, odpychających słów. Jak on mógł się tak zachować????!!! To znaczy, że podświadomie w ogóle nie dawałam mu prawa do zachowania się zgodnie z jego emocjami, ponieważ oczekiwałam, że będzie się zachowywał tak, jak ja sobie życzę. Tak, żeby mi było dobrze i miło. Tak, żebym to ja była zadowolona z tego jak on dobrze mi

Kiedy ja zechcę uronić łzę,
on ma być gotowy i biec
do mnie z chusteczką. Jak
mój osobisty niewolnik.

służy. Bo – głęboko i nieświadomie – uważałam mojego chłopaka za kogoś w rodzaju niewolnika, który zawsze *musi* chcieć się o mnie troszczyć i umieć mnie pocieszyć.

Ja nigdy nie zrobiłabym czegoś takiego! To znaczy, że podświadomie oczekiwałam, że on będzie taki jak ja! To znaczy, że podświadomie odbierałam mu prawo do tego, żeby był taki, jaki on jest. To znaczy, że podświadomie narzucałam mu moje zdanie, moje wartości, moje przekonania o tym co jest dobre i słuszne, a to z kolei oznacza, że podświadomie uważałam go za kogoś gorszego, mniej wartościowego, mniej dojrzałego niż ja.

Jak on może być taki nieczuły, obcy, wrogi, w ogóle nie zainteresowany tym co ja czuję i czego potrzebuję!!! To znaczy, że podświadomie uważałam go za niewolnika, który zawsze ma być w gotowości na moje potrzeby, a kiedy ja zechcę uronić łzę, on ma natychmiast biec do mnie z chusteczką, przytulać, pocieszać i uspokajać. To znaczy, że podświadomie obciążałam go odpowiedzialnością za dbanie o moje nastroje i emocje. To on miał być źródłem mojego dobrego samopoczucia.

To oznacza, że sama czyniłam z siebie niewolnika uzależnionego od tego co on robi, myśli albo mówi. I to właśnie było prawdziwą przyczyną mojego cierpienia.

Wcale nie to, co on robi.
Tylko to, czego ja podświadomie
żądałam i oczekiwałam, że on zrobi.

Czy teraz widzisz w jaki sposób oczekiwania niszczą nie tylko twój związek, ale i twoje życie?

Stajesz się od niego uzależniona emocjonalnie.
Nie masz swojego życia i nie jesteś twórcą swojego szczęścia.
Stajesz się niewolnikiem tego co on robi i mówi.

Przez cały czas rozmyślasz dlaczego on jest taki, a nie inny, rozpamiętujesz co powiedział i w jaki sposób, jak ciebie to dotknęło, zabolało i uraziło.

Ciągle rozmyślasz o jego wadach i słabościach. Zastanawiasz się jak on może być taki brudny, bezmyślny, leniwy, niedbały, nieczuły, niedobry, pełen strachu, pełen uprzedzeń, uzależniony, słaby

– tutaj możesz wstawić ciąg dalszy swojej listy zarzutów.

Połowę swojego życia – a może i więcej – spędzasz w gruncie rzeczy na myśleniu o tym dlaczego on jest taki zły, głupi i nieodpowiedni, a drugą połowę spędzasz na użalaniu się nad sobą, że on cię tak źle potraktował, że on cię nie rozumie, że ty tak nie chcesz żyć, że jesteś z nim nieszczęśliwa.

Prawda?

I nic z tego nie wynika.

On jest taki, jaki jest.

Ty chcesz go zmienić, naprawić i dostosować do własnych oczekiwań, bo *podświadomie* uważasz się za mądrzejszą i lepszą od niego.

Dziwisz się, że on czasem nie może tego wytrzymać i musi uciekać?

Dziwisz się, że żyjesz w kręgu własnych rozczarowań?

Dziwisz się, że wasz związek kuleje, boli i chwieje się tak bardzo, że żyjesz w strachu, że za chwilę się rozpadnie?

A czy byłabyś gotowa zmienić *siebie*, żeby to naprawić?

ROZDZIAŁ 38

Oczekiwanie katastrofalne

Oczekiwania są rodzajem podświadomej niewoli.

Obie osoby w związku stają się ich ofiarą.

Ty stajesz się niewolnikiem swoich oczekiwań, bo bez przerwy obserwujesz i osądzasz zachowanie swojego partnera. Oceniasz jego słowa i reakcje, starasz się go naprawić, ulepszyć i dostosować do swoich standardów.

Obsesyjnie usiłujesz odgadnąć jego myśli i intencje. Nieświadomie zaczynasz kontrolować jego życie, a jednocześnie stajesz się uzależniona od jego samopoczucia i humorów.

Czujesz, że tracisz siebie, swoje życie, jasność myślenia. Chcesz odejść, ale nie możesz.

Obciążyłaś go nie tylko oczekiwaniami wobec tego jaki on ma być, jak się ma starać i jak okazywać ci miłość. Nieświadomie oczekujesz też tego, czego nauczono cię w dzieciństwie – że to on wreszcie wniesie do twojego życia szczęście, spełnienie i sens. Czyli przerzucasz na niego odpowiedzialność za swoje życie.

On staje się niewolnikiem twoich oczekiwań. Czuje, że ma coraz mniej przestrzeni, że trudniej mu się oddycha, bo przecież wie, że jest ciągle obserwowany, kontrolowany i osądzany. Jak wrzuci gąbkę do zlewu zamiast położyć ją w wyznaczonym miejscu, zaraz zwrócisz mu uwagę. Nieważne jak słodkim głosem to zrobisz. On jest niewolnikiem, który ma się dostosować do twoich przyzwyczajeń, nawyków i zasad.

Coraz wyraźniej dociera do niego, że on nie może i nie ma prawa być sobą. Że jeśli szczerze powie, że woli obejrzeć mecz zamiast pójść z tobą do kina, to się obrazisz i będziesz mu zarzucać, że on rani twoje uczucia.

Mimo że on wcale nie ma zamiaru ranić twoich uczuć. On tylko chce obejrzeć mecz, bo to jest dla niego ważne.

On chce być sobą.
Ale kiedy on jest sobą, to ty się złościsz,
obrażasz albo płaczesz.

On zaczyna się czuć jak więzień,
bo nie może być sobą ze strachu,
że będziesz mu robiła wyrzuty i wykłady
o tym co on powinien, a czego nie powinien.

Ty też czujesz się jak więzień,
bo on nie spełnia twoich oczekiwań,
robi ci przykrości i nie rozumie rzeczy,
które są dla ciebie oczywiste.

Widzisz?
Wzajemna niewola.

Dla porządku dodam jeszcze, że zarówno kobiety, jak i mężczyźni wchodzą do związków z oczekiwaniami.

Zarówno kobiety, jak i mężczyźni zachowują się czasem jak dzieci, które pragną zostać przygarnięte przez swojego partnera i otrzymać od niego to, czego najbardziej im brakuje – poczucie własnej wartości, poczucie bezpieczeństwa, akceptację, miłość. Czyli przerzucają na partnera odpowiedzialność za swoje szczęście.

To jest największe, najcięższe i najbardziej
katastrofalne oczekiwanie.

Największe, bo dotyczy jednej z najważniejszych sfer emocjonalnych każdego człowieka. Każdy w gruncie rzeczy pragnie i potrzebuje tylko jednego: być kochanym, bezpiecznym, akceptowanym, ważnym i potrzebnym.

Najcięższe, bo obarczasz wtedy człowieka swoją samotnością, wyobcowaniem, poczuciem niższości, kompleksami, obsesjami i lękami.

Katastrofalne, bo druga osoba nie jest w stanie dać ci wolności od twoich własnych zniewolonych emocji.

Może ci dać tylko chwilowe zapomnienie i odwrócenie uwagi, ale nie rozwiąże żadnego z twoich wewnętrznych problemów, które będą wciąż szarpały cię od środka. Bo przecież tylko ty masz do nich dostęp. I tylko ty możesz je naprawić poprzez zmianę swojego sposobu myślenia, patrzenia na świat i rozumienia spraw.

Jeśli więc chcesz mieć szczęśliwy związek, chcę ci zaproponować coś naprawdę niezwykłego. Prawdziwe wyzwanie. Coś, z czym pewnie nigdy wcześniej się nie zetknęłaś lub nie zetknąłeś.

Spróbuj być z drugim człowiekiem BEZ OCZEKIWAŃ.
Żadnych oczekiwań.
Dosłownie żadnych.

Spójrz na swojego partnera jak na człowieka, który jest taki, jaki jest.

Jest taki, jaki chce być.

Jest taki, jakim jest w stanie być w tym momencie swojego życia.

Ale to jest *jego* życie. Jego decyzje. Jego wybory. Nawet jeżeli są niewłaściwe z twojego punktu widzenia. Nawet jeżeli nie pasują do twojego obrazu świata.

Ty przecież nie jesteś nim.

On nie jest tobą.

On jest odrębną osobą, która – tak samo jak ty – jest prowadzona przez Siłę Wyższą po jej własnej drodze.

Najprawdopodobniej jego droga przebiega trochę inną trasą niż twoja, ale to wcale nie oznacza, że on błądzi. To znaczy tylko tyle, że idzie do celu po innej ścieżce, bo właśnie ta ścieżka przyniesie mu potrzebne umiejętności.

Spróbuj przeżyć jeden dzień bez osądzania tego co on robi i mówi, bez oceniania jego charakteru i rozpamiętywania jego wad. Spróbuj choćby przez jeden dzień wyłączyć swoje kontrolujące obserwowanie jego życia i ZAJMIJ SIĘ SWOIM ŻYCIEM.

Czy chcesz mi teraz powiedzieć, że to byłoby proste gdyby on zachowywał się jak dorosły? Że on się zachowuje jak niesforne dziecko i ty ciągle musisz mu o czymś przypominać, poprawiać po nim albo robić coś za niego?

Odpowiem ci, że on jest takim dorosłym, jakim jest, a ty nie jesteś Bogiem, żeby oceniać jego przydatność i umiejętności.

Przestań go naprawiać, oceniać, zmieniać i ulepszać.
Pozwól mu być takim, jaki jest.

A ty zajmij się swoim życiem, swoją duszą,
swoimi emocjami i zacznij ćwiczyć
bycie szczęśliwym singlem.

Kiedy przestaniesz żyć za swojego partnera,
organizować mu czas i osądzać jego zachowanie,
zyskasz czas i energię,
które będziesz mogła poświęcić samej sobie.

Co myślisz o tym?

Pewnie myślisz, że to trudne i może powiesz, że to niepotrzebne, bo przecież związek dwóch osób polega na dzieleniu się doświadczeniami i dbaniu o siebie nawzajem.

To prawda. Ale przyznaj uczciwie, że to „dzielenie się" z twojej strony jest raczej pouczaniem i żądaniem, żeby on robił różne rzeczy w taki sposób, jaki ty sobie życzysz.

Pouczasz go, bo podświadomie uważasz się za kogoś, kto wie lepiej.

To znaczy, że zamiast dzielić się z partnerem tym co masz, ty dyktujesz swojemu niewolnikowi warunki, na jakich zgadzasz się z nim być.

To ma być „dzielenie się"?

I „dbanie o siebie nawzajem"?

Teoretycznie, tak, to cudowna idea.

Ale w praktyce jak to wygląda?

Czy dbasz o niego zawsze niezależnie od tego co on zrobi, powie albo pomyśli? Czy może tylko wtedy, kiedy on zasłuży, a ty jesteś w dobrym humorze?

Ja wiem, że to jest trudne.

Przez całe życie niesiemy worek z oczekiwaniami wobec wszystkich. Wobec rodziców, wobec rządu, wobec urzędników, wobec policjantów, wobec ogrodnika, wobec listonosza i kominiarza. Wobec dziewczyny i chłopaka, a potem wobec męża i żony.

Od wielkich rzeczy po całkiem małe.

Pamiętam jak pewnego dnia na parkingu spotkałam dawną koleżankę ze szkoły. Nie widziałyśmy się z dziesięć lat.

– Co u ciebie nowego? – zapytałam.

– Wyszłam za mąż! – odrzekła z dumą. – Pół roku temu!

– To wspaniale, gratuluję!

– No, tyle że wciąż sama muszę targać torby z zakupami – dodała z przekąsem.

Halo, dziewczyno!

Czy wyszłaś za mąż po to, żeby mąż nosił za ciebie torby z zakupami? Powiesz że nie, ale przecież on jest silniejszy, więc *powinien* ci pomóc?

To są właśnie oczekiwania. Kiedy myślisz, że ktoś *powinien* coś zrobić. Nie byłoby w tych oczekiwaniach niczego złego, gdyby nie to, że one zawsze obracają się przeciwko tobie, bo sama zobacz.

Ta dziewczyna wcale nie była w pełni szczęśliwa ze swoim mężem. Była rozczarowana, że on nie pomaga jej w zakupach, czyli uważała go za kogoś niewystarczająco dostosowanego do jej potrzeb i wymagań.

Sama sobie psuła w ten sposób humor.

Co jeszcze uważasz, że twój mąż lub partner *powinien*?

Co twoja żona lub partnerka *powinna?*

Czy chciałbyś/chciałabyś zrobić listę swoich oczekiwań?

Choćby po to, żeby mieć świadomość ile ich jest i jakie są – także po to, żeby móc spróbować się od nich odłączyć?

Uważam, że mój życiowy partner powinien...
Uważam, że moja życiowa partnerka powinna...

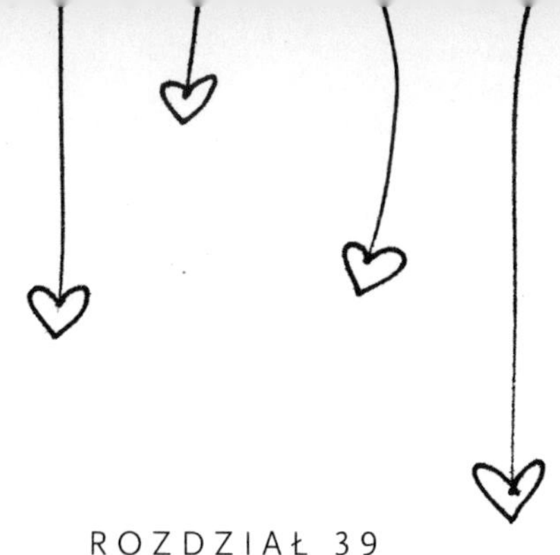

ROZDZIAŁ 39

Prawo do bycia sobą

Dla mnie to też było zupełnie nowe doświadczenie.

We wszystkich poprzednich związkach zawsze mówiłam mu co powinien, a czego nie powinien.

Jak powinien rozmawiać ze swoją mamą, jak powinien gotować mleko, jak powinien pakować walizkę, jak powinien zwracać się do urzędniczki, co powinien zrobić kiedy jestem smutna, że powinien myć po sobie wannę, że powinien uwolnić się od oczekiwań wobec starszego brata, że powinien wcześniej chodzić spać, że nie powinien jeść hot doga na stacji benzynowej, że powinien czasem zaprosić na obiad swojego wspólnika w pracy, że powinien nosić krótsze włosy, że powinien spędzać mniej czasu w internecie, że powinien pamiętać o tym, co mi obiecał, że powinien być punktualny, że nie powinien próbować mnie

Zawsze mówiłam mu co powinien i czego nie powinien. Jak gotować mleko i jak pakować walizkę.

zmieniać, że nie powinien oczekiwać, że codziennie będę nosiła szpilki, że powinien chcieć spędzać ze mną więcej czasu.

Lista zawsze stawała się coraz dłuższa.

Kiedy raz wejdziesz w sieć oczekiwań, one rosną jak lawina. Stają się obsesją. Uzależnieniem od drugiego człowieka. Dopiero kiedy nauczyłam się żyć szczęśliwie sama ze sobą, byłam w stanie to zrozumieć i świadomie przyjąć pozycję *bez oczekiwań*.

Żadnych oczekiwań.

To daje fantastyczną wolność dla obu osób.

Nie chcę przez to powiedzieć, że każda z osób w związku czuje się wtedy bezkarna i zachowuje się jak szalone dziecko bez żadnych ograniczeń.

Wprost przeciwnie!

Kiedy nie ma nacisku z drugiej strony, kiedy czujesz, że *nie musisz* niczego, to sam z siebie chcesz być dla drugiej osoby najlepszym możliwie partnerem.

I to jest w tym najbardziej niesamowite!

Kiedy wywierasz na kimś presję swoimi oczekiwaniami, kiedy mówisz co mu wolno, a czego nie, co powinien, a czego nie powinien robić, on prędzej lub później zacznie się czuć jak więzień.

Wiesz o czym marzy każdy więzień?

Tylko o tym, żeby uciec z więzienia. Nawet jeżeli to jest najbardziej luksusowe, mądre i ciepłe więzienie na świecie.

Więzień zawsze będzie się czuł prześladowany, niezdolny do utrzymania własnej wewnętrznej równowagi, dlatego że ten, kto sprawuje nad nim władzę, ciągle będzie usiłował mu coś narzucić. Choćby to, żeby wycierał nos kiedy ma katar. To pozornie drobiazg. Ale kiedy masz nawyk oczekiwania, że twój partner będzie się zachowywał w taki sposób, jaki ty uważasz za najlepszy, to takich drobiazgów zbierają się tysiące. I tworzą ściany więzienia, w którym oboje zaczynacie się dusić.

Zupełnie inaczej dzieje się w związku, w którym obie osoby szanują swoją wzajemną odrębność, indywidualność i dorosłość. Nie pouczają się i nie obarczają wzajemnymi oczekiwaniami. Nie naprawiają siebie wzajemnie.

Dają sobie wzajemnie prawo do bycia *sobą*.

Każde z nich wychodzi z założenia, że druga osoba jest taka jaka jest z ważnego powodu i sama jest odpowiedzialna za swój rozwój, przyszłość i poczucie szczęścia.

Kiedy ty masz świadomość tego, że jesteś odpowiedzialny za siebie i codziennie wkładasz trochę wysiłku w polepszenie swojego życia, to instynktownie takie samo prawo dajesz swojemu partnerowi.

Szanujecie wtedy wzajemnie nie tylko
swoje prawo do wolności,
ale też szanujecie się jako ludzie.

A to oznacza w praktyce, że każde z was ma chęć i potrzebę bycia życzliwym, pomocnym i pozytywnie nastawionym do drugiej osoby.

Nie dlatego, że *powinienem*, ale dlatego, że *chcę*.

Chcę dawać drugiemu człowiekowi to, co najlepsze. Chcę dzielić się tym co mam. Chcę pomagać w zmywaniu, praniu, sprzątaniu, bo po prostu mam naturalną ochotę ulżenia drugiemu człowiekowi w jego obowiązkach.

Wcale nie muszę. Ale zwyczajnie chcę.

Kiedy mój obecny partner wprowadził się do mojego domu, nie ustalaliśmy żadnych zasad. Nie powiedziałam mu czego oczekuję ani czego nie lubię.

W angielskim jest wyrażenie *takie it or leave it*, co można przetłumaczyć na polski jako „wóz albo przewóz". Czyli podjęcie decyzji bez negocjowania żadnych dodatkowych warunków.

Take it or leave it znaczy dosłownie „weź to albo zostaw", czyli „albo bierzesz to takim, jakie jest, albo nie bierzesz tego w ogóle".

Moim zdaniem to bardzo pasuje do związków między ludźmi.

Albo bierzesz swojego partnera takim, jaki jest,
ze wszystkim, co jest w nim dobre i złe,
akceptujesz go takim jaki jest
bez stawiania mu dodatkowych warunków
albo oczekiwania, że się zmieni;
albo rezygnujesz i szukasz kogoś innego.

To jest podejście bez oczekiwań.

To jest podejście, które wam obojgu pozwala
swobodnie oddychać, czuć się
szanowanym i akceptowanym.

I powiem ci jaka jest największa tajemnica takiego związku
– wtedy każde z was samo z siebie chce
zmieniać się na lepsze,
żeby być lepszym partnerem dla drugiej osoby.

Szacunek, bezwarunkowa akceptacja i miłość.

Z tego rośnie jeszcze więcej wzajemnego szacunku, miłości i dobra, jakie obie osoby w związku chcą dawać sobie nawzajem.

ROZDZIAŁ 40

Ćwiczenie z oczekiwań

Czy jesteś gotowy na małe ćwiczenie?

Pewnego dnia zorientowałam się jak wiele miałam oczekiwań wobec mojego partnera, jakimi sposobami usiłowałam wywierać na niego nacisk, jak zmuszałam go do rzeczy, na które nie miał ochoty, a jednocześnie jaki stawiałam opór kiedy on usiłował mnie do czegoś zmusić. Zarzucałam mu wtedy szantaż emocjonalny, wywieranie presji i nie dawanie mi wyboru. Choć w rzeczywistości robiłam dokładnie to samo wobec niego.

Taki miałam nawyk.

Bo oczekiwania są nawykiem myślowym. Przerzucanie odpowiedzialności na drugiego człowieka to też nawyk myślowy.

Taki, który działa w tobie od kilkudziesięciu lat w sposób tak doskonały, że nawet nie zdajesz sobie sprawy z tego, że w tobie jest.

Pewnego dnia jednak doznałam przebłysku olśnienia. Zauważyłam, że to co robię, jest w gruncie rzeczy obarczaniem mojego chłopaka moimi oczekiwaniami i wymuszaniem na nim tego, żeby je spełniał.

Postanowiłam to zmienić i wymyśliłam dla siebie ćwiczenie, które robiłam codziennie, kiedy tylko pojawiały się we mnie myśli, że on coś *powinien* albo *nie powinien*. Usiłowałam wtedy zamienić moje oczekiwania na akceptację i dać sobie samej wyjaśnienie dlaczego i jak to akceptuję. A potem zawsze świadomie wygłaszałam do samej siebie nowy komunikat, który miał zastąpić mój wcześniejszy nawyk myślowy.

Mówiłam do siebie:

– Uwalniam się od oczekiwań wobec drugiego człowieka! Staję się wolna od oczekiwań wobec drugiego człowieka! Na mocy mojego świadomego umysłu i mojej świadomej decyzji, jaką podejmuję tu i teraz, przestaję uzależniać moje szczęście od innych ludzi.

Wiesz o co chodzi.

Nawyk myślowy to pewne przyzwyczajenie,
które kieruje twoim instynktowym
myśleniem i zachowaniem.

Jeżeli nauczyłeś się kiedyś myśleć,
że jesteś gorszy, to wciąż najprawdopodobniej

nosisz w podświadomości to przekonanie
i ono kieruje wieloma twoimi emocjami
w różnych sytuacjach.

Jeżeli nauczyłeś się kiedyś myśleć,
że potrzebujesz innych ludzi do tego,
żeby czuć się akceptowanym, to wciąż podświadomie
szukasz kogoś, kto zaakceptuje cię jako człowieka
i da ci prawo do tego, żeby być szczęśliwym.

Jeżeli nauczyłeś się kiedyś myśleć,
że ktoś przyniesie ci szczęście i poczucie sensu,
to ciągle wchodzisz w nowe związki wraz z oczekiwaniem,
że zostaniesz naprawiony, uleczony z samotności
i obdarzony poczuciem spełnienia, szczęścia i sensu.

To słaba perspektywa, bo jak już wyjaśniłam wcześniej, nie istnieje taki emocjonalny mechanik, który wejdzie do twojej duszy z narzędziami, przykręci śrubokrętem to, co jest poluzowane, wbije kilka nowych gwoździ i wymieni zużyte kable.

Tylko ty masz pełen dostęp do swoich emocji
i w praktyce tylko od ciebie zależy co z nimi zrobisz.

Możesz korzystać z pomocy psychoterapeuty,
słuchać rad, mieć duchowego przewodnika,
ale i tak konkretną pracę musisz wykonać sam.

Dobra wiadomość jest taka, że każdy nawyk myślowy można zmienić i zastąpić innym. Takim, jaki świadomie wybierzesz jako osoba dorosła.

Bo przecież jeżeli kiedy twoja podświadomość nauczyła się myśleć w określony sposób, to teraz można nauczyć ją myśleć inaczej.

Wymaga to tylko takiej samej cierpliwości, jaka jest potrzebna do nauczenia nowej umiejętności uparte dziecko albo nieufnego kota.

Pomagają w tym codzienne ćwiczenia.

Spróbuj czy potrafisz rozpoznać istotę oczekiwań w poniższych przykładach i czy potrafisz dawne przyzwyczajenie myślowe zamienić nowym, wolnym od oczekiwań.

Oto przykład:
Powinieneś mieć dla mnie więcej czasu!

Podświadome oczekiwanie zawarte w tym komunikacie:
Jestem ważniejsza niż inni twoi znajomi i wszystko, czym się zajmujesz. Oczekuję, że zawsze będziesz gotowy na moje wezwanie kiedy ja ciebie potrzebuję. Nie obchodzi mnie w gruncie rzeczy jakie są twoje potrzeby, ja chcę i żądam, żebyś dawał mi więcej swojego czasu, swojej uwagi i swojego życia.

Prawda ukryta pod tym podświadomym oczekiwaniem:
Moje życie jest uzależnione od tego ile czasu mi poświęcasz. Jestem nieszczęśliwa kiedy wolisz spędzać czas z kimś innym albo sam.

Czuję się wtedy odrzucona i niepotrzebna. Mam ochotę płakać, bo jestem samotna. Nie umiem sama zaopiekować się moim życiem i moją samotnością. Przerzucam ją więc na ciebie i oczekuję, że mnie wyleczysz, uzdrowisz i uszczęśliwisz.

Nowy, wolny od oczekiwań nawyk myślowy:

Każdy człowiek ma prawo do wyboru jak i z kim spędza swój czas. Daję to prawo samej sobie, daję to prawo także mojemu partnerowi. Szanuję jego upodobania i przyzwyczajenia. Jestem wolnym człowiekiem, umiem świetnie zaopiekować się moim życiem i dać sobie poczucie bezpieczeństwa. Mówię do siebie: kocham cię! Jestem z tobą. Jestem swoim najlepszym przyjacielem. Jestem wolna od oczekiwań. Zajmuję się moim życiem.

Spróbuj przeczytać na głos ten nowy sposób myślenia.

Czy czujesz jak zapada w twoją pamięć i zostawia ślad w twoim sercu?

Czy wiesz, że jeśli powtórzysz go tysiąc razy, to ślad pozostawiony w twoim umyśle stanie się na tyle trwały i mocny, że wyprze wcześniejsze przekonania?

O to właśnie chodzi.

Czy jesteś gotowa na kilka ćwiczeń?

Napisz jakie twoim zdaniem podświadome oczekiwania i jakie instynktowne nastawienie towarzyszą stwierdzeniom na następnych stronach.

STWIERDZENIE 1. **On powinien mnie bardziej kochać.**

Jakie podświadome oczekiwanie i jakie instynktowne nastawienie są zawarte w tym komunikacie?

Jaki mógłby być nowy, wolny od oczekiwań nawyk myślowy?

STWIERDZENIE 2. **Ona powinna ubierać się bardziej sexy.**

Jakie podświadome oczekiwanie i jakie instynktowne nastawienie są zawarte w tym komunikacie?

Jaki mógłby być nowy, wolny od oczekiwań nawyk myślowy?

STWIERDZENIE 3. **On powinien chcieć spędzić ze mną Walentynki!**

Jakie podświadome oczekiwanie i jakie instynktowne nastawienie są zawarte w tym komunikacie?

Jaki mógłby być nowy, wolny od oczekiwań nawyk myślowy?

STWIERDZENIE 4. **On powinien wiedzieć czego ja chcę.**

Jakie podświadome oczekiwanie i jakie instynktowne nastawienie są zawarte w tym komunikacie?

Jaki mógłby być nowy, wolny od oczekiwań nawyk myślowy?

STWIERDZENIE 5. **Ona powinna uszanować to, że wyścigi motocyklowe to moja pasja i muszę poświęcać im dużo czasu.**

Jakie podświadome oczekiwanie i jakie instynktowne nastawienie są zawarte w tym komunikacie?

Jaki mógłby być nowy, wolny od oczekiwań nawyk myślowy?

STWIERDZENIE 6. **On musi pamiętać o tym, żeby odkładać rzeczy na swoje miejsce!**

Jakie podświadome oczekiwanie i jakie instynktowne nastawienie są zawarte w tym komunikacie?

Jaki mógłby być nowy, wolny od oczekiwań nawyk myślowy?

ROZDZIAŁ 41

Rozwiązanie ćwiczenia

Ja wiem. Być może czujesz się zdezorientowana. No bo jak to. Nie oczekiwać, że on będzie mnie kochał? Czyli co? Mam być z nim nawet jeśli mnie nie kocha i nie szanuje, pozwalać, żeby źle mnie traktował, bo mam go wziąć takim jaki jest, nawet jeśli jest bandziorem albo psychopatą?

Oczywiście, że nie.

Zaakceptuj go takim jaki jest i szanuj jego odrębność albo odejdź. Nikt przecież nie każe ci z nim być.

Problem pewnie polega na tym, że ty chcesz z nim być, ale jednocześnie chcesz, żeby on się zmienił i naprawił w sobie to, co uważasz za złe albo niewłaściwe. To znaczy, że chcesz mieć niewolnika, który posłusznie będzie wykonywał twoje polecenia i dostosuje się do twoich wymagań.

A powiedz mi czy to ci się kiedykolwiek udało? Czy w jakimkolwiek związku osiągnęłaś swój cel, czyli czy ulepiłaś swojego mężczyznę na wzór ideału? Czy kiedykolwiek w związku dostałaś wszystko, czego potrzebujesz? Czy jakikolwiek człowiek potrafił dostarczyć ci trwałe poczucie szczęścia? Czy miałaś kiedyś partnera, który był dokładnie taki, jaki *powinien* być?

Idę o zakład, że nie.

Z jednego prostego powodu.

Jeśli oczekujesz szacunku – musisz najpierw sama nauczyć się szanować. Szanować człowieka jako kompletną, odrębną całość. Także z tym, co być może niezbyt ci się podoba.

Jeżeli chcesz czuć się kochana – musisz najpierw sama nauczyć się kochać. Kochać samą siebie z pełną, bezwarunkową akceptacją i przyjaźnią.

Drugi człowiek nie może dać ci tego, czego ci brakuje. Nie może nakarmić twojego wewnętrznego głodu miłości, akceptacji, poczucia bezpieczeństwa. Tylko ty możesz to zrobić. I wtedy dopiero masz się czym dzielić z innymi ludźmi.

Wróćmy do ćwiczenia.

Napiszę ci co ukrywa się pod stwierdzeniami, które pozornie mogą wydawać się rozsądne, choćby takimi, że partner będzie mnie kochał, że mnie nie opuści, że będzie mi wierny, że będzie po sobie sprzątał. Jeśli spojrzysz na nie z dalszej perspektywy, łatwo zauważysz, że te „oczekiwania" są w rzeczywistości żądaniami i próbą narzucenia komuś swojej woli. A przecież nie da się kontrolować umysłu ani serca drugiego człowieka, prawda?

STWIERDZENIE 1. **On powinien mnie bardziej kochać.**

Podświadome oczekiwanie zawarte w tym komunikacie:

Moje życie zależy od tego czy dostanę od niego tyle miłości, ile potrzebuję. On jest źródłem mojego dobrego nastroju, poczucia bezpieczeństwa. Nigdy, przenigdy nie opuszczaj mnie, bo ja nie mogę bez ciebie żyć.

Prawda ukryta pod tym podświadomym oczekiwaniem:

Jestem uzależniona od ciebie emocjonalnie. Obsesyjnie rozmyślam czy wciąż mnie kochasz, czy nie, i co się ze mną stanie jeśli przestaniesz mnie kochać. Nie mam mojego własnego życia. Nie znoszę samej siebie, a ty jesteś dla mnie jedynym źródłem poczucia, że jestem coś warta.

Nowy, wolny od oczekiwań nawyk myślowy:

Kocham siebie. Jestem dla siebie źródłem dobra, miłości i akceptacji. Żyję w dobrym, bezpiecznym świecie. Czuję się częścią świata. Kocham i jestem kochana.

STWIERDZENIE 2. **Ona powinna ubierać się bardziej sexy.**

Podświadome oczekiwanie zawarte w tym komunikacie:

Chcę, żeby ona zabiegała o moją uwagę, bo to daje mi poczucie, że jestem ważny. Chcę poczuć się bardziej męski.

Prawda ukryta pod tym podświadomym oczekiwaniem:

Jestem niepewny siebie. Chcę ciągle dostawać od ludzi potwierdzenie, że jestem męski, silny i potrzebny. Sam nie potrafię poradzić sobie z niektórymi emocjami, które odbierają mi wiarę we własne siły i chęć życia. Kiedy ona będzie ubierać się seksownie i pokażę się publicznie z taką atrakcyjną, zadbaną dziewczyną, inni ludzie będą lepiej o mnie myśleć.

Nowy, wolny od oczekiwań nawyk myślowy:

Jestem ważny. Jestem potrzebny. Jestem równie wartościowy jak inni ludzie. Daję sobie prawo do szczęścia i spełniania moich marzeń. Mam w sobie najlepszego przyjaciela. Kocham siebie. Moje niedoskonałości czynią ze mnie prawdziwego człowieka. Jestem wolny od dążenia do przesadnej doskonałości. Kocham i akceptuję siebie takim, jaki jestem. Jestem silny. Jestem ważny. Mogę zmienić moje życie w taki sposób, jaki uznam za najlepszy.

Drugi człowiek nie może nakarmić twojego głodu miłości, akceptacji, poczucia bezpieczeństwa.

STWIERDZENIE 3. **On powinien chcieć spędzić ze mną Walentynki!**

Podświadome oczekiwanie zawarte w tym komunikacie:

Zaopiekuj się mną. Daj mi poczucie, że jestem ważna, bo ja sama nie jestem w stanie zapewnić sobie poczucia bezpieczeństwa ani wewnętrznej równowagi.

Prawda ukryta pod tym podświadomym oczekiwaniem:

Moje życie poza związkiem praktycznie nie istnieje. Brakuje mi poczucia bezpieczeństwa, potrzebuję, żeby ktoś mnie kochał i dlatego chcę dostawać symboliczne serca, żeby czerpać z tego poczucie własnej wartości. Nie obchodzi mnie czy ty masz inne potrzeby i inne plany. Ja żądam, żebyś dawał mi potwierdzenie tego, że mnie kochasz, bo bez tego czuję, że tonę.

Nowy, wolny od oczekiwań nawyk myślowy:

Kocham i jestem kochana. Kocham siebie, opiekuję się sobą i codziennie świadomie spędzam ze sobą czas. Lubię siebie poznawać, lubię rozmawiać ze sobą. Wspieram siebie zawsze kiedy tego potrzebuję. Wiem, że mam w sobie najwierniejszego i ukochanego przyjaciela. Kocham życie. Świat ciągle przynosi mi nowe, dobre zdarzenia. Jestem bezpieczna. Kocham siebie.

STWIERDZENIE 4. **On powinien wiedzieć czego ja chcę.**

Podświadome oczekiwanie zawarte w tym komunikacie:

Niech ktoś żyje za mnie!!

Prawda ukryta pod tym podświadomym oczekiwaniem:

Nie umiem zadbać o siebie. Nie potrafię znaleźć szczęścia. Nigdy tak naprawdę nie wiem czego chcę i czego potrzebuję. Nigdy nie włożyłam wystarczająco dużo pracy w poznanie samej siebie i zaopiekowanie się moim życiem. Niech ktoś inny to za mnie zrobi! Niech on pokieruje moim życiem tak, żeby było mi dobrze! Ja nie umiem żyć. Proszę, niech ktoś żyje za mnie!!

Nowy, wolny od oczekiwań nawyk myślowy:

Jestem bezpieczna. Życie dobrze mnie prowadzi. Dostaję od losu tylko to, co jest mi potrzebne do bycia lepszym, mądrzejszym człowiekiem. Opiekuję się moją duszą. Pytam siebie czego pragnę, o czym marzę i słucham odpowiedzi, która sama się we mnie pojawia. Uczę się siebie. Daję sobie wsparcie, miłość i przyjaźń, bo jestem dla siebie najlepszym przyjacielem. Kocham siebie. Akceptuję siebie taką, jaka jestem. Daję sobie bezwarunkową miłość i przyjaźń. Lubię siebie i chcę być szczęśliwa.

STWIERDZENIE 5. **Ona powinna uszanować to, że wyścigi motocyklowe to moja pasja i muszę poświęcać im dużo czasu.**

Podświadome oczekiwanie zawarte w tym komunikacie:

Niech ona dostosuje swoje życie do moich potrzeb.

Prawda ukryta pod tym podświadomym oczekiwaniem:

Czuję się zagrożony kiedy jestem w związku, muszę więc znaleźć sposób, żeby udowodnić samemu sobie, że ten związek mnie nie dotyczy, że jestem ponad nim. Owszem, trochę chcę być w związku, ale nie za bardzo i nie zawsze. Boję się tego, że w związku stracę moją tożsamość, bo w gruncie rzeczy moja tożsamość jest chwiejna, niepewna i sam nie wiem czy ją naprawdę mam. Nigdy nie miałem czasu, żeby się temu przyjrzeć. Chcę być w związku, bo wtedy czuję się równie „normalny" jak inni mężczyźni. Ale nie chcę, żeby kobieta miała nade mną władzę i mówiła mi co mam robić, a czego mi nie wolno. W gruncie rzeczy trochę pogardzam kobietami i trochę się ich boję, no ale świat jest tak urządzony, że mężczyzna potrzebuje kobiety, żeby mieć rodzinę, więc staram się dostosować.

Nowy, wolny od oczekiwań nawyk myślowy:

Jestem bezpieczny. Żyję w zgodzie ze sobą i ze światem. Daję dobro i świat zawsze odpowiada mi tym samym. Jestem silny. Jestem ważny. Jestem kochany. Moja siła i wartość zależą tylko ode mnie. Ja sam sobie daję prawo do bycia szczęśliwym, spełnionym człowiekiem. Źródłem mojej siły jest moja wewnętrzna moc. Nikt i nic nie może mi zagrozić. Nikt i nic nie może odebrać mi mojej siły. Jestem bezpieczny. Ufam sobie. Z radością szukam mojej drogi przez życie. Kocham i akceptuję siebie.

STWIERDZENIE 6. **On musi pamiętać o tym, żeby odkładać rzeczy na swoje miejsce!**

Podświadome oczekiwanie zawarte w tym komunikacie:

Masz przestrzegać moich zasad i dostosować swoje życie do moich wymagań.

Prawda ukryta pod tym podświadomym oczekiwaniem:

Ja jestem ważniejsza od ciebie. Moje zasady i przyzwyczajenia są ważniejsze od twoich. Jestem lepsza od ciebie. Czuję się zagrożona. Muszę ciągle walczyć ze światem. Muszę kontrolować wszystkich. Muszę zmusić ludzi do tego, żeby byli mi posłuszni, bo tylko wtedy poczuję się bezpieczna.

Nowy, wolny od oczekiwań nawyk myślowy:

Świat jest bezpiecznym miejscem dla mnie i mojej rodziny. Dobro i miłość mają moc uzdrawiania wszystkiego, co wymaga naprawy. Zarówno w moim sercu, jak i w ludziach dookoła mnie. Kocham i jestem kochana. Kocham siebie i zawsze jestem gotowa zachować się wobec siebie jak najlepszy przyjaciel.

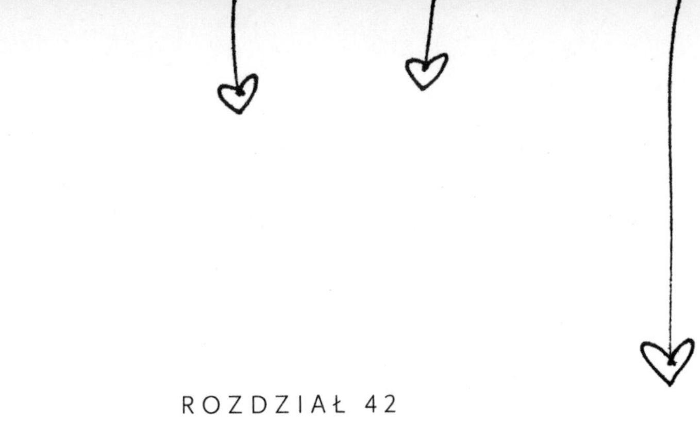

ROZDZIAŁ 42

Kłótnie i nienawiść

Zobacz jak szybko oczekiwania zamieniają się w żądania, wrogość, niechęć i nienawiść.

Ludzie zaczynają sobie rozkazywać albo mówią czego nie wolno im robić.

Rozmowy zamieniają się w przerzucanie wzajemnymi oskarżeniami.

Ona mówi, że w niedzielę jest obiad u rodziców, a on mówi, że umówił się w niedzielę z kolegami.

– Ty nigdy nie chcesz spędzać ze mną czasu!

– To ty nie chcesz robić ze mną tego, co sprawia mi przyjemność! Zależy ci tylko na tym, czego ty chcesz!

– To nieprawda! Przecież chciałam pójść z tobą do kina!

– Ale w ostatniej chwili powiedziałaś, że już ci się nie chce!

– A ty poszedłeś sam, tak jakbym ja wcale nie była już ważna!

– Jesteś ważna, ale przecież sama powiedziałaś, że jesteś zmęczona!

– To nie znaczy, że chciałam, żebyś poszedł sam! W ogóle nie spędzasz już ze mną czasu!

– A po co miałbym spędzać z tobą więcej czasu? Żeby toczyć takie rozmowy jak ta? Cokolwiek zrobię, ty nigdy nie jesteś zadowolona!

– To nieprawda! Czasem cieszę się z tego co robisz.

– Tak! Ale tylko wtedy, kiedy wypełniam twoje rozkazy. Czy ty nie widzisz, że zachowujesz się jak jaśnie pani, która każe swojemu służącemu wycierać nogi, sprzątać po sobie ubranie, mówi mu jak ma myć talerze, jak układać je w suszarce, jak zamykać drzwi, jak rozmawiać z matką, może powiesz mi jeszcze jak mam oddychać?

– Gdybyś bardziej szanował mój czas i moją pracę, to nie musiałabym ci mówić, żebyś nie opierał brudnych pięt o kanapę, bo ja to potem muszę po tobie myć!

– Może w ogóle powiesz, że ja ci przeszkadzam w tym twoim czystym domu? Brudzę twoje kanapy, źle sprzątam, źle myję wannę, źle zakręcam prysznic, cokolwiek robię, to zawsze źle!

– Gdybyś słuchał co do ciebie mówię, to może nauczyłbyś się dbać o porządek w taki sposób, że nie musiałabym ci o tym przypominać! To nie jest hotel, a ja nie jestem twoją sprzątaczką!

– To nie bądź!

– Jasne! Samo się posprząta, umyje i ugotuje! Ty tylko przyjdziesz na gotowe!

– Mogę w ogóle nie przychodzić!

Znasz takie kłótnie?

Pewnie wiesz jak łatwo wymykają się spod kontroli.

On coś mówi, ty czujesz się zagrożona, próbujesz się bronić, wtedy on czuje się zagrożony i zaczyna się lawina wzajemnych zarzutów, z których nic nie wynika.

Żadne z was tak naprawdę nie słucha tego co mówi druga osoba. Jesteście skoncentrowani na atakowaniu drugiej osoby i wypominaniu tego co ona zrobiła źle, głupio i niepotrzebnie, tak jakby to miało pomóc obronić się przed oskarżeniami.

Każde z was czuje się zagrożone.

Nie tylko podczas tej rozmowy, ale w ogóle, w życiu.

Kiedy masz niską samoocenę, kiedy nie wierzysz w siebie, kiedy podświadomie odbierasz sobie prawo do szczęścia, kiedy czerpiesz wiedzę o sobie z zachowania innych osób i uzależniasz swoje samopoczucie od innych, czujesz się w głębi duszy wiecznie zagrożony.

Kiedy ktoś powie ci, że za głośno zamykasz drzwi wychodząc rano do pracy, to natychmiast poczujesz, że jesteś atakowany i że musisz się bronić.

I wtedy powiesz coś w rodzaju:

– Ale ty zawsze wieczorem tak hałasujesz, że ja nie mogę spać!

Widzisz?

Każdą uwagę odbierasz jak osobisty atak, więc instynktownie nawet nie dopuszczasz jej do siebie, nie zastanawiasz się czy jest słuszna czy nie, nie próbujesz znaleźć racjonalnego rozwiązania, tylko od razu strzelasz w odpowiedzi.

Mógłbyś przecież powiedzieć:

– Nie zdawałem sobie sprawy z tego, że tak głośno zamykam drzwi. Przepraszam. Postaram się pamiętać, żeby robić to ciszej.

Czy to w jakiś sposób odbiera ci honor? Czy sprawia, że stajesz się mniej ważny jako człowiek? Czy narusza twoje poczucie bezpieczeństwa?

Na pewno nie.

To dlaczego nie miałbyś spróbować tak się zachować w następnej podobnej sytuacji?

Albo pamiętam taką scenę w domu moich znajomych.

Marzena usiadła przy stole z talerzem z kanapkami. Położyła obok serwetkę, nóż i miseczkę z sosem. Nagle przypomniała sobie, że na kuchennym blacie zostawiła plasterki pomidora. Wstała więc, poszła do kuchni ze swoim talerzem, a w tym czasie do stołu podszedł jej mąż.

Zobaczył przytulny kącik z sosem, serwetką i sztućcami. Z wielką przyjemnością usiadł tam, żeby zjeść swoje kanapki.

Wtedy z kuchni wróciła Marzena. Zatrzymała się, stanęła nad mężem z talerzem w garści i powiedziała:

– Ale ja tu sobie przygotowałam miejsce!

Powiedziała to trochę bezradnie, tak jak jeden z krasnoludków w bajce, kiedy odkrył, że ktoś pił z jego kubeczka i jadł z jego miseczki. Powiedziała to też odrobinę z wyrzutem, tak jakby była niemile zaskoczona widząc męża przy jej ulubionej serwetce.

Mąż zerwał się z miejsca i z wściekłością rzucił:

– Ty cholerna megalomanko!

Rzucił widelcem i wyszedł.

Znasz to może z własnego życia?

Zobacz jak ludzie zabierają sobie wzajemnie wolność, jak zaczynają uważać drugą osobę za swoją własność, przestają widzieć w niej drugiego *człowieka*.

Gdyby Marzena wróciła do pokoju i zobaczyła na swoim miejscu obcego listonosza albo słynnego aktora, to zachowałaby się zupełnie inaczej, prawda?

Gdyby na jej miejscu usiadł Leonardo di Caprio, to powiedziałaby tylko z uśmiechem:

– Smacznego!

Oddałaby mu chętnie nie tylko swoje miejsce, ale i swój sos, swoje kanapki i serwetkę. Bo czuje do niego życzliwość, przyjaźń, podziw i szacunek.

Dlaczego nie czuje tego wobec swojego męża?

Bo podświadomie ona nie uważa go za pełnowartościowego, odrębnego i ważnego człowieka. Tak ważnego i wartościowego jak słynny aktor.

Mąż jest tylko kimś, kto ma jej pomagać w tym, czego ona potrzebuje. Ma jej dostarczyć brakujące emocje. Ma dać jej poczucie, że jest komuś potrzebna. Ma sprawić, że ona wreszcie poczuje się kochana i ważna. On jest w pewien sposób narzędziem, które ma dopełnić jej życie i dać jej to, czego potrzebuje.

Jasne, że ona nie zdaje sobie z tego sprawy i oczywiście, że nie szukała męża z takim nastawieniem.

Ale weszła w związek z takimi podświadomymi założeniami.

I jej mąż zrobił to samo.

Gdyby w tamtym pokoju podeszła do niego Kim Kardashian z talerzem w ręce i powiedziała:

– Ale ja tu sobie przygotowałam miejsce!

On pewnie przesunąłby się trochę i zażartował:

– Przytul się do mnie, zmieścimy się tu razem!

Jak myślisz, dlaczego nie powie tego do swojej żony po dwudziestu latach małżeństwa?

Bo przestał postrzegać ją jako człowieka. A ona prawdopodobnie przestała mieć własne życie poza życiem w związku i w rodzinie. Są sklejeni ze sobą mocą wzajemnych oczekiwań, pretensji, oskarżeń, zarzutów, przebłysków nadziei i beznadziejnego poczucia, że tak już będzie zawsze.

Kiedy pozbędziesz się oczekiwań i żądań,
zyskujesz wolność.

Wiesz, że jesteś odpowiedzialna
za to jak się czujesz i jak wygląda twoje życie.
Jesteś wolna od uzależniania swojego samopoczucia
i szczęścia od innych ludzi.
Jednocześnie instynktownie taką samą wolność
dajesz swojemu partnerowi.

Kiedy szanujesz siebie,
jesteś w stanie szanować drugiego człowieka.

Kiedy lubisz i akceptujesz siebie,
jesteś w stanie lubić i akceptować innych.

Kiedy wiesz, że masz prawo
urządzić swoje życie po swojemu,
dajesz to prawo innym.

Kiedy zmienia się twoje podejście do samego siebie,
zmienia się twoje podejście do partnera,
do innych ludzi i do świata.

Kiedy czujesz się szczęśliwy jako singel, wchodzisz do związku jako spełniony, szczęśliwy człowiek, wnosząc ze sobą wewnętrzną równowagę, pozytywne podejście, szacunek i przyjaźń.

Dokładnie to samo dostajesz wtedy od drugiej osoby.

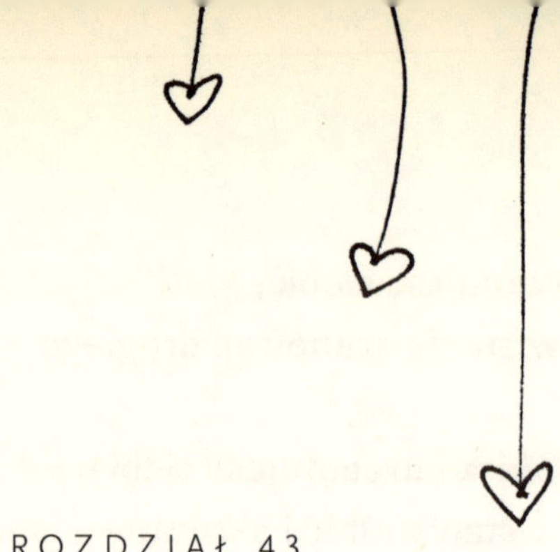

ROZDZIAŁ 43

Jak uwolnić się od obsesji

Pewnego dnia zrozumiałam, że bycie w związku oznacza dla mnie obsesyjne rozmyślanie o tym co on o mnie myśli, czy wciąż mnie kocha, czy będzie mnie kochał jutro, co to właściwie oznacza, że on mnie kocha, jak on rozumie to, że mnie kocha, czy to, że on mówi, że mnie kocha, jest dla niego tak samo ważne jak dla mnie, co ja mogę zrobić, żeby on mnie wciąż kochał, żeby kochał mnie mocniej, żeby chciał ze mną być.

Oraz obsesyjne rozmyślanie o tym gdzie on jest, co robi, z kim, czy o mnie pamięta, czy będzie chciał się ze mną spotkać, czy może ucieknie ode mnie ze strachu przed byciem w związku.

To było nie do zniesienia.

Czekałam na każdy sms, każdego maila, telefon. Kiedy pisał, byłam szczęśliwa, że o mnie myśli. Kiedy milczał, miałam mu za złe, że o mnie zapomniał i że nie zależy mu na mnie tak bardzo jak bym chciała.

Kiedy uświadomiłam sobie, że właściwie porzuciłam moje własne życie po to, żeby zajmować się związkiem i że jestem niewolnikiem myśli, od których nie mogę się uwolnić, i niewolnikiem emocji, które ogarniają mnie w reakcji na jego zachowanie, postanowiłam znaleźć sposób, żeby to zmienić.

Chciałam być wolnym człowiekiem.
Bo tylko wolny człowiek może założyć szczęśliwy związek.

Człowiek uzależniony od zmieniających się nastrojów, nie panujący nad swoimi galopującymi emocjami może tylko stworzyć związek oparty na wzajemnych uzależnieniach i żądaniach. Tego nie chciałam.

Ale jak w takim razie przestawić mój umysł na inne myślenie? Jak odłączyć się od obsesyjnych myśli, które wracają, nękają i wciskają się w każdy zakątek mojej uwagi?

Znam jeden skuteczny sposób.
Przećwiczyłam go na sobie.
Składa się z trzech elementów.

1. CHĘĆ
2. WYTRWAŁOŚĆ
3. SIŁA WYŻSZA

Byłam zmęczona samą sobą. Walką z moim własnym umysłem, który zniewalał mnie myślami, których nie chciałam mieć. Zaczęłam zaniedbywać inne pasje, zainteresowania i zajęcia. Wydawało mi się, że tylko on jest ważny. Wszystko kojarzyło mi się z nim, wszystko było o nim. Reszta mojego życia jakby zbladła.

Nie chciałam tak żyć.

Najpierw więc uświadomiłam sobie, że **tego nie chcę.**

Nie chcę żyć w obsesyjnym oczekiwaniu na kontakt z jego strony i nieustannym rozmyślaniu o tym czy on mnie wciąż kocha.

To nie jest i nie będzie najważniejszym motywem mojego życia.

Chcę odzyskać wewnętrzną równowagę,
poczuć znów, że panuję nad moimi emocjami,
a w mojej duszy zawsze mogę znaleźć
bezpieczne i spokojne schronienie.

Chcę odzyskać moje życie, moje myśli i moją wolność.
To była moja szczera chęć.

Kiedy jesteś niewolnikiem jakiejś obsesji, to nie wystarczy powiedzieć, że się od niej uwalniasz, bo obsesja polega na tym, że jest silniejsza od ciebie. Ona sprawuje kontrolę nad tobą, a nie odwrotnie. Nawet jeśli włożysz kapelusz Napoleona Bonaparte, tupniesz nogą i wydasz rozkaz, że obsesja ma zniknąć, ona wcale nie zniknie.

Bo jest obsesją. Czyli czymś, nad czym nie panujesz.

Ale jeśli przyjrzysz się jej bliżej, to być może będziesz w stanie dostrzec jakie jest źródło tej obsesji. Prawdziwe źródło.

Moim zdaniem obsesja pojawia się w miejscu, gdzie panuje pewna nienasycona próżnia.

W kosmosie zdarzają się takie miejsca, gdzie istniejąca sieć energii zostaje naruszona i pojawia się dziura, która wydaje się nie mieć dna i nie mieć końca, posiadając jednocześnie nienaturalnie odwróconą tożsamość, która sprawia, że dziura zamiast przylegać do reszty wszechświata i stanowić z nim harmonijną całość, odstaje od niego i zaczyna tworzyć odrębną rzeczywistość. A ponieważ w kosmosie nie może istnieć próżnia, samoistnie powstają nowe, nieznane siły, których jedynym zadaniem jest zapełnienie tej niespodziewanej i niebezpiecznej pustki.

W ludzkiej psychice jest podobnie.

Kiedy w twoim kosmosie emocjonalnych połączeń i zależności pojawi się niespodziewana wyrwa, umysł stara się ją czymś wypełnić. Zachowanie w tym miejscu pustki mogłoby być niebezpieczne. Ta dziura pełna próżni mogłaby sama z siebie zacząć wciągać to, co istnieje w twoim umyśle i jest ci potrzebne – na przykład umiejętność zapamiętywania albo rozpoznawania liter, składania z nich słów i czytania.

Tę pustkę stara się więc wypełnić kłębkiem myśli, które będą wirowały w niej, stwarzając wrażenie pełni.

Rozumiesz co mam na myśli?

Kiedy w twoich emocjach pojawia się puste, głodne miejsce, twój umysł zapełnia je obsesyjnym przywiązaniem do jakiejś myśli.

W Kosmosie zdarzają się takie miejsca, gdzie istniejąca sieć energii zostaje naruszona i powstaje dziura.

Logicznie rzecz biorąc, jeżeli obsesja powstaje na skutek pewnej nienasyconej próżni w twoich emocjach, to jeśli napełnisz tę próżnię czymś, co świadomie wybierzesz, obsesja zniknie.

I tu pojawia się pewien drobny szkopuł.

Byłoby super, gdybyśmy mogli otworzyć klapkę w umyśle, przestawić kilka elementów specjalnymi szczypczykami, a potem żyć sobie szczęśliwie dalej.

Ale nie ma takich szczypczyków, a umysł pozostaje w pewnej trudnej do namierzenia części naszego jestestwa. Ma w dodatku własne siły zarządzające jego działaniem na co dzień.

Nie wystarczy więc podjąć decyzji o tym, że chcę coś zmienić w jakimś zakątku mojego umysłu czy mojej duszy. Po określeniu problemu i podjęciu decyzji trzeba mieć w sobie gotowość do tego, żeby pracować nad swoim umysłem tak samo cierpliwie, jak ogrodnik, który codziennie przychodzi na grządki, żeby wyrywać z nich chwasty.

Bo co z tego, że wczoraj zebrał całą torbę kłujących ostów?

W marchewkach zostały maleńkie osty, których wczoraj wcale nie było widać, a dzisiaj urosły już kilka centymetrów i zaczynają zagrażać roślinom.

Z umysłem jest tak samo.
Ma swoje przyzwyczajenia i wewnętrzne zapisy.

Jeżeli chcesz wprowadzić do nich jakąś zmianę,
musisz być gotowy na wytrwałe powtarzanie
nowego zapisu tak długo,

aż przeniknie do najgłębszych zakątków twojego umysłu i zostanie przez niego zaakceptowany.

Zaczęłam się zastanawiać.

Jeżeli istnieje we mnie emocjonalna próżnia, w której pojawiło się obsesyjne myślenie, to co powinnam zrobić?

Odpowiedź przyszła natychmiast.

Stworzyć inny, równie intensywny zestaw silnych, konsekwentnie powracających emocji, które będą na tyle mocne i uporczywe, że wypełnią i na stałe naprawią to miejsce, gdzie istnieje we mnie emocjonalny brak. Wtedy obsesyjne myśli przestaną być potrzebne i mój umysł przestanie je tworzyć.

Tak też zrobiłam.

Skoncentrowałam się na stworzeniu nowego komunikatu, który następnie powtarzałam przez cały czas. Mówiłam go do siebie na głos jadąc samochodem, mówiłam szeptem jadąc na rowerze, powtarzałam w myślach stojąc w kolejce do kasy.

Pisałam odręcznie w zeszycie, w telefonie, w komputerze.

Śpiewałam do muzyki różnych przypadkowych piosenek.

Przez cały czas, przez wiele dni, bez przerwy.

To była moja świadomie stworzona,
konstruktywna obsesja,
która miała zastąpić tamtą destrukcyjną obsesję,
która odbierała mi chęć do życia.

Uwalniam się od oczekiwań wobec innych ludzi.
Moje samopoczucie nie jest zależne od tego
co zrobią, powiedzą albo pomyślą inni.
Moja dusza jest wolna!
Moja radość jest wielka!

Źródłem wszystkiego, co się dzieje w moim życiu
jestem ja.
Wiem o tym.
Wszystko ma początek
w jakiejś myśli albo emocji.
Dlatego zamiast wskazywać winnych mojego samopoczucia,
zajmuję się naprawą mojego sposobu myślenia.

Ćwiczę dzisiaj pozytywne i wolne od oczekiwań
podejście do życia.
Mój sposób myślenia przekłada się na wszystko,
co zdarza się w moim życiu.
Dlatego dbam o to, żeby mieć czyste myśli
wolne od oczekiwań.

Jestem wolna od uzależnienia od drugiej osoby!
Jestem wolna, bo chcę być wolna.
Jestem wolna od nadmiernego uzależnienia
od osób, substancji i czynności.
Jestem wolnym człowiekiem!
Ta wolność daje mi wielką moc.

Nie chcę dłużej marnować mojego czasu
na bycie niewolnikiem.
Odzyskuję moją wolność,
odzyskuję moje życie,
mój czas, moje szczęście.

W przeszłości ciągle uzależniałam się od ludzi.
Od tego jaki mieli nastrój, jak na mnie patrzyli,
czy mieli dla mnie czas i czy okazywali mi zainteresowanie.
Pragnęłam być w centrum ich uwagi.
Chciałam czuć, że jestem dla nich ważna.

Dzisiaj wreszcie wiem,
że jestem ważna dla samej siebie.
Teraz mówię do siebie:
– Kocham cię, jestem z tobą i zawsze z tobą będę!

Jestem wolna!
Chcę być wolna!
Jestem wolna od obsesyjnych myśli
na jakikolwiek temat.
Jestem wolna.
Mam moje życie.
Zajmuję się moim życiem
najlepiej jak potrafię.
Jestem wolna.
Chcę być wolna.
Moja wolność daje mi wielką moc.

ROZDZIAŁ 44

Trzy kroki

Człowiek jest fantastyczną istotą. Weźmy choćby sportowca, który przygotowuje się do igrzysk. Trzy treningi codziennie. Jeden po śniadaniu, jeden w południe i jeden wieczorem. Siedem dni w tygodniu.

Kiedy trenujesz mięśnie w powtarzalny, regularny sposób, zyskujesz nową siłę, a twoje ciało zmienia się i dostosowuje do nowego zadania. Najbardziej obciążone mięśnie rosną i stają się mocniejsze, serce zmuszone do większego wysiłku też zwiększa swoją wydolność, wszystkie komórki w twoim ciele mobilizują się, żebyś mógł osiągnąć najlepszy wynik.

Albo weźmy wiolonczelistę, który staje się wirtuozem. Ile godzin wcześniej musiał poświęcić na to, żeby nauczyć się dotykać struny w odpowiedni sposób i wydobywać z nich takie dźwięki, jakie są mu potrzebne! Ćwiczył pewnie przez dziesięć lat po kilka godzin każdego dnia, żeby zrosnąć się z instrumentem, czuć go przez skórę, mieć z nim ponadzmysłowe połączenie, które pozwala mu dzisiaj być podziwianym mistrzem.

Kiedy masz w sobie upór, wytrwałość i konsekwencję, możesz osiągnąć bardzo wiele. Prawie wszystko.

Bo zawsze jest coś, co pozostaje poza twoją kontrolą. Coś, na co nie masz wpływu. Nawet gdybyś był królem wszystkich królów na świecie albo prezydentem wszystkich prezydentów, który ma prawo do ostatecznego głosu we wszystkich sprawach, czyli ma władzę absolutną, to nawet wtedy wciąż istniałyby rzeczy poza twoją kontrolą.

Na przykład to jak się będziesz czuł po obudzeniu. Czy będziesz zdrowy, czy osłabiony niespodziewaną chorobą. Albo to jak sprawnie będzie pracował twój umysł i czy uda ci się podjąć najlepszą decyzję. Albo to co zrobi twoja córka.

Są rzeczy i sprawy, wobec których nawet prezydent całego świata byłby bezradny.

Bo człowiek jest mądry, zaradny, inteligentny, twórczy, posiada niezwykłe talenty i jest w stanie wykształcić w sobie nadzwyczajne umiejętności. Potrafi wymyśleć rakietę kosmiczną, butle tlenowe i mikroskop.

Jednocześnie są rzeczy, których nie potrafi sam zrobić. Nawet jeśli bardzo chce.

Choćby uwolnić od uzależnienia, które zmusza go do czegoś wbrew jego woli. Nie ma kontroli nad swoją ochotą, nad pragnieniem, które wypełnia go od środka z tak obezwładniającą mocą, że jest wobec tego rozkazu bezradny.

Na pewno sam się kiedyś z tym zetknąłeś.

Uzależnienie kojarzy się z alkoholem albo narkotykami, więc na sam dźwięk tego słowa pewnie od razu mówisz, że to ciebie nie dotyczy. Ale uzależnić można się też od drugiej osoby, od oglądania telewizji, od jedzenia, od słodyczy, od zakupów albo innych rzeczy, które stają się źródłem obsesyjnych myśli, nad którymi nie masz kontroli, bo one przetaczają się przez twój umysł jak rozpędzone stado bawołów, rozdeptując wszystko na swojej drodze.

Masz je także wtedy kiedy nie chcesz ich mieć.

One rządzą twoimi myślami i emocjami, a ty jesteś ich niewolnikiem.

Znasz ten stan?

Taki, kiedy przez cały czas myślisz tylko o jednym i wszystko inne właściwie przestaje mieć znaczenie. To, co jest twoją obsesją, jest wszystkim, czego chcesz. Wszystkim. Nic więcej się nie liczy.

Miałeś tak kiedyś?

Ja tak miałam wiele razy.

Wchodziłam do kasyna, czułam zapach podekscytowanych graczy, zwycięstwa i hazardu. Tylko tego chciałam. Wszystko inne przestawało być ważne. Chciałam tam być, grać, wygrywać, patrzeć na zaczerwienione z emocji twarze, rozszerzone z pragnienia oczy, chciałam czuć się ich częścią i tak samo jak oni oddać się namiętności, grać, zapomnieć o wszystkim, stawiać pieniądze i wygrywać.

Albo kiedy piłam pierwszy kieliszek wina i czułam jak pojawia się we mnie cudowne rozluźnienie, znikało napięcie, stres i zmartwienia. Pojawiała się lekkość, krew szybciej krążyła, miałam ochotę mówić, opowiadać, śmiać się, tańczyć, działać. Nagle przestawało mnie obchodzić to, co pomyślą inni ludzie, nie obchodziły mnie konwenanse i zasady. Miałam wrażenie, że jestem wolna jak nigdy wcześniej.

Wszystko, czego pragnęłam, to jeszcze jeden kieliszek wina, jeszcze więcej tego uczucia wolności i niezależności. A potem jeszcze więcej wina, i jeszcze więcej wina, aż w końcu budziłam się ciężka, słaba, oszołomiona i sama nie mogłam uwierzyć w to, że tyle wypiłam i że czuję się potem tak okropnie.

Uzależnienie to coś, co ma władzę nad tobą niezależnie czy tego chcesz, czy nie. A źródłem twojego uzależnienia jest twój umysł, a raczej coś, co się w nim znajduje i co wywołuje taką reakcję.

Więcej napisałam o tym w książce „Narkotyki, anoreksja i inne sekrety".

Uzależnienie od drugiego człowieka wygląda podobnie. Obsesyjnie go chcesz, myślisz o nim przez cały czas, uzależniasz się od jego humorów,

tracisz swoją własną tożsamość.
Przestajesz być *sobą*.
Stajesz się tylko tym, kim jesteś dla niego.

Kiedy odkryłam i zrozumiałam, że bycie z chłopakiem stało się moją obsesją, resztką świadomego umysłu postanowiłam działać, i to jak najszybciej.

W poprzednim rozdziale opisałam dwa pierwsze kroki, jakie zrobiłam.

Pierwszym była chęć, czyli moja szczera wola uwolnienia się od obsesji.

Drugim było konsekwentne i wytrwałe wprowadzanie do mojego umysłu nowego komunikatu, który miał zastąpić obsesyjne przywiązanie do drugiego człowieka.

Teoretycznie to powinno wystarczyć.
Ale był jeszcze jeden drobiazg.

Moja chęć i wola uwolnienia się od obsesji były jednoznaczne, silne i kategoryczne. Ale obsesja – czyli uzależnienie – ma to do siebie, że jest silniejsze od ludzkiej woli.

Potrzebowałam więc pomocy kogoś większego ode mnie. Kogoś nieograniczonego ludzkim pojmowaniem spraw, wolnego od ograniczeń i wszechmocnego.

I wtedy poprosiłam o pomoc Boga. Czyli Siłę Wyższą, rozumianą tak, jak opisałam we wcześniejszych rozdziałach.

Boże, przyjacielu mój – powiedziałam. – *Daj mi siłę, żebym mogła uwolnić się od obsesyjnego myślenia i uzależnienia od drugiego człowieka. Pomóż mi odzyskać wolność.*

Kiedy wypowiedziałam te słowa, zrobiło mi się lżej i cieplej na sercu.

Wiedziałam, że nie jestem sama.
Mogę poprosić o pomoc kogoś,
kto jest w stanie poradzić sobie z rzeczami
przerastającymi moje możliwości i moje siły.

Nie muszę walczyć sama,
nie muszę tonąć w oceanie bezradności.

Nie muszę dokonywać nadludzkiego wysiłku
pokonania czegoś, co wymyka się mojej kontroli
i jest silniejsze ode mnie.

Jest ktoś, kto przecież zawsze jest blisko i zawsze ma siłę tak wielką, że kręci całym wszechświatem.

Wystarczy przyjść do niego i powiedzieć:

– Jestem bezradna. To jest silniejsze ode mnie. Daj mi dodatkową siłę, wesprzyj mnie, pomóż mi uwolnić się od tego, co mnie zniewala.

Kiedy powiesz do Boga te proste słowa, natychmiast otrzymujesz wszystko, o co prosisz. Naprawdę.

Nie chcę przez to powiedzieć, że wystarczy poprosić Boga o uwolnienie z uzależnienia, żeby następnego dnia obudzić się zdrowym i wolnym.

Nie chcę też powiedzieć, że jesteś ofiarą swojego uzależnienia i nie możesz nic zrobić, żeby się od niego uwolnić. Wprost przeciwnie.

Potrzebne są do tego wszystkie trzy kroki,
które opisałam wcześniej.

Najpierw twoja własna chęć,
żeby przerwać zaklęte koło i uwolnić się od obsesji.
Potem podjęcie świadomej decyzji
o działaniu na rzecz uwolnienia się od obsesji,
czyli wytrwałe, codzienne, nieprzerwane
powtarzanie nowego komunikatu,
który ma zasiać w twoim umyśle nowe przekonania.

Te nowe, świadomie wybrane przez ciebie
i powtarzane jak najczęściej sformułowania
stopniowo będą wypierały i zastępowały
obsesyjne myśli szalejące w twoim umyśle.

Trzecim krokiem jest zwrócenie się do Siły Wyższej
o dodatkową pomoc, dodatkową siłę
wzmacniającą twoje świadome działania.

Nie jesteś ofiarą. Nie jesteś nieszczęsnym pacjentem, który w szpitalu życia nabawił się obsesji, nad którą nie ma kontroli.

To prawda, obsesyjne myśli przejęły chwilowo zarządzanie twoim umysłem, ale stało się tak głównie dlatego, że nie zrobiłeś dotychczas nic albo prawie nic, żeby to zmienić. Prawda?

Obsesja stopniowo wkradała się w twoje myśli, a ty dałeś się jej porwać jak wielkiej fali na oceanie.

Ale to wciąż jest twoje życie.
Wciąż jesteś dyrektorem swojego życia
i kapitanem swojego statku.

Pozwoliłeś wprawdzie, żeby oplotły go oślizgłe wodorosty, ale niezależnie od tego jak wiele ich jest i jak mocno trzymają cię w miejscu, ty wciąż jesteś kapitanem i wciąż masz moc, żeby oczyścić swój statek i wyruszyć w dalszą drogę.

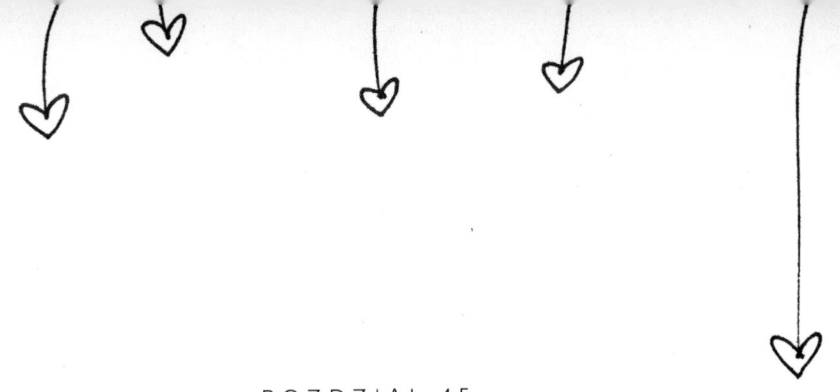

ROZDZIAŁ 45

Miłość a uzależnienie

Powiem to jeszcze raz, bo wiem, że podczas czytania książki widzisz miliony liter, które składają się na tysiące słów, a ponieważ słowa wydrukowane na papierze wyglądają podobnie, to ważne i mniej ważne rzeczy zlewają się ze sobą.

Tak samo jak wtedy, kiedy nalewasz do talerza zupę.

Jest w niej dużo drobnych rzeczy. Jest kawałek marchewki, ziemniaki pokrojone w kostkę, fasolka szparagowa, trochę posiekanego koperku, ziarna kukurydzy, okruchy przypraw i inne drobiazgi. Nabierasz zupę na łyżkę, nie przyglądasz się jej poszczególnym elementom ani nie zastanawiasz się nad tym, że to właśnie koperek nadał jej lekko egzotyczną, odświeżającą nutę. Po prostu jesz zupę jako całość.

Z książką jest podobnie.

Czytasz kolejne strony, poznajesz różne nowe koncepcje, a twój umysł odbiera je i porządkuje. Niektóre rzeczy wydają ci się ciekawe, po innych tylko prześlizgujesz się oczami, bo z jakiegoś powodu nie chce ci się w nie zagłębiać.

Tak naprawdę czytasz tylko *część* tej książki, mimo że pozornie czytasz ją całą. Nie wiem więc w którym miejscu czytałeś ze skupieniem i rozumiałeś co czytasz, a kiedy byłeś trochę rozkojarzony i przebiegałeś wzrokiem po literach, tworząc z nich słowa, ale nie dopuszczając ich za bardzo do swojego serca.

Pewnie już wiesz, że twoja podświadomość kontroluje proces czytania książki.

Czasem nie chce, żebyś coś dostrzegł i zrozumiał, bo to naruszyłoby jej całkowitą władzę nad twoim umysłem.

Dlatego czasem piszę o czymś jeszcze raz, używając innych słów albo podając inny przykład. Celowo przypominam o czymś, o czym już wcześniej mówiłam. Powtarzam pewne sformułowanie albo koncepcję.

Robię to po to, żebyś to dostrzegł.

Stukam do bram twojej podświadomości, żeby w końcu zechciała się otworzyć i dopuścić do siebie nowe rozwiązania i możliwości.

Powiem więc jeszcze raz, że miłość łatwo pomylić z uzależnieniem.

Myślisz, że kogoś kochasz, bo czujesz silne przywiązanie do obecności drugiej osoby. Twoje emocje stają się uzależnione od tego, jak zachowuje się drugi człowiek. Twoje samopoczucie zależy od tego co on (lub ona) mówi i robi.

Jesteś szczęśliwa kiedy on jest dla ciebie miły. Jesteś nieszczęśliwa kiedy on jest zły.

Jesteś szczęśliwa kiedy on mówi, że ciebie kocha. Jesteś nieszczęśliwa kiedy on wyjeżdża i milczy.

Dręczysz się rozmyślaniem o tym gdzie on jest i co teraz robi, dlaczego nie pisze do ciebie i czy cię wciąż kocha. Myśl o tym, że przestanie cię kochać napełnia cię rozpaczą i samotnością. Zastanawiasz się czy mógłby cię zdradzić, a jeżeli tak, to z kim, kiedy i w jaki sposób. Podejrzliwie śledzisz jego smsy i rozmowy przez telefon. Twoje życie emocjonalne staje się uzależnione od tego co on robi, pełne niepewności związanej z tym co on być może zrobi w przyszłości i lęku przed tym, że on cię zrani.

To jest uzależnienie od drugiego człowieka.

To nie jest miłość.
Jak rozpoznać miłość od uzależnienia?
To proste.

**Miłość jest wolna od podejrzeń, strachu,
skręcających cię od wewnątrz niepewności,
od złości pomieszanej z niechęcią
i od obsesyjnego rozmyślania o drugim człowieku.**

Miłość jest oparta na przyjaźni i szacunku, co w praktyce oznacza instynktowną otwartość i gotowość do zaakceptowania drugiego człowieka takim, jaki on jest.

Bez prób zmieniania i naprawiania go na lepsze.

Miłość jest wolna od prób kontrolowania tego co robi, myśli i mówi druga osoba.

Miłość jest wolna od zazdrości, nienawiści, manipulacji, szantażu i żądań.

Czy chcesz sprawdzić ile w tobie jest miłości, a ile uzależnienia? Przeczytaj poniższe zdania. Zaznacz te, które opisują twój sposób myślenia. Postaraj się być uczciwa. To nie jest konkurs na najlepszą narzeczoną. To raczej sposób, żeby poznać swoje prawdziwe „ja".

Tylko jeśli znasz prawdę o sobie, możesz spróbować ją zmienić.

Powiem ci, że ja kiedyś byłam uzależniona od osób, z którymi byłam w związkach. Każdy z moich partnerów wydawał mi się potrzebny do uciszenia emocji, które we mnie szalały, ale żaden z nich nie był w stanie tego zrobić. Bo – tak jak napisałam wcześniej – to jest coś, co każdy dorosły człowiek musi zrobić dla samego siebie zamiast żyć w oczekiwaniu, że dostanie to od drugiej osoby.

Miłość jest oparta na przyjaźni i szacunku, co oznacza gotowość do zaakceptowania człowieka takim, jaki jest.

Długo nie chciałam się do tego przyznać przed samą sobą. Dlatego byłam we wszystkich wcześniejszych związkach szczęśliwa i nieszczęśliwa jednocześnie. Czułam się więźniem czegoś, czego nie umiałam nazwać i oczywiście obwiniałam o to mojego partnera. Nieświadomie przerzucałam na niego odpowiedzialność za moje życie i uważałam, że on niewystarczająco się o mnie troszczy, i że to właśnie jest źródłem mojego cierpienia.

Tak naprawdę w uzależniony sposób myślałam o tym, co mogę od niego dostać. Fizyczną bliskość, która dawała mi ukojenie. Dobre słowo, które poprawiało mi nastrój. Komplement, który podnosił moje poczucie wartości.

Ale jednocześnie czułam się potwornie źle kiedy mnie skrytykował, kiedy mnie unikał albo kiedy był rozzłoszczony.

To jest uzależnienie.

Żeby móc się od niego uwolnić, trzeba najpierw świadomie potwierdzić, że ono istnieje. Zauważyć je, nazwać je po imieniu. Wystarczy, że zrobisz to przed samą sobą. Wcale nie namawiam cię do tego, że mówić o tym swojemu partnerowi, bo jeżeli mu to oświadczysz, to w pewien sposób znów podświadomie starasz się nim manipulować, oczekując (podświadomie), że on pomoże ci się od tego uzależnienia uwolnić.

To jest zadanie dla ciebie.
Pierwszy krok do wolności.

Powiem ci, że to nie boli, a wprost przeciwnie. Daje cudownie słodkie poczucie dobra i uczciwości, które jest fantastyczną bazą do tego, żeby zbudować coś nowego. Nie mam na myśli nowego związku z nowym człowiekiem.

Mam na myśli nowy sposób myślenia i nowe nastawienie do rzeczywistości, które przekłada się na szczęście. W związku i bez związku.

Spróbuj więc przeczytać poniższe zdania i dopuścić je do swojego serca.

Wiem, że instynktownie będziesz pewnie usiłowała bronić się przed niektórymi stwierdzeniami, bo być może myślisz, że „nie wolno tak myśleć", przypomnę ci więc, że nie ma złych myśli ani złych emocji. Każda z nich jest cząstką ciebie, a więc jest do czegoś potrzebna.

Tylko prawda pomoże ci wyzwolić się z uzależnienia.

Zaznacz te zdania, które opisują twój sposób myślenia.

JEŚLI JESTEŚ KOBIETĄ:

1. Boję się, że on mnie zdradzi.
2. Chciałabym wiedzieć co on naprawdę myśli.
3. Chciałabym mieć w niewidzialny sposób dostęp do jego maili i smsów.
4. On powinien mieć dla mnie więcej czasu.

5. On obiecał, że będzie mnie kochał i powinien dotrzymać słowa.
6. Będę nieszczęśliwa jeżeli on będzie chciał odejść.
7. On powinien zawsze mówić prawdę.
8. Ja zawsze staram się spełniać jego oczekiwania, nawet jeśli to wymaga ode mnie poświęcenia.
9. Chciałabym, żeby on był inny.
10. Chciałabym, żeby on się zmienił.
11. Chciałabym, żeby on bardziej mnie kochał.
12. Chciałabym, żeby on częściej robił coś specjalnie dla mnie.
13. Czasem nienawidzę go za coś, co zrobi albo mówi.
14. Czasem jestem bardzo smutna, bo czuję się przez niego odrzucona.
15. Chciałabym zawsze wiedzieć gdzie on jest i co robi.
16. Chciałabym, żeby on był lepszym człowiekiem.
17. Chciałabym, żeby on zaczął bardziej o siebie dbać.
18. Chciałabym pomóc mu w jego zagmatwanych emocjach.
19. Staram się pomóc mu polepszyć jego relacje z rodziną.
20. Uważam, że on czasem nie wie co robi i ja muszę mu pomóc.
21. Boję się od niego odejść, bo on nie poradziłby sobie beze mnie.
22. Potrzebuję go, bo on daje mi poczucie bezpieczeństwa.
23. Potrzebuję go, bo nie znoszę samotnych wieczorów.
24. Chciałabym, żeby on był bardziej zainteresowany moimi uczuciami.
25. Ciągle muszę mu przypominać o tym, co miał zrobić.
26. Myślę, że on powinien podjąć lepsze decyzje dotyczące jego przyszłości.
27. Czasem muszę go ratować, bo on niszczy swoje życie.
28. Myślę, że on jest uzależniony i to zatruwa moje życie.

29. Myślę, że on czasem wydaje pieniądze w idiotyczny sposób.
30. Myślę, że on marnuje czas.

JEŚLI JESTEŚ MĘŻCZYZNĄ:

1. Boję się, że ona mnie zdradzi.
2. Chciałbym wiedzieć co ona naprawdę myśli.
3. Chciałbym mieć w niewidzialny sposób dostęp do jej maili i smsów.
4. Ona powinna mniej ode mnie wymagać.
5. Ona obiecała, że będzie ze mną do końca życia i powinna dotrzymać słowa.
6. Będę nieszczęśliwy jeżeli ona będzie chciała odejść.
7. Ona zawsze powinna mówić prawdę.
8. Ja zawsze staram się spełniać jej oczekiwania, nawet jeśli to wymaga ode mnie poświęcenia.
9. Chciałbym, żeby ona była inna.
10. Chciałbym, żeby ona się zmieniła.
11. Chciałbym, żeby ona bardziej mnie kochała.
12. Chciałbym, żeby ona częściej robiła coś specjalnie dla mnie.
13. Czasem nienawidzę ją za coś, co zrobi albo mówi.
14. Czasem jest mi źle, bo czuję się przez nią odrzucony.
15. Chciałbym zawsze wiedzieć gdzie ona jest i co robi.
16. Chciałbym, żeby ona była lepszym człowiekiem.
17. Chciałbym, żeby ona zaczęła bardziej o siebie dbać.
18. Chciałbym, żeby ona nie spotykała się z kolegami z pracy.
19. Staram się pomóc polepszyć jej relacje z rodziną.
20. Uważam, że ona czasem nie wie co robi i ja muszę jej pomóc.

21. Boję się od niej odejść, bo ona nie poradziłaby sobie beze mnie.
22. Potrzebuję jej, bo ona daje mi poczucie bezpieczeństwa.
23. Potrzebuję jej, bo nie znoszę samotnych wieczorów.
24. Chciałbym, żeby ona był bardziej zainteresowana moimi pasjami.
25. Nie znoszę kiedy ona ciągle przypomina mi o tym, co miałem zrobić.
26. Myślę, że ona powinna podjąć lepsze decyzje dotyczące przyszłości.
27. Czasem muszę ją ratować, bo ona niszczy swoje życie.
28. Myślę, że ona jest uzależniona.
29. Myślę, że ona czasem wydaje pieniądze w idiotyczny sposób.
30. Myślę, że ona marnuje czas.

ROZDZIAŁ 46

Jeśli on będzie chciał odejść

Trzydzieści prostych zdań.

Trzydzieści sposobów, żeby opisać uzależnienie od drugiego człowieka.

Każde z tych zdań opisuje jakiś przejaw związku opartego na wzajemnym uzależnieniu.

Wyjaśnię ci w jaki sposób.

Chciałbym wiedzieć co ona naprawdę myśli. Chciałabym mieć w niewidzialny sposób dostęp do jego maili i smsów. Chciałbym zawsze wiedzieć gdzie ona jest i co robi.

Jeśli zgadzasz się z tymi stwierdzeniami, to znaczy, że podświadomie chcesz kontrolować drugą osobę. Chcesz śledzić jej myśli i kroki. W głębi serca nosisz wieczną niepewność i brak zaufania. Boisz się, że ona może cię zranić i chcesz tego uniknąć poprzez sprawdzanie co robi, gdzie jest, z kim i jak długo. Czujesz czasem zazdrość, czasem złość, podejrzewasz o nieuczciwość.

Znam to z moich dawnych związków. Pamiętam ile czasu marnowałam usiłując znaleźć dowody na kłamstwa, o które go podejrzewałam. Ile czasu marnowaliśmy oboje przerzucając się podejrzeniami, oskarżeniami i wyrzutami.

Podejrzenia są kreowane przez strach.

Kiedy jesteś od kogoś uzależniona, przeraża cię myśl, że mogłabyś go stracić. Bo straciłabyś nie tylko obiekt swojego uzależnienia, ale też część samej siebie. Bo czujesz, że ty przecież oddałaś mu serce i część swojej duszy.

Ale tak naprawdę to, co tak bardzo cię do niego przyciąga, to twoje emocjonalne uzależnienie od jego obecności. Nieważne jaki on jest, ważne, że *jest.*

Takie podświadome nastawienie ma swoje źródło w braku poczucia bezpieczeństwa i własnej wartości.

On powinien mieć dla mnie więcej czasu. Ona powinna zawsze mówić prawdę. Chciałabym, żeby on był inny. Chciałabym, żeby on się zmienił. Chciałabym, żeby on bardziej mnie kochał. Chciałbym, żeby ona częściej robiła coś specjalnie dla mnie. Czasem nienawidzę ją za coś, co zrobi albo mówi. Chciałabym, żeby on był lepszym człowiekiem. Chciałbym, żeby ona zaczęła bardziej o siebie dbać. Chciałabym pomóc mu w jego zagmatwanych emocjach. Staram się pomóc polepszyć jej relacje z rodziną. Uważam, że on czasem nie wie co robi i ja muszę mu pomóc.

Te stwierdzenia są dowodem na to, że nie akceptujesz drugiego człowieka takim, jaki on jest. Starasz się go zmienić, poprawić, dostosować do swoich potrzeb i wymagań. W gruncie rzeczy nie interesuje cię to jaki on jest naprawdę, ponieważ chcesz, żeby on był taki, jak tobie pasuje.

Nie znosisz jego bałaganiarstwa, roztargnienia albo nadmiernej precyzji. Jej rozrzutności, przywiązania do rodziców, niskiej samooceny. Jego braku panowania nad sobą, wiecznie nieskończonych projektów i tego, że spędza tyle czasu z gitarą/piłką nożną/komputerem/dronem/aparatem fotograficznym. Jej niezdecydowania, braku konsekwencji i tego, że tyle czasu spędza na robieniu rzeczy, które uważasz za bezwartościowe i głupie.

Tak, znam to z mojego życia.

Ciągle mówiłam mojemu partnerowi co ma robić i jak. Pouczałam go w prawie każdej sprawie i wytykałam mu błędy w taki sposób, jakby to było moje osobiste zwycięstwo, że złapałam go na czymś, co zrobił źle.

Mówiłam mu, że źle wygląda w ulubionych butach i powinien zacząć się inaczej ubierać. *Nie chciałam* zaakceptować go takim, jaki był, bo podświadomie chciałam mu narzucić mój sposób myślenia.

I on robił dokładnie to samo. Krytykował moje sukienki, powtarzał, że nie lubi prostych włosów i wolałby, żebym miała kręcone loki. Nie lubił moich książek, a ja nie lubiłam jego tekstów.

Wzajemnie odrzucaliśmy siebie zamiast dać sobie zrozumienie i akceptację.
Walczyliśmy ze sobą zamiast uczyć się kochać.

Wiesz jak to jest.
Akceptacja, szacunek i zaufanie to jest miłość.
Bez nich nie ma miłości. Jest tylko wzajemne uzależnienie.

Uzależnienie różni się od miłości też tym, że głównie boli zamiast cieszyć. Kiedy jesteś uzależniony od kogoś, czujesz ciągłe wewnętrzne napięcie. Nosisz w sobie lęk i sprzeczne uczucia.

Chciałabym pomóc w jego zagmatwanych emocjach. Staram się pomóc mu polepszyć jego relacje z rodziną. Uważam, że on czasem nie wie co robi i ja muszę mu pomóc. Boję się od niej odejść, bo ona nie poradziłaby sobie beze mnie. Czasem muszę go ratować, bo on niszczy swoje życie. Myślę, że on jest uzależniony i to zatruwa moje życie. Myślę, że on czasem wydaje pieniądze w idiotyczny sposób. Myślę, że on marnuje czas.

Tam, gdzie nie ma akceptacji i szacunku dla drugiego człowieka wraz ze wszystkim, co tworzy jego odrębną, indywidualną rzeczywistość, tam ludzie zaczynają kontrolować się wzajemnie i przejmować odpowiedzialność za życie drugiej osoby. W praktyce to najczęściej oznacza zmuszanie drugiego człowieka do określonych zachowań przy użyciu wszystkich możliwych środków – od rozkazywania przez prośby, łzy i błaganie, aż po szantaż emocjonalny.

Bo przecież nie wystarczy, że twoim zdaniem twój mąż za dużo pije. Ty chcesz go ratować i chcesz go zmusić do tego, żeby pił mniej, a najlepiej w ogóle przestał.

Nie wystarczy, że masz świadomość tego, że twoja żona wydaje za dużo pieniędzy na rzeczy, których twoim zdaniem nie potrzebuje. Ty będziesz usiłował zmusić ją do tego, żeby wydawała mniej, a najlepiej w ogóle przestała.

A teraz powiedz mi czy kiedykolwiek udało ci się zmusić człowieka do tego, żeby się zmienił?

Być może częściowo tak, ale ta częściowa zmiana i tak nie jest dla ciebie satysfakcjonująca, prawda? Uważasz, że osiągnąłeś kompromis, ale tak naprawdę byłbyś zadowolony dopiero wtedy gdybyś znalazł sposób na to, żeby całkowicie zmienić to, czego w swojej partnerce nie lubisz i nie akceptujesz.

Powiem ci coś z mojego doświadczenia.
To jest NIEMOŻLIWE.

Nie da się zmienić drugiego człowieka.

Szantaż, żądanie, prośby, grożenie, że jeśli on/ona czegoś nie zmieni, to ty zrobisz coś za karę wywołują tylko odruch obronny i chęć ucieczki albo agresję. Najczęściej wszystko na raz, tyle że tej agresji czasem nie widzisz, bo jest stłumiona. I nic się nie zmienia.

Być może zmienią się pozory. Być może druga osoba zacznie coś udawać, żeby zaspokoić twoje oczekiwania. Być może wykona jakiś drobny ruch w kierunku zmiany, żeby cię na chwilę zadowolić.

Ale w rzeczywistości nie zmieni się nic.

Bo człowiek jest gotów na zmianę tylko wtedy, kiedy sam wewnętrznie do niej dojrzeje.

Nie można go do tego zmusić, tak samo jak nie byłbyś w stanie rozkazem szybciej rozwinąć pączka róży. On rozłoży płatki dopiero wtedy, kiedy przyjdzie odpowiedni moment i ktokolwiek decyduje o tym kiedy ten moment nastąpi, na pewno nie jesteś nim ty.

Z drugim człowiekiem jest tak samo.

Masz władzę tylko nad swoim życiem, swoim umysłem i swoją duszą.

Tylko siebie możesz zmienić.

Druga osoba – nawet najbardziej ci bliska – jest odrębną całością ze swoim własnym – zapewne całkiem inaczej działającym – zestawem wewnętrznych przekonań, imperatywów i priorytetów.

Nie można zmusić nikogo do zmiany.

Jest jednak coś, co możesz zrobić. O tym napiszę za chwilę.

On obiecał, że będzie mnie kochał i powinien dotrzymać słowa. Będę nieszczęśliwa jeżeli on będzie chciał odejść. Boję się, że ona mnie zdradzi. Czasem jest mi źle, bo czuję się przez nią odrzucony.

Oczekiwania. Podświadomie oczekujesz, że on będzie wierny, że będzie cię kochał, że będzie ci dawał takie dowody miłości, które zostaną przez ciebie zrozumiane i zaakceptowane.

To jest jeszcze jedna forma próby sprawowania kontroli nad drugim człowiekiem. Chcesz w pewnym sensie zmusić go do tego, żeby dotrzymał słowa.

Ale zobacz.

Tobie też na pewno zdarzyło się w przeszłości, że silna, jednoznacznie przez ciebie odbierana emocja stała się po pewnym czasie słabsza albo w ogóle znikła. Prawda?

Pamiętasz jak bardzo pragnęłaś czegoś, jak obsesyjnie myślałaś o tym, że kiedy to dostaniesz, to wreszcie poczujesz radość i spełnienie? Co to było? Gitara? Kurs języka japońskiego? Skok na bungee? Szpilki z czerwoną podeszwą? Instruktor pływania?

Cieszyłaś się tym przez pewien czas, a potem? Radość jakby zbladła, podekscytowanie znikło. Gitara stoi zakurzona w kącie, podręcznika do japońskiego nie otworzyłaś przez rok, tamte szpilki już zostały zastąpione przez fajniejsze, a instruktor okazał się nudny.

Bo wszystko się zmienia.
Zmienia się wszystko dookoła ciebie
i w tobie. Przez cały czas.
Taka jest natura świata.

Zmienia się pogoda, dzień zamienia się w noc, zmienia się samopoczucie i wygląd skóry, zmienia się tempo bicia serca, zmieniają się pory roku, sezonowe owoce i przyjaciele.

Zmieniają się też uczucia.

Dlaczego chciałabyś żądać, żeby twój partner *zawsze* cię kochał?

Czy chcesz, żeby on czuł się zmuszony do tego, żeby cię kochać?

Czy wierzysz w to, że miłość pod przymusem ma sens?

Ja nie.

Miłość jest wolna.

Moim zdaniem każdy człowiek jest wolny i ma prawo do takich uczuć i emocji, jakie się w nim pojawiają.

A jeśli mój partner przestanie mnie kochać?

Jeśli przestanie mnie kochać i powie, że chce się rozstać, to powiem mu:

– Rozumiem. Zrób to, co czujesz, że jest dla ciebie najlepsze. Zawsze i wszędzie życzę ci szczęścia.

Powiem tak, bo naprawdę to *rozumiem*.

Jeśli serce ciągnie go gdzieś indziej – niezależnie czy do kogoś innego, czy do bycia samemu – to nie zamierzam zmusić go do tego, żeby było inaczej.

Nie dlatego, że go nie kocham.

Wprost przeciwnie.

Właśnie dlatego, że go kocham,
chcę, żeby był szczęśliwy.
Jeżeli on swoim dorosłym umysłem decyduje,
że chce odejść, to ja szanuję jego wybór
i pomogę mu otworzyć drzwi.

Ale powiem ci coś w sekrecie.

Związek dwóch osób, które czują do siebie szacunek, mają do siebie zaufanie, akceptują zarówno samych siebie, jak i siebie nawzajem, wolny od oczekiwań, żądań i uzależnionego myślenia, jest jak statek, który swobodnie płynie po oceanie. Nie ma powodu, żeby z niego wysiadać.

ROZDZIAŁ 47

Jak zmienić drugiego człowieka

Nie da się na siłę zmienić drugiego dorosłego człowieka. Każdy jest w swojej własnej podróży przez życie i wybiera taką drogę, do której ma w danym momencie największe przekonanie. Że wybiera czasem źle albo bezsensownie?

To jest twoja opinia oparta na *twoim* zestawie życiowych prawd i przekonań. Ty ze swojego punktu widzenia możesz coś oceniać jako głupie albo niepotrzebne, ale to jest tylko *twoja interpretacja* tego co widzisz.

Jego – lub jej – interpretacja może być – i najprawdopodobniej jest – zupełnie inna.

Każdy dorosły człowiek ma prawo do swojego sposobu myślenia. Każdy ma własny wewnętrzny kompas, który go prowadzi.

Każdy jest w swojej własnej podróży przez życie i wybiera taką drogę, do jakiej ma największe przekonanie.

Może ci się wydawać, że kompas twojego partnera jest zaburzony i pokazuje fałszywe dane, ale powiem ci, że to jest iluzja. Chcesz go osądzać i kontrolować, dlatego wydajesz opinię na temat czegoś, czego nie jesteś nawet w stanie dostrzec ani poczuć. Bo przecież nie masz dostępu do jego emocji i myśli. Tylko on go ma. I tylko on może stwierdzić czy wskazania wewnętrznego kompasu i towarzyszące mu pragnienia są prawidłowe, słuszne i prowadzą go we właściwą stronę, czy też nie.

Kiedy oceniasz jego decyzje,
charakter, osobowość, myślenie,
to widzisz coś, co ci się nie podoba,
bo jest niespójne z twoim postrzeganiem świata.

Ale to jest tylko mała część większej całości.
Niewielka zewnętrzna manifestacja tego,
co kryje się w jego umyśle, duszy i sercu.
Czym to jest i jakie to jest naprawdę
może wiedzieć tylko ten, kto jest ich właścicielem.

Dlatego właśnie osądzanie i ocenianie innych ludzi
nie ma sensu i jest tylko marnowaniem
twojego cennego czasu i energii na rozważanie czegoś,
co nie jest faktem, a jedynie twoją fantazją na jego temat.

Dobrą stroną tej sytuacji jest to, że ty masz pełen wgląd we własny umysł, własną duszę i własne serce i nad nimi możesz pracować.

Jeżeli zechcesz, oczywiście.

Bo najczęściej jest tak, że odruchowo zajmujemy się osądzaniem innych ludzi zamiast spojrzeć w głąb siebie.

Znasz powiedzenie o tym, że łatwiej zobaczyć włos w oku sąsiada niż belkę we własnym?

Właśnie o to chodzi.

Instynktownie koncentrujemy uwagę na oglądaniu tego co robi drugi człowiek zamiast skupić się na własnym rozwoju i działaniu.

Co więc możesz zrobić jeżeli uważasz, że twój partner powinien się zmienić, bo to na pewno poprawiłoby jakość jego życia?

Możesz zrobić tylko jedno.

Zacząć od siebie.

To jest jedna z najbardziej niezwykłych rzeczy, jakie odkryłam i zrozumiałam w kontekście związków między ludźmi.

Wszystkich bliskich związków. Między rodzicami a dziećmi, między przyjaciółmi, między partnerami życiowymi.

Twoja dusza jest żywą formą energii.
Jest podobną formą nieokreślonego życia jak Bóg.

Twoja dusza nieustannie promieniuje tym,
co jest w niej zawarte.

Twoja podświadomość wydziela coś w rodzaju
niewidzialnej energetycznej chmury,
która przenika do umysłów innych ludzi.

To oznacza, że bez udziału świadomej woli masz wpływ na to, co robią, jak się czują i jak myślą inni ludzie.

Nie chodzi o próbę telepatycznej czy innej formy ponadzmysłowej manipulacji innymi ludźmi. Ani o hipnozę lub czary.

Nie ma w tym żadnej magii.

A ty nie masz nad tym żadnej kontroli.

Nie możesz więc nikim świadomie manipulować.

Prawdą jednak jest to, że twój umysł wydziela pewne pole subtelnej energii, która udziela się innym ludziom.

Łatwo można to zaobserwować nawet podczas przypadkowych, krótkich spotkań. Niektórzy ludzie budzą od razu twoją sympatię, prawda? Inni wywołują w tobie niechęć albo opór. Są też tacy, od których masz ochotę uciekać.

Jest tak dlatego, że twoja podświadomość wyczuwa to nieświadome pole energii i albo odbiera je jako przyjazne i spójne z twoim jestestwem, albo przeciwnie.

W bliskich i długotrwałych związkach pola wzajemnie się przenikają i oddziałują na siebie.

Pamiętasz co napisałam wcześniej o tym, że ludzie przyciągają zawsze osoby podobne do siebie? Mimo że pozornie mogą się różnić sposobami wyrażania swoich emocji, to w głębi duszy mają bardzo podobne, czasem identyczne uczucia i przekonania związane z samooceną, lękiem i swoim miejscem w świecie.

Tak właśnie działa to niewidzialne pole podświadomości. Najbardziej atrakcyjne wydaje ci się to, co jest podobne do ciebie, co jest twoim lustrzanym odbiciem.

Relacja pomiędzy tymi promieniującymi polami podświadomości obu osób nieustannie się rozwija i zmienia. Wygląda to trochę jak chodzenie po wspólnym elastycznym podłożu. Każda nowa pozycja mojego ciała powoduje inne naprężenie i ułożenie podłoża, które jest odczuwalne przez drugą osobę, która znajduje się na niej w niewielkiej odległości ode mnie.

Tyle że mówimy tu o niewidzialnych naprężeniach i przekazach energii, która jest wydzielana przez duszę każdego z nas.

I nawet jeśli brzmi dla ciebie dziwnie, to pewnie sam odkryjesz wiele przykładów na to, że tak jest w rzeczywistości.

Powtórzę, że nie chodzi o żadne próby świadomego kontrolowania tego co mówi, myśli albo czuje druga osoba. Nie chodzi o to, że wysyłam do drugiej osoby jakieś sygnały albo w myślach błagam ją, żeby zrobiła coś, na czym mi zależy.

Mówię wyłącznie o tym, co dzieje się bez twojego świadomego udziału.

Coś, co dzieje się w taki sam sposób, jak trawienie wewnątrz twojego ciała, którym nie musisz zarządzać mocą swojego świadomego umysłu, bo to po prostu dzieje się w tobie samo.

Bo czym jest emocja?

Myślą?

Nawet jeśli jest tylko myślą, czyli czymś całkowicie nieuchwytnym i pozbawionym kształtu, to przecież myśl pojawia się w tobie na skutek mikroskopijnych sygnałów przekazywanych sobie nawzajem przez komórki nerwowe w mózgu. Ten sygnał jest formą energii. Ta energia jest czymś fizycznie istniejącym, nawet jeżeli nie istnieje urządzenie, którym można ją zmierzyć.

Jeśli istnieje energia, to może ona mieć jak najbardziej realny wpływ na to, co pojawi się w jej zasięgu.

Na przykład na twoje narządy wewnętrzne. Przecież sam wiesz, że przedłużający się stres jest przyczyną wielu chorób. Stres to rodzaj emocji. Emocja to energia.

Prawda, że kiedy czujesz dobre, jasne, pozytywne emocje, to fizycznie czujesz się wspaniale? Masz więcej siły, twoje ciało jest elastyczne, sprawne, chętnie do wysiłku, oczy ci błyszczą, skóra jest gładka i zaróżowiona.

Prawda, że kiedy czujesz się zestresowany albo nieszczęśliwy, to twoje ciało od razu wydaje się chore, pozbawione sił i wycieńczone? Masz przygarbione plecy, zgaszone oczy, opuszczoną głowę.

Niby to tylko emocja, ale zobacz jak ogromny wpływ ma na twoje ciało, samopoczucie i życie.

To, co w sobie nosisz, ma wpływ nie tylko na ciebie.
To wewnętrzne energetyczne pole
będące odbiciem twoich emocji przenosi się także
na osoby z twojego najbliższego otoczenia.

Jak działa to w przypadku rodziców i dzieci napisałam w książce „Narkotyki, anoreksja i inne sekrety".

W przypadku związku między dwiema dorosłymi osobami dzieje się niezwykła rzecz.

Najczęściej utrzymujecie siebie wzajemnie na podobnym stopniu rozwoju duchowego. Chyba że jedna z osób podejmie decyzję o tym, że niezależnie od tego co robi partner, chce pracować nad własnym rozwojem. A po podjęciu decyzji rozpoczyna konsekwentne działanie.

I to jest moja odpowiedź na pytanie co możesz zrobić jeżeli chcesz zmienić swojego partnera i poprawić jego życie na lepsze.

Zacznij naprawiać swoje życie.

Przypomnę ci pewną bardzo ważną zależność.

Jeżeli jesteś z nim, to oznacza, że jesteście do siebie wewnętrznie bardzo podobni.

To oznacza, że jeżeli on nie umie żyć szczęśliwie, to ty także nie posiadasz tej umiejętności.

Jeżeli uważasz, że on jest od czegoś uzależniony, to oznacza, że ty też jesteś od czegoś uzależniona – choć najprawdopodobniej nie zdajesz sobie z tego sprawy, ponieważ dotychczas koncentrowałaś swoją uwagę na tym co on robi, a nie na tym co naprawdę dzieje się w *twojej* duszy.

Jeżeli twoim zdaniem on powinien popracować nad swoim charakterem, to oznacza, że ty powinnaś zrobić dokładnie to samo, ponieważ są w tobie tej samej wagi braki i ułomności – tyle że przyglądałaś się dotychczas jego osobowości, a nie swojej.

Jeżeli więc chcesz „naprawić" swojego partnera, zacznij od uczciwego przyjrzenia się samej sobie.

Znajdź w sobie to, co wymaga naprawy – a zapewniam cię, że jeśli uczciwie ze sobą pogadasz i poddasz siebie tak samo wnikliwej obserwacji, jak dotychczas oglądałaś wady i słabości swojego męża, to na pewno odkryjesz w sobie pola dawno nie pielonych osobowościowych, emocjonalnych i myślowych chwastów.

Podejmij decyzję o pracy nad sobą.

Podejmij działanie na mocy swojej decyzji.

Zwróć się do swojego Anioła Stróża, Boga, Siły Wyższej o wsparcie, o mądrość i siłę do wykonania swojego dzieła.

Skoncentruj swoją uwagę na własnym rozwoju osobistym. Na budowaniu swojej nowej wewnętrznej siły, poczucia własnej wartości i bezpieczeństwa, pozytywnych cech charakteru, uwolnieniu się od obsesji i uzależnień.

Ta nowa energia, która zacznie w tobie pulsować na skutek twojego działania obejmie swoim zasięgiem wszystkich dookoła – także twojego męża, dzieci i rodziców. Nie dlatego, że coś im powiesz albo zaczniesz tłumaczyć. Wprost przeciwnie.

Jeśli znów zaczniesz ich pouczać, przekonywać i zmuszać do zmiany, to odsuną się od ciebie i zatrzasną w sobie.

**Nic nie musisz mówić. Niczego nie musisz wyjaśniać.
Nie musisz nauczać ani prowadzić go za rękę.
Wystarczy, że będziesz działać na rzecz
naprawy i odbudowy twojej konstrukcji psychicznej.**

Twoich emocji, twojej duszy.

**Energia, jaka będzie się w tobie wyzwalała
udzieli się wszystkim osobom w twoim otoczeniu.**

Bez żadnych słów, bez instrukcji, bez tłumaczenia.

**Twoje nowe, pozytywne, konstruktywne emocje
będą unosiły nie tylko ciebie, ale też innych.**

Im dłużej będziesz pracowała nad własnym rozwojem, tym bardziej twój mąż będzie miał ochotę zrobić to samo. Zobaczysz, że sam z siebie zacznie szukać nowych wartości i rozwiązań. Sam zacznie się zmieniać w podobny sposób do twojego.

Jeśli tylko będziesz miała wystarczająco dużo cierpliwości i wytrwałej konsekwencji w pracy nad swoim rozwojem duchowym, inni podążą za tobą. Zrobią to z własnej woli, bo wtedy właśnie będą na to gotowi.

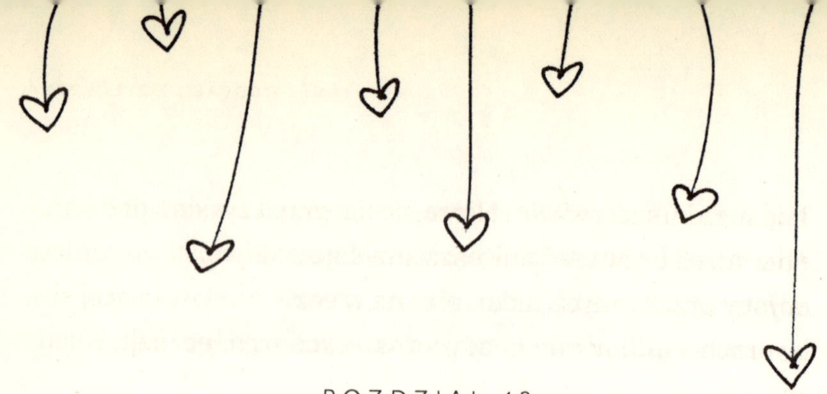

ROZDZIAŁ 48

Chłopak i dziewczyna

Podświadomość tworzy pole energetyczne, nazwijmy je chmurą, która przenika nie tylko całego ciebie, ale jest odbierana i identyfikowana przez podobne chmury podświadomości innych ludzi.

Przenika ciebie całego i ma ogromny wpływ na całe twoje ciało. Na pewno słyszałeś o tym, że człowiek wewnętrznie szczęśliwy rzadziej choruje, a w razie wypadku szybciej się regeneruje i wraca do zdrowia. To cudowne uzdrowienie to nic innego jak wpływ podświadomości, która jest jasna, czysta, pełna chęci do życia i miłości.

Bywa też inaczej. Zdarzają się pacjenci, którzy tygodniami leżą w szpitalu, a proces zdrowienia przebiega bardzo powoli i opornie, często pojawiają się nowe dolegliwości. Może tak być z dwóch powodów.

Podświadomość, w której kryje się lęk przed życiem, przekonanie o własnej bezwartościowości, strach przed tym jak zostaniesz oceniony przez innych ludzi, nie ma w sobie wystarczającej siły, żeby uruchomić i podtrzymać proces wewnętrznego uzdrawiania komórek.

Drugi powód może być taki, że pacjent podświadomie usiłuje utrzymać siebie w chorobie, bo tylko wtedy czuje się naprawdę bezpieczny i ważny. Paradoksalnie cierpienie fizycznie ma dla niego mniejsze znaczenie niż poczucie, że ktoś się nim opiekuje. Doktor przychodzi specjalnie do niego, czyli ktoś wreszcie zauważa jego obecność. Pielęgniarka przynosi mu jedzenie, co może być przez niego podświadomie odbierane jako oznaka akceptacji, bo przecież kiedy byłeś mały, to kto podawał ci jedzenie? Twoja kochana mama, która była symbolem bezpieczeństwa i miłości.

To co dzieje się w twojej podświadomości wykracza poza twoją duszę i umysł, i jest odbierane przez innych ludzi. Także przez osobę, z którą jesteś w związku, co może mieć na nią znaczący wpływ.

Wyobraź sobie dziewczynę, którą nauczono w młodości – tak jak nas wszystkie – że prawdziwe szczęście znajdzie dopiero u boku właściwego mężczyzny, a dokładniej mówiąc dopiero kiedy wyjdzie za mąż. Wszystkie komedie romantyczne potwierdzają tę tezę, nie było więc powodu, żeby przestała w to wierzyć.

Pewnego dnia spotyka chłopaka. On jest nią zauroczony, ona nim też. On zaprasza ją na kawę, siedzą przy stoliku i nie widzą świata poza sobą. Następnego dnia znów się spotykają, on niby przez przypadek dotyka jej dłoni, oboje czują, że dzieje się między nimi coś niezwykłego.

Mijają następne szczęśliwe dni. Dziewczyna zaczyna snuć plany. Gdzie wezmą ślub, w jakiej będzie sukni, jaka piosenka będzie grała podczas pierwszego tańca, jak cudownie będzie obudzić się obok niego po nocy poślubnej, gdzie zamieszkają, jak będą wychowywać dzieci.

Nauczono ją, że szczęśliwa może być tylko z mężem, więc kiedy pojawia się ktoś, kto mógłby dla niej wypełnić to najważniejsze życiowe zadanie, to oczywiście, że zaczyna sobie wyobrażać jak to będzie wyglądało.

Chłopak znika na trzy dni. Nagle przestaje się do niej odzywać. Nie wiadomo gdzie jest.

Jak myślisz, dlaczego?

Jest tak dlatego, że on jest w stanie nieświadomie wyczuć to, co dzieje się w jej podświadomości. To, że ona usiłuje (nieświadomie) przejąć kontrolę nad jego życiem, zaplanować mu przyszłość, zlepić się z nim jak okruch rozbitego dzbanka, który rozpaczliwie poszukuje brakującej części.

Ona podświadomie oplata go ciasnymi ramionami oczekiwań jak ośmiornica, która nie może się doczekać zaspokojenia duchowego głodu.

Nic dziwnego, że on podświadomie czuje się zagrożony i szuka kryjówki.

Jeżeli chcesz stworzyć szczęśliwy związek i utrzymać swojego partnera, daj mu wolność.

Mentalną wolność.

Wolność od oczekiwań i obowiązku zaspokojenia twoich potrzeb.

Twoje potrzeby to twoja odpowiedzialność. Ty sama musisz się sobą zaopiekować w taki sposób, żeby być pełnym, całym, kompletnym człowiekiem, który samodzielnie wędruje szczęśliwie przez życie.

Jeżeli będziesz podświadomie obarczać drugiego człowieka oczekiwaniem, że on cię powinien uzdrowić, uleczyć, uszczęśliwić i naprawić, to prędzej lub później on będzie musiał uciec od ciebie, bo nie wytrzyma takiego obciążenia.

Ta energetyczna chmura podświadomości istnieje i działa przez całe życie.

Twój partner nieustannie nieświadomie odbiera od ciebie sygnały, które nadają kształt waszemu związkowi. I ty oczywiście odbierasz sygnały od niego, które są równie ważne i znaczące, ale ponieważ – jak już napisałam wcześniej – jesteście wewnętrznie bardzo podobni do siebie, to wysyłacie też do siebie podobne sygnały.

To oznacza, że jeżeli w głębi duszy czujesz do swojego partnera urazę, niechęć, uważasz, że jesteś od niego mądrzejsza, lepsza i bardziej wartościowa, że on jest głupi i nieważny, to właśnie takie komunikaty są przez niego nieświadomie odbierane z chmury twojej podświadomości.

Nawet jeżeli nigdy nie powiedziałaś tego słowami. Nawet jeżeli *starasz się* być dla niego miła. Nawet jeżeli z poświęceniem starasz się spełnić jego oczekiwania. Nawet jeżeli mówisz mu, że go kochasz.

Nawet jeżeli twierdzisz, że walczysz o wasz związek. Nawet jeżeli mówisz, że on jest ważny, mądry i potrzebny. Nawet jeżeli świadomie wierzysz w to, że on jest twoim mężczyzną i z nim chcesz być.

Jeżeli podświadomie, w głębi duszy pogardzasz nim, odrzucasz go, czujesz do niego nienawiść albo niechęć, to on o tym *wie*. Nie wie tego świadomie, być może nie potrafiłby tego nawet nazwać słowami. Najprawdopodobniej po prostu czuje mętlik, chaos, ma sprzeczne emocje, nie wie w co wierzyć i sam nie wie co czuje.

Twoja podświadomość przez cały czas wysyła do niego sygnały.

Jego podświadomość przez cały czas odbiera to, co dzieje się w twojej duszy.

Jeżeli jesteś z nim dlatego, że nie masz nikogo lepszego, to chociaż ty przed samą sobą nie potrafisz się do tego przyznać, a tym bardziej nie mogłabyś tego jemu otwarcie powiedzieć, i chociaż wszystko na pozór wygląda dobrze, bo starasz się zachowywać poprawnie, to prawda ukryta w twojej podświadomości będzie miała decydujący wpływ na to jak ten związek wygląda i na to czy przetrwa.

Rozumiesz co mam na myśli?

Każde z nas ma podświadomość pełną rozmaitych przekonań i emocji.

Jakość tych przekonań i emocji tworzy określoną energię.

Ta energia nieustannie promieniuje z nas zarówno do wewnątrz, jak i na zewnątrz, wywierając wpływ na relacje z innymi ludźmi.

W każdym związku decydującą siłą jest to, co znajduje się w twojej duszy.

Nawet jeżeli w twoim świadomym umyśle i na twoim języku znajduje się coś zupełnie innego.

ROZDZIAŁ 49

Odtrącona i urażona

Mieliśmy się spotkać wieczorem. Wczoraj. Nagle dostałam sms, że Robert nie może i że spotkamy się jutro.

Dobrze. Przyszło jutro. Od rana myślałam o tym jak zaplanować dzień, żeby wieczór spędzić z moim chłopakiem.

Po południu dostałam sms. Robert przepraszał, ale dzisiaj też nie może do mnie przyjść. Nie wyjaśniał dlaczego.

Poczułam złość. Niechęć, przeradzającą się szybko w nienawiść. Poczułam się odtrącona, znieważona, źle potraktowana, urażona. Czułam jak te emocje rosną we mnie, rozlewają się po całym moim ciele, przenikają każdą moją komórkę. Dałam się im ponieść, pociągnąć za sobą, zawładnąć moją duszą i umysłem.

Myślałam o tym, że on jest głupi, że nie powinien mnie tak traktować, że ja jestem głupia, że mu na to pozwalam, że on mnie

nie rozumie, że nie powinnam z nim być, że on jest niewłaściwym człowiekiem, a ja ciągle pakuję się w takie bolące związki.

Użalałam się nad tym, że czuję się samotna, odtrącona i dotknięta.

Im bardziej litowałam się nad swoim losem, tym większą niechęć czułam w stosunku do Roberta i tym bardziej jego obwiniałam o to, że tak bardzo źle i nieszczęśliwie się czuję.

On zmarnował mi wieczór! Miało być tak pięknie, a tu znów jestem sama, z tą szarpiącą samotnością gdzieś w mojej duszy. On zmarnował mi nie tylko ten wieczór, ale właściwie cały dzień! I następny dzień, bo przecież jak się obudzę jutro, to wciąż będę przez niego nieszczęśliwa!

Myślałam o nim ze złością, z rodzajem chłodnej nienawiści, która jak przepaść oddzielała mnie nie tylko od niego, ale i od samej siebie.

Bo przecież z nienawiści nie można niczego zbudować. Można tylko w niej zatonąć po to, żeby spaść na samo dno użalania się nad swoim losem, wyrżnąć nosem o skałę, doznać poczucia bezmiaru bezsilności i cierpienia.

A kiedy niżej już spaść nie możesz i leżysz na dnie pogrążony w duchowym bólu tak wielkim, że przestajesz odczuwać nawet rozpacz i nienawiść, to być może zdarzy się cud i zrozumiesz, że w złości i nienawiści za każdym razem tylko giniesz.

I być może zaczniesz szukać wyzwolenia w tym, co jest ich przeciwieństwem, czyli w nastawieniu życzliwym i pozytywnym.

Ale to inna historia, do której wrócę w innej książce.

Wracam do tamtego zimowego dnia, kiedy poczułam się odepchnięta, odtrącona i urażona, bo mój chłopak nie chciał się ze mną spotkać.

Chcę zwrócić twoją uwagę na dwie rzeczy.

Poczułam się odtrącona i urażona. Czułam do niego złość, niechęć i nienawiść, która potem zamieniła się w uczucie pustki i samotności.

Czy wiesz co to oznacza?

Podświadomie uzależniałam moje szczęście od tego co on robi, myśli i mówi.

Podświadomie oczekiwałam, że on będzie się zachowywał tak, żebym ja była z niego zadowolona.

Podświadomie żądałam, żeby on wypełniał moje oczekiwania.

To oznacza, że właściwie nie dawałam mu prawa do bycia *sobą*. Nie dawałam mu (podświadomie) prawa do wolności wyboru tego jak spędzi wieczór, z kim i gdzie.

Ja żądałam, żeby on był ze mną i żeby był dla mnie miły.

Pamiętasz, co napisałam wcześniej o tym, że partnerzy w związku są zawsze dla siebie lustrami? Patrząc na drugą osobę tak naprawdę widzisz w niej odbicie swojej podświadomości. Kiedy mówisz jaka jest druga osoba, tak naprawdę w rzeczywistości nazywasz swoje własne wady i zalety.

Jeżeli więc podświadomie nie dawałam mu prawa do bycia sobą i podejmowania

całkowicie samodzielnych decyzji,
to jednocześnie podświadomie odbierałam to prawo
także samej sobie.

To dlatego właśnie tkwiłam w takim uzależnionym przywiązaniu do tego jak zachowuje się mój partner i podświadomie traktowałam go jak źródło mojego szczęścia i dobrego samopoczucia. Czyli przerzucałam na niego odpowiedzialność za to jak wygląda moje życie.

To dlatego właśnie kiedy on nie mógł albo nie chciał zrobić czegoś, co byłoby dla mnie miłe, czułam się odtrącona i nieszczęśliwa jak bezdomne dziecko.

Takie uzależnione przywiązanie do drugiego człowieka jest zawsze źródłem cierpienia. A poza tym niszczy związek tak samo, jak wilgoć unosząca się nieustannie powietrzu, która zaczyna toczyć żelazo rdzą.

Jeśli chcesz być szczęśliwa w związku,
bądź najpierw szczęśliwa ze sobą.
Tylko jeśli nauczysz się kochać samą siebie,
będziesz w stanie kochać drugiego człowieka.

Ale to nie koniec tej historii.

Następnego dnia obudziłam się w złym humorze. Świat wydawał mi się obskurny, szary i nieprzyjemny. Moje życie właściwie nie miało wielkiego sensu. Nie miałam najmniejszej ochoty spotkać się z Robertem. Chciałam go ukarać swoim milczeniem. Chciałam mu pokazać, że w ogóle mi na nim nie zależy, że mnie uraził i że nie tak wyobrażam sobie związek między dwiema osobami.

Z takim nastawieniem przebrnęłam przez pół dnia. Około szóstej po południu zadzwonił Robert. Wahałam się czy odebrać, ale w końcu ciekawość zwyciężyła.

– Słucham? – powiedziałam chłodno.

– Skarbie – zaczął Robert i od razu usłyszałam w jego głosie coś bardzo bolesnego.

– Jesteś chory?

– Coś mnie złapało – odrzekł słabo. – Nie wiem co to może być.

– Źle się czujesz?

– Bardzo.

– Ale co ci jest? Potrzebujesz lekarza?

– Nie wiem co mi jest. Nagle wczoraj wieczorem dostałem bóli, chyba się czymś zatrułem.

– Biegunka?

– I to taka, że myślałem, że nie wyjdę z łazienki.

– Boli cię coś?

– ...Teraz już chyba nie – odrzekł Robert po chwili ciszy.

– A wczoraj?

– Wszystko mnie bolało w środku. Czułem się tak, jakby ktoś mnie od wewnątrz zbił.

Nagle coś mnie tknęło.

– Wczoraj wieczorem? – zapytałam. – Pamiętasz mniej więcej kiedy?

– Jakoś tak... niedługo po tym jak wysłałem do ciebie smsa. Musiałem zostać w pracy, bo robiliśmy bilans półroczny, ale i tak nie byłem w stanie skupić się nad literami, więc...

Nie słuchałam co Robert mówił, bo nagle dotarła do mnie zdumiewająca i pozornie nieprawdopodobna zbieżność.

On zachorował dokładnie wtedy, kiedy ja poczułam falę negatywnych emocji!

Odtrącałam go w myślach, nienawidziłam za to, że mnie zranił, myślałam o nim z niechęcią, zastanawiałam się jak go ukarać, żeby on też poczuł się źle i przykro.

Zanurzyłam się w użalaniu się nad samą sobą, negatywnym nastawieniu i wyolbrzymianiu mojego cierpienia, i za to wszystko obwiniałam oczywiście jego.

Nic dziwnego, że poczuł to tak, jakby został przez kogoś skopany!

Bo to ja podświadomie i nieświadomie skopałam go moimi nienawistnymi emocjami tak mocno, że on poczuł fizyczny ból!

Robert był chory jeszcze przez następne dwa dni, a potem musiał nadrobić zaległości w pracy. Sama więc doprowadziłam do tego, że nie mogliśmy się spotkać mimo że tak bardzo mi na tym zależało.

Kiedy jesteś szczęśliwa z samą sobą, nieświadomie wysyłasz szczęście także do innych ludzi.

Widzisz?

Drugi człowiek *czuje* to, co naprawdę myślisz o nim w głębi serca.

To, co kryje się w twojej podświadomości, ma wpływ nie tylko na twoje własne życie, ale też na twój związek.

Jeśli chcesz być w związku szczęśliwa,
zacznij od uleczenia własnych emocji,
braków, wad i słabości.

Zaopiekuj się sobą.

Weź całkowitą odpowiedzialność
nie tylko za swoje decyzje, ale też za swoje samopoczucie.

Ty i tylko ty nadajesz ton swojemu życiu.
Kiedy jesteś szczęśliwa sama z sobą,
wysyłasz nieświadomie szczęście
także do wszystkich ludzi,
którzy znajdują się w twoim otoczeniu.

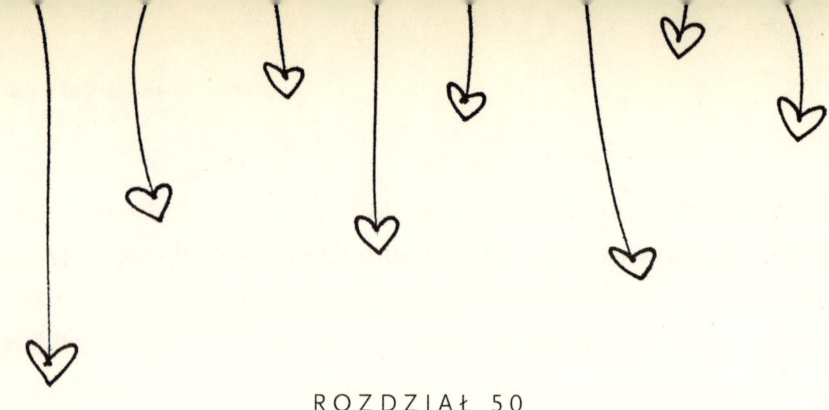

ROZDZIAŁ 50

Lista życzeń

Chcę ci zaproponować zrobienie jeszcze jednego ćwiczenia. Będzie najprostsze ze wszystkich i nie ma w nim żadnych ukrytych sztuczek. Nie zamierzam ci udowodnić ani pokazać żadnych twoich nieprzyjemnych stron.

To będzie ćwiczenie, które pomoże dostrzec ci pewien kierunek, za którym zapewne już od pewnego czasu się rozglądasz.

Zostawię dla ciebie kilka wolnych stron.

Spróbuj całkowicie uwolnić swoją wyobraźnię.

Wyobraź sobie, że przybywa czarodziej, który ma taką fantastyczną moc, że spełni twoje życzenia. Wystarczy tylko, żebyś przygotowała pełną listę wszystkich swoich oczekiwań związanych ze swoim partnerem.

Zapomnij o tym, że oczekiwania mogą być destrukcyjne.

W tym magicznym świecie, do którego za chwilę się przeniesiemy, wszystko jest możliwe, a czarodziej jest tu dla ciebie tylko po to, żeby wszystkie twoje oczekiwania spełnić. Nikt nie będzie ciebie osądzał ani pytał dlaczego.

Możesz ulżyć swojemu sercu i napisać wszystko, absolutnie wszystko, czego oczekujesz od swojego partnera.

Jeśli wolisz, nie pisz tego w książce, do której może zajrzeć ktoś niepowołany. Weź kartkę papieru, którą będziesz potem mogła bezpiecznie schować, tak żeby nikt nigdy nie odkrył twoich sekretnych oczekiwań.

Gdybym ja miała sporządzić taką listę dziesięć lat temu, zapewne wyglądałaby tak:

Chcę, żeby mój chłopak zawsze mnie kochał.
Chcę, żeby nigdy mnie nie opuścił.
Chcę, żeby oświadczył mi się w romantyczny, cudowny sposób.
Chcę, żeby codziennie mówił mi, że jestem piękna.
Chcę, żeby był zawsze blisko kiedy go potrzebuję.
Chcę, żeby był zawsze dla mnie dobry.
Chcę, żeby był zawsze absolutnie uczciwy.
Chcę, żeby był w duszy dobrym człowiekiem i kierował się życzliwością wobec wszystkich.
Chcę, żeby był wolny od nałogów i uzależnień.
Chcę, żeby często dawał mi prezenty.
Chcę, żeby zawsze wiedział czego potrzebuję.
Chcę, żeby pocieszał mnie zawsze kiedy jestem smutna.
Chcę, żeby mnie często chwalił.

Chcę, żeby był wobec mnie zawsze pozytywnie nastawiony.

Chcę, żeby mówił, że jestem miłością jego życia.

Chcę, żeby mi pomagał.

Chcę, żeby wyręczał mnie w tym, co wydaje mi się trudne.

Chcę, żeby mi zawsze dobrze doradzał.

Chcę, żeby patrzył na mnie zakochanymi oczami.

Chcę, żeby całował mnie w nadgarstki.

Chcę, żeby był romantyczny i czuły.

Chcę, żeby zawsze miał dla mnie czas.

Chcę, żeby był dla mnie mądrym przewodnikiem.

Chcę, żeby rozjaśniał moje życie.

Chcę, żeby wnosił do mojego życia radość.

Chcę, żeby zawsze był dla mnie cierpliwy i wyrozumiały.

Chcę, żeby zawsze był dla mnie pogodny i miły.

Chcę, żeby zawsze był gotów wysłuchać tego, co mam mu do powiedzenia.

Chcę, żeby lubił to co ja.

Chcę, żeby trzymał mnie za rękę.

Chcę, żeby cieszył się z mojej obecności.

Chcę, żeby zawsze był blisko.

Teraz ty.

Napisz czego tak naprawdę potrzebujesz i chcesz. Wszystko, co przyjdzie ci do głowy, nawet jeśli wydaje się to z pozoru niemożliwe.

Raz w życiu po prostu pójdź na całość, bez żadnych ograniczeń. Zobaczysz, że będziesz z tego zadowolona.

Twoja lista może być dowolnie długa. Możesz ją później uzupełniać kiedy przypomnisz sobie o innych ważnych rzeczach, które są ci potrzebne do szczęścia. Gotowa?

Oto miejsce dla ciebie.

Teraz mam dla ciebie najlepszą, pozytywną wiadomość. Taką, która naprawdę pomoże ci wreszcie odmienić twoje życie.

Wszystkie oczekiwania, które wypisałaś na poprzednich stronach są w rzeczywistości tym wszystkim, czego dotychczas nie byłaś w stanie dać samej sobie. I właśnie w tobie leży sekret twojej szczęśliwej przyszłości.

Przeczytaj jeszcze raz listę swoich oczekiwań wobec partnera, ale teraz skieruj je wobec samej siebie. Zobaczysz, że wszystko będzie idealnie pasowało!

Kiedy pisałam, że *Chcę, żeby mój chłopak zawsze mnie kochał*, to tak naprawdę znaczyło, że ja nigdy dotychczas nie byłam w stanie siebie pokochać. Czyli w gruncie rzeczy chodziło mi o to, żebym to JA ZAWSZE SIEBIE KOCHAŁA!

Kiedy pisałam, że *Chcę, żeby nigdy mnie nie opuścił*, to znaczyło, że ja nigdy dotychczas nie byłam w stanie dać sobie wsparcia i poczucia bezpieczeństwa, więc szukałam go ciągle u innych ludzi! A więc tak naprawdę chciałam, żebym to ja była w stanie obiecać sobie, że zawsze ze sobą będę jako przyjaciel.

Kiedy pisałam, że *Chcę, żeby oświadczył mi się w romantyczny, cudowny sposób*, to znaczy, że nigdy dotychczas nie dałam sobie potwierdzenia, że jestem dla siebie ważna, a więc tak naprawdę potrzebowałam potwierdzenia od samej siebie, że jestem ważna, kochana i chcę od samej siebie usłyszeć deklarację, że chcę ze sobą być!

Kiedy pisałam, że *Chcę, żeby codziennie mówił mi, że jestem piękna*, to w rzeczywistości oznaczało, że nigdy samej siebie nie potrafiłam zaakceptować taką, jaka jestem! Wiecznie krytykowałam siebie za to jak wyglądam, nie umiem się ubrać ani uczesać i nie jestem równie piękna jak inne dziewczyny. A więc w gruncie rzeczy chodziło mi o to, żebym sama sobie dała bezwarunkową akceptację i pozytywne spojrzenie.

Kiedy pisałam, że *Chcę, żeby był zawsze blisko kiedy go potrzebuję*, to oznaczało, że dotychczas odrzucałam siebie i nie zwracałam uwagi na moje potrzeby, więc nieświadomie przerzucałam te oczekiwania na innych! Czyli tak naprawdę najbardziej potrzebowałam tego, żeby być dla samej siebie dobrą, opiekuńczą przyjaciółką, która jest zawsze blisko i zawsze gotowa do pomocy.

Kiedy pisałam, że *Chcę, żeby był zawsze dla mnie dobry*, to oznaczało, że ja sama dla siebie nigdy nie nauczyłam się być dobra, cierpliwa i wyrozumiała. Odrzucałam samą siebie, karałam siebie za to, czego w sobie nie lubiłam, byłam dla siebie surowym sędzią, krytykiem i katem, ale nigdy nie nauczyłam się być dla siebie dobrym przyjacielem. I to jest dokładnie to, czego w rzeczywistości najbardziej potrzebowałam!

Kiedy pisałam, że *Chcę, żeby był wolny od nałogów i uzależnień*, to znaczyło, że sama zmagałam się ze swoimi słabościami i nałogami, ale wstydziłam się przed samą sobą do nich przyznać. Tak długo, jak przed sobą ukrywałam ich istnienie, nie miałam szansy, żeby siebie uzdrowić. Czyli tak naprawdę pragnęłam uwolnić *siebie* od uzależnień, nad którymi nie miałam żadnej władzy!

Kiedy pisałam, że *Chcę, żeby często dawał mi prezenty*, to znaczyło, że dotychczas nie umiałam samej siebie traktować z miłością ani dać sobie czegoś w bezinteresownym prezencie! Nie lubiłam siebie, uważałam w głębi serca, że nie zasługuję ani na szczęśliwe życie, ani na nagrodę, ani nawet na pochwałę za coś, co zrobiłam dobrze. Byłam dla siebie wrogiem! Oczekiwałam, że ktoś inny ocali mnie przed samą sobą i obdaruje mnie tym, czego samej sobie zabraniałam!

Tak naprawdę chodziło mi o to,
żeby mieć dobrego, wiernego,
uczciwego i kochającego przyjaciela,
który jest zawsze gotowy do rozmowy i pomocy,
obsypuje mnie podarkami,
zawsze ma dla mnie czas
i kocha mnie najbardziej na świecie.

TO WSZYSTKO PRZECIEŻ
JA MOGĘ DAĆ SAMEJ SOBIE!!!!!!

Więcej ci powiem.
Ja to naprawdę zrobiłam.

Kiedyś byłam dziewczyną, która w dziecinny, uzależniony sposób podświadomie oczekiwała i żądała, że partner ma obowiązek zaspokoić moje potrzeby. Kiedy tego nie robił, byłam nieszczęśliwa. A kiedy byłam nieszczęśliwa, to sama nie mogłam dać szczęścia mojemu partnerowi.

Stąd biorą się wszystkie kłótnie i wojny w związkach. Nienawistne rozstania i podszyte goryczą powroty.

Patrzysz wtedy na swojego partnera przez pryzmat wszystkich rozczarowań, jakich od niego doznałaś, więc podświadomie wysyłasz do niego chmurę żalu, smutku, pretensji i żądań.

Dziwisz się, że on chce wtedy uciekać albo przyjmuje postawę obronną?

Od drugiego człowieka dostajesz to samo, co jesteś w stanie jemu dać.

Kiedy widzisz w nim głównie winowajcę twoich złych nastrojów i rozczarowań, on też będzie patrzył na ciebie jak na źródło wiecznego niezadowolenia i żądań.

Czy myślisz, że na takim gruncie jesteście w stanie stworzyć zdrowy związek?

ROZDZIAŁ 51

Jak to zrobić

Lista życzeń, którą stworzyłaś na poprzednich stronach, jest lustrem twojej duszy i twojego nastawienia do samej siebie.

Wszystko, co napisałaś o swoim partnerze – lub wszystko co napisałeś o swojej partnerce – tak naprawdę odnosi się do ciebie samej/ciebie samego.

To jest lista życzeń, ale jednocześnie możesz też na to spojrzeć jak na gotowy plan działania.

Gdybym cię zapytała czego potrzebujesz do szczęścia, pewnie nie wiedziałabyś co odpowiedzieć albo wskazałabyś na coś, co musiałabyś zdobyć lub osiągnąć, czyli instynktownie znów koncentrowałabyś się na czymś, co musiałabyś dostać od zewnętrznego świata. Może powiedziałabyś, że do prawdziwego szczęścia musisz mieć dziecko albo męża albo milion złotych. Albo dom z ogrodem, psa lub podróż do wymarzonego kraju.

Może powiesz, że do prawdziwego szczęścia musisz mieć dom z ogrodem albo podróż do Indii.

Od razu ci powiem, że uzależnianie swojego szczęścia od ludzi, rzeczy, osiągnięć albo zdobyczy da ci chwilową iluzję, po której powróci to samo poczucie pustki i emocjonalnego głodu.

Skutecznie możesz go nasycić tylko w jeden sposób.

Zaopiekuj się sobą.
Zacznij dostrzegać siebie jako osobę.
Zacznij się szanować i lubić.

Pokochaj siebie.
Bądź ze sobą w stałym kontakcie.
Rozmawiaj ze sobą.

Bądź dla siebie najlepszym przyjacielem.

Przestań czekać aż ktoś domyśli się czego potrzebujesz.
Przestać obarczać innych odpowiedzialnością za swoje życie i samopoczucie.
Przestań żądać, żeby inni ludzie dostarczyli ci to, czego pragniesz.

Ty i tylko ty najlepiej potrafisz to zrobić.
Ty i tylko ty masz pełen wgląd do swojej duszy i swojego serca.
Ty i tylko ty jesteś człowiekiem, który *na pewno* będzie z tobą do końca życia, a pewnie i dłużej.

Ty i tylko ty rozumiesz siebie bez słów.

Ty i tylko ty jesteś w stanie dać sobie taką miłość, która ukoi twoją samotność.

Teraz zapytasz mnie jak to zrobić?

Powiesz, że łatwo powiedzieć, że masz kochać siebie i być dla siebie przyjacielem? Powiesz też może, że próbowałaś i że ci nie wyszło. Albo powiesz, że twój przypadek jest inny i że ty nie jesteś w stanie tego dokonać?

A ja ci odpowiem z pełnym przekonaniem, że potrafisz!

Na pewno potrafisz!

Musisz tylko zrobić to we właściwy sposób, z odpowiednim nastawieniem i z wystarczającym zapasem uporu i wytrwałości.

Chodzi o to, żeby nauczyć twoją podświadomość nowych przekonań. Jeśli nie pamiętasz co mam na myśli, to zajrzyj na początek książki, gdzie piszę o nawykach myślowych wyniesionych z dzieciństwa.

To wystarczy zmienić, żeby odzyskać umiejętność doświadczania trwałego szczęścia.

Czy myślisz, że jesteś gotowa spróbować?

Przygotowałam roczny program ćwiczeń nowego sposobu myślenia.

Najważniejszą zasadą tego kursu jest to, żeby codziennie – absolutnie codziennie bez wyjątku – wprowadzać do podświadomości nowe wzory. W ten sposób wykorzystujesz ten sam mechanizm, na bazie którego powstały wcześniejsze, negatywne przekonania.

Te, który podszeptują, że jesteś głupi, gorszy, bezwartościowy, nie masz prawa do szczęścia, nie zasługujesz na miłość, napełniają cię strachem, uprzedzeniami i katastroficznym podejściem do rzeczywistości.

Takie instynktowne przekonania zostały w tobie zapisane na podstawie często powtarzających się sygnałów, jakie docierały do ciebie ze świata kiedy byłeś dzieckiem.

Jeśli nie jesteś szczęśliwy w miłości, to na 100% wciąż nosisz je w duszy i to one właśnie prowadzą cię przez życie.

Nie można ich wymazać gumką ani utopić. Nie można ich wyrwać jak chwasty ani wypalić ogniem.

Można je tylko na nowo zapisać.
I trzeba je zapisać tą samą metodą,
jaką w tobie powstały,
czyli poprzez miliony powtarzających się komunikatów
o jednolitej, konsekwentnej treści, które
budują w tobie nowy, pozytywny zestaw przekonań.

Mój roczny program ćwiczeń nazywa się „Kurs pozytywnego myślenia" i składa się z dwunastu książek – po jednej na każdy miesiąc.

W każdej książce jest trzydzieści albo trzydzieści jeden tekstów – po jednym na każdy dzień miesiąca. Po każdym tekście jest miejsce na ćwiczenie, czyli twoje osobiste notatki, którymi utrwalasz to, czego nauczyłeś się dzisiaj.

To codzienne ćwiczenie zajmie ci około dziesięciu, może piętnastu minut. Przyznasz, że to niewiele na dwadzieścia cztery godziny.

Najlepiej jeśli będziesz to robić codziennie rano, bo wtedy na resztę dnia zabierasz w myślach i w sercu to, czego się właśnie nauczyłaś.

Kolejne tomy z serii mają następujące tytuły:

1. Moja wewnętrzna moc
2. Wierzę w szczęście
3. Świat mi mówi: Kocham cię!
4. Moje Wewnętrzne Ja
5. Wszystko będzie najlepiej
6. Sięgam po odwagę
7. Wszystko mogę zacząć od nowa
8. Działam efektywnie
9. Żyję tu i teraz
10. Jestem dyrektorem mojego życia
11. Idę moją własną drogą
12. Jestem pozytywnym wojownikiem

Możesz zacząć od dowolnej książki, bo każda z nich jest całością samą w sobie. W pierwszym tomie pt. „Moja wewnętrzna moc" jest dodatkowy wstęp wyjaśniający sposób działania podświadomości i to, w jaki sposób to co się w niej znajduje wpływa na twoje samopoczucie, postrzeganie samego siebie i na twoje życie.

ROZDZIAŁ 52

Ćwiczenie na dziś

Ćwiczenie na dziś.

Zapomnij o wszystkim co było.

Zapomnij na jeden dzień o wszystkim, co on zrobił źle i głupio, jak cię zranił, skrzywdził i oszukał.

Na jeden dzień zamknij wszystkie złe wspomnienia w pirackiej skrzyni i spójrz na swojego partnera tak, jakbyś spotkała go dzisiaj.

Wyobraź sobie, że nic o nim nie wiesz.

Czy wiesz dlaczego związki na początku są pełne tak cudownej radości?

Dlatego że partnerzy patrzą na siebie z ciekawością.
Chcą się lepiej poznać i zrozumieć.
Są wolni od wszystkich obciążających przykrych wspomnień. Są wolni od wzajemnych uprzedzeń!

On nigdy nie pomyśli, że „ona zawsze musi mi przerwać", a jej wzroku nie przesłoni uparta myśl, że „on nigdy nie ma dla mnie czasu". Patrzą na siebie z pozytywną życzliwością.

Powiedz mi.

Czy myślisz, że wciąż to potrafisz?...

Spróbuj więc dzisiaj zapomnieć na jeden dzień o wszystkim, co wiesz o swoim mężu albo o swojej żonie.

Zapomnij o wszystkim, co on zrobił, co ona powiedziała, co ona „ciągle robi" albo czego on „nigdy nie robi".

Spójrz na niego tak, jak patrzy się na CZŁOWIEKA.

Nie na twoją własność przypieczętowaną obrączką.

Nie na niewolnika, który ma obowiązek wypełniać twoje oczekiwania i dostarczać ci dobre samopoczucie.

Czy wiesz, że to wszystko, co „wiesz" o swoim mężu albo o swojej żonie, może być już nieprawdą?

Czy wiesz, że jeśli ty od lat myślisz o nim przez pryzmat wad i przywar, jakie w nim znalazłaś, to w pewien sposób utwierdzasz w nim te wady i słabości, bo ciągle mu je wytykasz i ciągle nosisz je w sercu?

Spróbuj na jeden dzień zapomnieć o tym, co już o nim wiesz.

O wszystkim, czego w nim nie lubisz, o wszystkim, co ci przeszkadza.

Spójrz na niego jak na kogoś, kto pojawił się w twoim życiu z pewną specjalną misją. Jak na kogoś, kogo spotykasz dzisiaj po raz pierwszy.

Czy myślisz, że potrafisz myśleć o swoim mężu/o swojej żonie z szacunkiem i przyjaźnią przez JEDEN CAŁY DZIEŃ?

Powiesz, że to nie ma sensu, bo przecież nawet jeżeli ty dokonasz tego wysiłku, to zapewne on to zniszczy, bo będzie patrzył na ciebie tak samo jak dotąd.

A ja ci odpowiem, żebyś nie zajmowała się tym, co on myśli ani co on „zapewne zrobi", dlatego że nie możesz tego wiedzieć i niepotrzebnie budujesz przeszkody, usztywniasz się i szukasz negatywów.

I powiem ci też, że zasada lustrzanego odbicia działa fantastycznie także w tym przypadku.

Jeżeli dotychczas żyjecie we wzajemnej niechęci, wśród dawnych nieporozumień, niewyjaśnionych spraw, wzajemnych zarzutów, przeprosin i chwil zgody, to oboje podchodzicie do siebie z uprzedzeniami.

Tak długo jak oboje posługujecie się tym samym sposobem myślenia („po co ja mam się starać, skoro jemu i tak na niczym nie zależy" albo „cokolwiek zrobię, ona i tak zawsze będzie wściekła i niezadowolona"), to tkwicie po uszy we wzajemnym obwinianiu, trzymaniu się na dystans i skrywanej wrogości, za którą kryje się lęk.

Czy myślisz, że na takim nastawieniu można budować związek i wspólną przyszłość?

Czy naprawdę właśnie tak chcesz przeżyć następnych dziesięć lat swojego życia?

Czy myślisz, że byłabyś skłonna spróbować inaczej?

Kiedy jeden człowiek w związku zaczyna się wewnętrznie zmieniać, jego nowe pozytywne nastawienie promieniuje na wszystkich i wszystko dookoła. Pod jego wpływem sprawy i ludzie też zmieniają się na lepsze.
Nie pytaj więc czy ty musisz zawsze „wszystko robić za niego", tylko po prostu zrób to dla siebie.
Nie robisz tego dla związku, nie poświęcasz się dla drugiej osoby.
Robisz to po to, żeby osobiście czuć się bardziej szczęśliwa.

Wolna od osądzania, szukania wad, wytykania słabości, wojny na słowa, uzależnienia od partnera, emocjonalnego dźwigania uprzedzeń i schematów myślowych, które ograniczają twoje postrzeganie zarówno samej siebie, jak i życia oraz innych osób.

Spróbuj dzisiaj przez jeden dzień zapomnieć o tym, co było.

Spróbuj dzisiaj przez jeden dzień spojrzeć na życie jak na przygodę, która trwa właśnie teraz.

Spróbuj dzisiaj przez jeden dzień spojrzeć na swojego partnera tak, jakbyś widziała go po raz pierwszy. Bez przypisywania mu żadnych cech, bez przewidywania co zrobi lub pomyśli.

Spróbuj dać sobie dzisiaj wolność od przeszłości.

Wyobraź sobie, że na jeden dzień przenosisz się na planetę, gdzie wszyscy szanują się nawzajem, wszyscy traktują się z życzliwą przyjaźnią i wszyscy dają sobie dobro.

I taka właśnie bądź.

ROZDZIAŁ 53

Rozpalić płomyk

Pamiętam, że kilkanaście lat temu szukałam sposobu naprawienia mojego związku i w jednej z gazet znalazłam artykuł o tym, że po latach bycia razem ludzie są sobą znudzeni, pojawia się monotonia i rutyna, która niszczy spontaniczność, i że jest to całkowicie naturalne zjawisko.

Autor zalecał dodanie pieprzu w sypialni. Przebieranie się, seksowną bieliznę, oglądanie filmów erotycznych. To miało na nowo rozpalić w nas ogień.

Albo raczej płomyk.

Bo przecież prawdziwy ogień podsycający istnienie związku składa się z wielu rzeczy. A najsilniejsze i najważniejsze są w nim emocje, jakie wam towarzyszą.

Szacunek dla drugiej osoby, przyjaźń, życzliwe nastawienie, bez osądzania, krytykowania i doszukiwania się wad to najlepsze paliwo dla szczęśliwego związku.

Poczucie wyższości, pogarda, niechęć, wytykanie błędów, krytykowanie, oczekiwania i żądania to najbardziej skuteczny sposób, żeby związek zniszczyć.

Załóżmy, że posłuchasz rady eksperta i postanowisz „dodać pieprzu w sypialni". Przebierzesz się za Czerwonego Kapturka albo kupisz czerwony koronkowy komplet bielizny, polecany jako najbardziej seksowny. Włożysz go wieczorem, pójdziesz do sypialni i spotkasz tam... kogo?

Spotkasz tam swojego męża, o którym wiesz, że „on i tak nie lubi niczego nowego", „on zawsze jest zmęczony o tej godzinie", „on pewnie powie, że niepotrzebnie wydałam tyle pieniędzy".

Przypomnisz sobie jak się kłóciliście o pieniądze i to, że on ostatnio za dużo czasu spędza ze swoim telefonem i ciągle wysyła smsy nie wiadomo do kogo.

Zamiast podekscytowania będziesz czuła niepewność czy mu się podobasz, bo przecież on „nigdy nie mówi tego co naprawdę o mnie myśli", a ty niezbyt dobrze czujesz się we własnej skórze.
Pomyślisz, że „jemu wcale nie zależy na naszym związku, to ja zawsze muszę wszystko robić", „on jest zbyt leniwy i egocentryczny", „zawsze myśli tylko o sobie".

Przebierzesz się za Czerwonego Kapturka albo włożysz czerwoną koronkową bieliznę.

Być może rozpalisz płomyk tej nocy, ale czy myślisz, że ten płomyk naprawi wasz związek?

Ja myślę, że nie.

Prawdziwą energią każdego związku są emocje, jakie za nim stoją. To one decydują o tym czy jest wam razem dobrze, czy źle.

Nie to jak bardzo się starasz, jak się poświęcasz i jak dużo dla niego robisz. Raczej to, jakie emocje ci przy tym towarzyszą, czyli to, jakie są twoje prawdziwe intencje. Jakie jest prawdziwe źródło twojego zachowania.

Wiesz dlaczego?

Bo jeżeli w głębi serca czujesz, że jeśli ty będziesz starała się zaspokoić jego potrzeby, to on będzie także usiłował spełniać twoje oczekiwania, to dajesz mu nie miłość, tylko rodzaj podświadomej manipulacji.

Ja dam ci to, czego ty chcesz, a w zamian oczekuję, że dostanę to, co jest dla mnie ważne.

Ja będę się poświęcała i gotowała dla ciebie obiad, a w zamian oczekuję, że ty będziesz mi wierny.

Ja będę miła dla twojego ojca (którego nie znoszę, bo uważam go za tyrana, który terroryzuje całą rodzinę), a w zamian oczekuję, że ty będziesz się mną opiekował i pomagał mi kiedy ciebie potrzebuję.

To jest wymiana świadczeń, a nie miłość.
To jest handel wymienny zbudowany na negatywnych emocjach, podświadomych żądaniach i nieszczerości.

Myślisz, że to ma szansę działać?
Ja myślę, że nie.

Co w takim razie w zamian?
To, o czym opowiedziałam ci wcześniej.

Skoncentruj się na tym, żeby zbudować swoją pozytywną, wewnętrzną moc.
Naucz się myśleć pozytywnie.
Naucz się patrzeć na siebie i innych ludzi bez uprzedzeń.

Zacznij budować dobrą, silną relację z samą sobą. Relację opartą na szacunku, przyjaźni i akceptacji.
Kiedy nauczysz się kochać i szanować samą siebie, instynktownie tak właśnie będziesz też traktować innych ludzi.

Bez oczekiwania na wdzięczność, bez żądania wzajemności, bez żadnej świadomej czy podświadomej próby manipulacji. Bez osądzania, bez krytykowania, bez doszukiwania się negatywnych stron.

Kiedy nauczysz się żyć z samą sobą w stanie akceptacji, szacunku, przyjaźni, wsparcia i miłości, poczujesz się wolna.

**Na tyle wolna i pełna dobrych, budujących,
pozytywnych emocji, że z radością
będziesz się nimi dzieliła ze światem i swoim partnerem.**

**I właśnie wtedy otrzymasz od niego tyle samo
uczciwej, szczerej miłości, akceptacji i przyjaźni.**

ROZDZIAŁ 54

Jeśli chcesz zniszczyć swój związek

Jeśli jesteś kobietą i chcesz zniszczyć swój związek, oto co warto robić jak najczęściej:

Mów swojemu partnerowi co ma robić i jak.
Sprawdzaj jak zrobił to, o co go prosiłaś.
Sprawdzaj gdzie był i z kim.
Czytaj jego maile i smsy.
Próbuj go ocalić przed samym sobą.
Poprawiaj go kiedy zrobi błąd.
Udowadniaj, że masz rację.
Pogardzaj nim.
Mów mu, że jego hobby jest głupie i bezwartościowe.
Pytaj czy on cię kocha.
Każ mu chodzić na rodzinne obiady nawet kiedy nie chce.
Mów mu co powinien zrobić.

Zmuszaj go do robienia rzeczy, które powinien zrobić.

Nagradzaj go za dobre zachowanie i wymierzaj mu kary za złe zachowanie, niezgodne z twoimi oczekiwaniami.

Bądź ciągle niezadowolona i zawsze szukaj jego wad.

Wypominaj mu to, czego w nim nie lubisz.

Wyśmiewaj się z niego.

Skarż się na niego swoim rodzicom i przyjaciółkom.

Kpij z jego męskości.

Podważaj jego wartość jako człowieka.

Obrażaj się.

Wypominaj mu, że za dużo je albo zużywa za dużo wody.

Jak najczęściej używaj z wyrzutem wyrażeń *Bo ty nigdy...* oraz *Bo ty zawsze...*

Osądzaj jego zachowanie i wypowiedzi.

Wyrażaj się z powątpiewaniem lub/i lekceważeniem o jego nowych pomysłach i planach.

Wypominaj mu jego wady i przywary.

Mów mu, że jest głupi, leniwy, niezorganizowany, chaotyczny, że niczego nie potrafi porządnie zrobić.

Mów mu, że jest gorszy niż inni mężowie.

Opowiadaj mu o mężczyznach, którzy są lepsi i przystojniejsi niż on.

Skarż się, że on jest niewystarczająco ______________________________

____

____

(wpisz tutaj swoje wiecznie niespełnione oczekiwania)

Okazuj niezadowolenie, że on spędza czas poza domem i bez ciebie.

Zabraniaj mu spotykania się z kimś, kogo nie lubisz.

Bądź zazdrosna o niego.

Bądź zazdrosna o to, że on ma swoją pasję i czas, żeby się nią zajmować.

Kontroluj ile zarabia i sprawdzaj czy płaci dokładnie połowę waszych wspólnych wydatków.

Próbuj go zmienić.

Zdradzaj.

Kłam kiedy prawda jest dla ciebie niewygodna.

Krytykuj jego sposób jazdy samochodem.

Kontroluj to co robi, jak je i jak się ubiera.

Jeśli jesteś mężczyzną i chcesz zniszczyć swój związek, oto co warto robić jak najczęściej:

Mów swojej partnerce co ma robić i jak.

Sprawdzaj jak zrobiła to, o co ją prosiłeś.

Sprawdzaj gdzie była i z kim.

Czytaj jej maile i smsy.

Próbuj ją ocalić przed samą sobą.

Poprawiaj ją kiedy zrobi błąd.

Udowadniaj, że masz rację.

Pogardzaj nią.

Mów jej, że jej hobby jest głupie i bezwartościowe.

Pytaj czy ona cię kocha.

Każ jej chodzić na rodzinne obiady nawet kiedy nie chce.

Mów jej co powinna zrobić.

Zmuszaj ją do robienia rzeczy, które powinna zrobić.

Nagradzaj ją za dobre zachowanie i wymierzaj jej kary za złe zachowanie, niezgodne z twoimi oczekiwaniami.

Bądź ciągle niezadowolony i zawsze szukaj jej wad.

Wypominaj jej to, czego w niej nie lubisz.

Wyśmiewaj się z niej.

Skarż się na nią swoim rodzicom i przyjaciółkom.

Kpij z jej kobiecości.

Podważaj jej wartość jako człowieka.

Obrażaj się.

Wypominaj jej, że za dużo je albo zużywa za dużo wody.

Jak najczęściej używaj z wyrzutem wyrażeń *Bo ty nigdy*... oraz *Bo ty zawsze*...

Osądzaj jej zachowanie i wypowiedzi.

Wyrażaj się z powątpiewaniem lub/i lekceważeniem o jej nowych pomysłach i planach.

Wypominaj jej wady i przywary.

Mów jej, że jest głupia, leniwa, niezorganizowana, chaotyczna, że niczego nie potrafi porządnie zrobić.

Mów jej, że jest gorsza niż inne żony.

Opowiadaj jej o kobietach, które są lepsze i ładniejsze niż ona.

Skarż się, że ona jest niewystarczająco ______________________

____

____

(wpisz tutaj swoje wiecznie niespełnione oczekiwania)

Okazuj niezadowolenie, że ona spędza czas poza domem i bez ciebie.

Zabraniaj jej spotykania się z kimś, kogo nie lubisz.

Bądź o nią zazdrosny.

Bądź zazdrosny o to, że ona ma swoją pasję i czas, żeby się nią zajmować.

Kontroluj ile zarabia i sprawdzaj czy płaci dokładnie połowę waszych wspólnych wydatków.

Próbuj ją zmienić.

Zdradzaj.

Kłam kiedy prawda jest dla ciebie niewygodna.

Krytykuj jej sposób jazdy samochodem.

Kontroluj to co robi, jak je i jak się ubiera.

Jeśli zgromadzisz wszystkie lotki,
to przecież nie oznacza, że jesteś
najlepszym graczem w badmintona.

Dwanaście zasad zdrowego i szczęśliwego związku.

1. Dzielę się tym co mam – samochodem, domem, pieniędzmi, jedzeniem, ulubionymi słodyczami i przedmiotami.

2. Daję mojemu partnerowi/mojej partnerce akceptację bez stawania warunków.

3. Daję tylko pozytywne emocje.

4. Nie oceniam tego jak on/ona prowadzi swoje życie, jak myśli ani jakie popełnia błędy. Nie robię tego ani w myślach, ani tym bardziej na głos. Szanuję to, że jest niezależnym, dorosłym człowiekiem i ma prawo żyć po swojemu.

5. Nie osądzam jego/jej sposobu myślenia, bo wiem, że w pełni mogę znać i kontrolować jedynie moje własne myśli.

6. Nie próbuję go/jej zmienić ani naprawić. Daję mu/jej prawo do bycia odpowiedzialnym/odpowiedzialną za siebie. Tak samo jak ja czuję się odpowiedzialny/odpowiedzialna za moje życie.

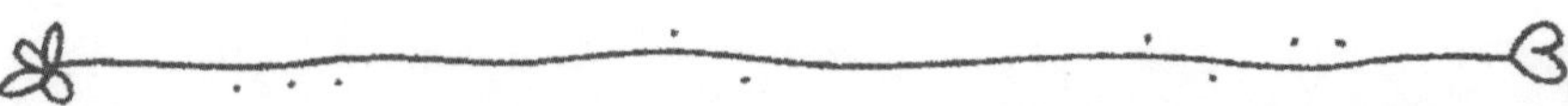

7. Nie wymagam i nie oczekuję, że przejmie mój styl życia, na przykład zostanie weganinem/weganką, zacznie uprawiać sport się albo zdrowo odżywiać. Jeżeli woli jeść śmieciowe jedzenie i słodycze, to jego/jej sprawa.

8. Szanuję jego/jej wybory nawet jeżeli ich nie podzielam.

9. Nie mówię mu/jej co ani jak ma zrobić.

10. Nie komentuję tego, że niedokładnie sprząta, źle robi pranie albo niewłaściwie prowadzi samochód. Ja robię to po swojemu – on/ona też ma do tego prawo.

11. Nie oczekuję, że będzie ze mną zawsze i że zawsze będzie mnie kochał/kochała.

12. Biorę to, co mi daje i nie żądam więcej. Jeśli jest coś, czego mi brakuje, to znaczy, że niewystarczająco opiekuję się samą/samym sobą!

Dziesięć zasad zdrowego myślenia w związku:

1. Jestem z moim partnerem/partnerką dlatego, że chcę z nim/z nią być, a nie dlatego, że muszę.

2. Jeżeli nie jestem w stanie zaakceptować go takim jaki jest/ taką jaka jest, jeżeli nie umiem go szanować bez stawiania warunków, to znaczy, że nie umiem kochać, więc postanawiam spędzić tyle czasu z samą sobą, aż się tego nauczę.

3. Zamiast użalać się nad sobą, daję sobie miłość.

4. Codziennie medytuję, żeby utrzymać wewnętrzną równowagę.

5. Mam stały kontakt z Siłą Wyższą.

6. Drugi człowiek nie jest dostawcą niczego, czego brakuje w moim życiu. Ja sama muszę to określić i odnaleźć w sobie.

7. Codziennie spędzam świadomie czas z samą sobą, prowadzę ze sobą dialog, rozmawiam ze sobą o swoich potrzebach i pragnieniach.

8. Oprócz związku mam też swoje własne życie. Mam moje pasje, rozwijam moje zainteresowania,

9. Dbam o mój rozwój jako człowieka – czytam książki, oglądam filmy dokumentalne, uczę się języków obcych i nowych umiejętności.

10. Myślę pozytywnie.

ROZDZIAŁ 55

Jesteś ważny

Czy wiesz czego najbardziej potrzebuje każdy człowiek na świecie?

Każdy człowiek potrzebuje czuć się WAŻNY, AKCEPTOWANY I KOCHANY.

Myślę, że o tym ludzie w związkach zapominają najczęściej.

Patrzą na siebie, ale przestają siebie *widzieć*.

Widzą raczej to, co spodziewali się zobaczyć, bo są przyzwyczajeni do tego, w co wierzą. Na przykład w to, że „on zawsze się spóźnia", a „ona nigdy nie wybacza".

Każdy człowiek potrzebuje czuć się ważny. Zauważony. Ważny dla kogoś.

Czy myślisz, że dajesz swojemu partnerowi poczucie, że on jest *ważny*?

Nie w sensie bycia ważniejszym od ciebie.

Nie w taki sposób, który jednocześnie sugeruje, że ty jesteś mniej ważna, więc musisz się dla niego poświęcać.

I nie tak, żebyś ty czuła się poniżona albo wykorzystana.

Chodzi raczej o takie zachowanie, które pozwala mu się poczuć wartościową osobą. Równie wartościową jak inni ludzie. Osobą, która jest potrzebna i ma swoje miejsce na świecie.

Od razu ci powiem, że ja kiedyś w ogóle tego nie potrafiłam.

W związkach zawsze usiłowałam udowodnić, że to ja wiem lepiej i zawsze starałam się udowodnić mojemu partnerowi to, że się myli, że jest gorszy i że jest głupi.

Wiesz dlaczego?

Bo w gruncie rzeczy tak właśnie podświadomie myślałam o sobie. Niezależnie od tego co głosiłam na zewnątrz, w głębi serca uważałam siebie za śmiecia gorszego od innych ludzi, nie zasługującego na miłość ani prawo do życia.

Dlatego właśnie za wszelką cenę usiłowałam zdobyć trochę pewności siebie i poczucia własnej wartości poprzez odbieranie i podważanie wartości drugiego człowieka. Tak jakby moja wartość rosła wtedy, kiedy jego wartość maleje. Co oczywiście jest tylko wielkim podświadomym kłamstwem i manipulacją. I wcale nie prowadzi do prawdziwego uzdrowienia emocji ani podniesienia mojej samooceny.

To trochę tak, jakby ktoś na boisku chciał za wszelką cenę zgromadzić po swojej stronie wszystkie lotki, żeby w ten sposób udowodnić, że jest najlepszym graczem w badmintona.
Ale przecież nie ilość lotek decyduje o tym czy jesteś mistrzem, tylko to, czy naprawdę potrafisz doskonale grać, bo trenowałeś swoje umiejętności przez wiele miesięcy i lat.

Z poczuciem własnej wartości jest tak samo.
Nikt nie może ci jej odebrać kiedy już ją masz, bo twoja wartość jako człowieka nie jest twoim samochodem, domem, wiedzą ani wygraną dyskusją.

Twoja wartość jako człowieka jest głębokim, instynktownym przekonaniem o tym, że jesteś ważny, tak samo ważny jak inni ludzie, masz równe prawo do tego, żeby być szczęśliwym i współuczestniczyć w życiu na Ziemi.

Tak długo jak nie czułam się wartościowym i ważnym człowiekiem, nie potrafiłam i zwyczajnie nie byłam w stanie dać mojemu partnerowi poczucia, że on także jest ważny i wartościowy.

Robiłam więc jedyną rzecz, którą potrafiłam, czyli ścigałam się z nim na to, kto komu udowodni, że jest lepszy, wie lepiej, ma zawsze rację, lepiej coś zrobił, dokonał czegoś większego, jednocześnie zawsze wytykając mu jego błędy i wpadki, krytykując to co powiedział, co zrobił, jak się zachował, oskarżając go o nielojalność, nieuczciwość, głupotę, brak serca, brak wiedzy i wiele innych wad.

On robił to samo.
Bo przecież ludzie są dla siebie lustrzanym odbiciem.

Poczucie własnej wartości kojarzyło mi się tylko z byciem lepszym od kogoś, korzystałam więc z każdej okazji, żeby to sobie (oraz jemu) udowodnić.
Porównywanie się, wojna, wyścigi, wzajemne oskarżenia i obwinianie. To miała być miłość?...

A przecież dać komuś poczucie, że jest ważny to jedna z najpiękniejszych rzeczy na świecie!
I w dodatku nie tylko nie ujmuje mojej ważności, ale w pewien sposób tworzy bardzo sympatyczną platformę do komunikacji.

To bardzo proste.

Kiedy drugi człowiek zaczyna do ciebie mówić, przerwij to, czym zajmowałeś się wcześniej i spójrz mu w oczy.

Nie mrucz znad telefonu albo laptopa, że słuchasz i że to ciekawe, tylko podnieś głowę i spójrz mu oczy. Nawiąż z nim świadomy kontakt. W ten sposób dajesz mu do zrozumienia, że *dostrzegasz* jego obecność.

Tak samo jak wtedy kiedy ktoś wchodzi do pokoju, przysiada się do stołu albo przyłącza się do grupy. To może być dziecko, partner albo obcy człowiek. Spójrz mu w oczy, nawiąż z nim świadomy kontakt, przywitaj.

W ten sposób dajesz mu poczucie, że jest *ważny*. Nie jest powietrzem niewidocznym dla ciebie, niewartym twojego zainteresowania ani uwagi. Jest WAŻNY.

Kiedy drugi człowiek opowiada ci o sobie, słuchaj. Nie przerywaj, nie wtrącaj opowieści o sobie, nie krytykuj, nie osądzaj. Pozwól mu opowiedzieć swoją historię do końca. To właśnie daje mu poczucie, że jest *ważny*. Ty poświęcasz mu swoją uwagę i swój czas, żeby wysłuchać tego, co ma do opowiedzenia.

Kiedy drugi człowiek dzieli się z tobą swoim osiągnięciem, pogratuluj mu. Bez sugerowania, że ty zrobiłeś to już dawno temu i zrobiłeś to lepiej. Albo że ty potrafiłbyś to zrobić szybciej. Ani że powinien był to zrobić już dawno temu. Bez podkreślania twoich własnych osiągnięć, które (podświadomie) miałyby przyćmić jego sukces. Bez wytykania mu błędów ani pouczania jak powinien to zrobić następnym razem.

Po prostu uciesz się z jego radości i powiedz, że to świetnie. W ten sposób pozwolisz mu się cieszyć tym, czego dokonał. Dajesz mu odczuć, że on jest *ważny* i zrobił coś *ważnego*.

Czy myślisz, że potrafisz zachować się tak wobec swojego partnera?

Powiesz mi, że on nigdy nie traktuje cię w taki sposób?

Domyślam się.

Żadne z was pewnie dotychczas nie było w stanie dać sobie takiego uczucia.

Ale przypomnę ci, że związek nie jest wzajemną wymianą pretensji i oczekiwań.

Zamiast z przyzwyczajenia krytykować jego zachowanie,
przypominać sobie wszystkie jego wady i czuć się ofiarą,
SPRÓBUJ ZŁAMAĆ SCHEMAT I ZRÓB TO INACZEJ.

Nieważne co on robi źle, jak często i w jaki sposób.
Nieważne ile ma wad, ograniczeń i słabości.

Dzisiaj przez jeden dzień
spróbuj dać mu poczucie, że jest *ważny*.
On jako człowiek.
Jako istota ludzka.
Nie jako twój mąż, chłopak, narzeczony.

Dzisiaj przez jeden dzień spróbuj
dać jej poczucie, że jest *ważna*.
Ona jako człowiek.
Jako istota ludzka.
Nie jako twoja żona, narzeczona, dziewczyna.

Spróbuj przez jeden dzień.
Żeby było ci łatwiej, skoncentruj się na ćwiczeniu tylko jednej umiejętności.
Słuchaj z uwagą tego, co do ciebie mówi.
Bez przerywania, bez oceniania, bez poprawiania, bez wytykania nielogiczności lub innych usterek.

Patrz w oczy i słuchaj.

A potem daj swojemu partnerowi/swojej partnerce odczuć, że szanujesz to, co zostało właśnie powiedziane.

Bez krytykowania, bez osądzania, bez naprawiania i bez udowadniania, że ty wiesz lepiej.

Czy potrafisz to zrobić przez jeden dzień?

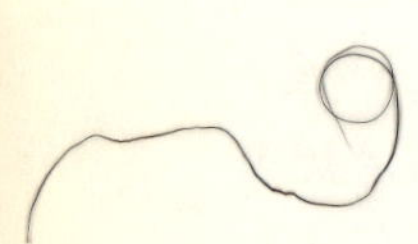

ROZDZIAŁ 56

Akceptacja

Oglądałam kiedyś film, którego tytułu nie pamiętam, ale utkwiła mi w pamięci jedna scena. Dorosły syn przyjeżdża do rodzinnego domu na święta. Jego ojciec jest szanowany i bogaty, być może jest prawnikiem, właścicielem stadniny koni albo fabryki. Ma duży dom, ciężko pracował na swój sukces i tego samego oczekuje od swoich dzieci.

Syn wchodzi do jego gabinetu. Ojciec siedzi przy biurku wśród przeszklonych bibliotek pełnych książek. Syn ma czterdzieści lat, ale porusza się tak, jakby został wezwany na dywanik do dyrektora szkoły.

Przez chwilę rozmawiają o pogodzie, a potem ojciec pyta kiedy syn zdecyduje się przejąć od niego prowadzenie rodzinnego interesu. Syn się wykręca. Mówi, że był zajęty, że właściwie nie za bardzo widzi siebie w takiej pracy.

Ojciec jest coraz bardziej surowy i odpychający. Pyta w jakim zawodzie syn siebie widzi, bo przecież jak pokazuje jego dotychczasowe życie żadnej pracy nie był w stanie utrzymać. Ciągle coś zaczyna, nigdy tego nie kończy, właściwie po prostu marnuje swój czas. Ma już czterdzieści lat, nie ma rodziny, nie ma pieniędzy, nie ma niczego, czym mógłby się pochwalić. Niczego, co stanowiłoby jakąkolwiek wartość (w oczach ojca).

Syn zaczyna się bronić. Mówi, że to jest jego życie i że on sam będzie decydował o tym co robi, jak i gdzie, że nie chce tego ciągłego naciskania i że nie znosi rodzinnej firmy. Będzie żył i ma powyżej uszu tych wiecznych kazań o tym co powinien i co mu wolno, a czego nie. Jest dorosły!

– W takim razie wynoś się z mojego domu! – wrzeszczy ojciec. – Zawsze wiedziałem, że jesteś nic nie wart! Nawet o siebie nie potrafisz się zatroszczyć, co dopiero o firmę! Zabieraj swoje rzeczy i wynoś się! Nie chcę cię więcej widzieć! Nigdy!!!

Syn zrywa się z krzesła i wybiega. Zanim otworzy drzwi widać jednak, że po ich drugiej stronie stoi jego matka i z niepokojem podsłuchuje rozmowę. Matka chowa się za kotarą, syn trzaska drzwiami, pakuje torbę i wychodzi. Kiedy czeka przed domem na taksówkę, matka wychodzi z domu, przytula go, mówi, że go kocha i że wszystko będzie dobrze. A potem idzie do gabinetu męża.

Otwiera drzwi, patrzy na niego i oczywiście wiem co będzie dalej. Ona zrobi mu wykład na temat tego, jak powinien traktować syna. Będzie mu tłumaczyła, że syn ma prawo do swojego życia i nie musi chcieć pracować w rodzinnej firmie.

– Daj mu przestrzeń – powie mu pewnie. – Nie ma sensu zmuszać go do czegoś, czego on nie chce. Sam pomyśl, czy byłby dobrym dyrektorem gdyby robił to wbrew swojemu sercu? On zawsze był indywidualistą. Niech szuka swojej drogi. Krzyczenie na niego na pewno w tym nie pomoże. Wiem, że martwisz się o naszą przyszłość, ale jak możesz wyrzucać z domu naszego jedynego syna? Czy pomyślałeś o moich uczuciach? Dlaczego ja mam już nigdy nie zobaczyć mojego syna? Dlatego, że on nie chce spełniać twoich oczekiwań? Musisz przyznać, że to było samolubne z twojej strony. I okrutne. Jak możesz odrzucać swoje własne dziecko?

Tak myślałam. Że ona wejdzie i będzie mu tłumaczyła co zrobił źle, on się będzie bronił, aż w końcu przyzna jej rację.

I dlatego właśnie zapamiętałam tak dobrze tę scenę.

Dlatego że ona zachowała się zupełnie inaczej.

Weszła do gabinetu swojego męża, przytuliła się do niego, powiedziała, że go kocha i że jest już czas na kolację. I razem poszli do jadalni.

Byłam w szoku!

Przecież ona wyraźnie nie zgadzała się z tym, co zrobił jej mąż! On stracił panowanie nad sobą, krzyczał, wyzywał ich wspólnego syna, a potem wyrzucił go z domu w czasie świąt!

A ona nic nie powiedziała. Mało tego! Nie obraziła się i nie rzuciła mu zimnego spojrzenia, które wyraziłoby jej wrogość. Nie nawrzeszczała na niego, nie zagroziła rozwodem ani nie powiedziała, że tylko człowiek chory umysłowo wyrzuca z domu własne dziecko podczas świąt. Nie powiedziała, że nienawidzi kiedy on się tak zachowuje ani że on powinien pójść na terapię, bo nie jest w stanie zapanować nad swoją złością.

Nic takiego nie powiedziała!

Wprost przeciwnie!

Powiedziała mu, że go kocha!!!

Długo tego nie mogłam zrozumieć.

Dlaczego ona tak się zachowała? O czym to świadczy? Co to oznacza?

Teraz to rozumiem.

I teraz też doskonale rozumiem to, co zdarzyło się w tym filmie później.

Zobacz.

Ona miała w sobie to, czego brakuje większości ludzi w naszej części świata.

Tym czymś była AKCEPTACJA.

Wiem co powiesz.

Jak ona może akceptować takiego zachowanie męża? To znaczy, że jest jego niewolnicą, bo myśli przecież zupełnie inaczej, ale w milczeniu zgadza się na jego wściekłość, gniew, brak panowania nad sobą i złe traktowanie syna.

A właśnie, że nie.

Ona wcale nie dała swojemu mężowi przyzwolenia na wściekłość ani odrzucenie syna. I wcale nie sprzeciwiła się swoim uczuciom i przekonaniom w tej sprawie. Niezależnie od tego co zrobił jej mąż, ona zrobiła to, co uważała za właściwe – wyszła przed dom, rozmawiała z synem, dała mu swoje wsparcie. Nie namawiała go, żeby został, bo on chciał odjechać, a ona szanowała jego decyzję.

I teraz to co najważniejsze.

Niezależnie od tego co myślała i jak oceniała zachowanie męża, akceptowała JEGO JAKO OSOBĘ.

To jest właśnie prawdziwa akceptacja.

Akceptuję ciebie takim, jaki jesteś. Z twoimi wadami i zaletami. Bo wiem, że ja też nie jestem doskonała, ja też mam wady i zalety, podobnie jak każdy człowiek.

Akceptuję siebie taką, jaka jestem, bo tylko wtedy mogę mieć dostęp do mojej duszy, mojego umysłu i być w stanie zmienić mój charakter i osobowość.

Akceptuję ciebie jako człowieka, niezależnie od tego co mówisz i robisz.

To jest akceptacja.

Akceptacja oznacza, że nie odrzucasz człowieka dlatego, że zrobił coś, co tobie się nie podoba albo co uważasz za złe.

Jeżeli kochasz i lubisz kogoś tylko wtedy,
kiedy jest miły, zabawny i pracowity,
to kochasz go *warunkowo*.

Kochasz go wtedy, kiedy on wypełnia twoje oczekiwania.
Kochasz go wtedy, kiedy on spełnia twoje warunki.

Podświadomie stawiasz go wtedy w sytuacji, kiedy on wie, że znienawidzisz go jeśli on przestanie się starać, więc czuje, że jest w pułapce. On musi zachowywać się tak jak ty sobie życzysz, właściwie musi być kopią ciebie. Boi się być sobą ze strachu, że wtedy ciebie straci.

Czy to nie jest najbardziej bezsensowna rzecz na świecie?

Prawdziwa akceptacja jest BEZWARUNKOWA.
Nie musisz spełniać żadnych warunków,
żebym akceptowała ciebie jako człowieka.

Akceptuję ciebie zawsze i wszędzie,
niezależnie od tego jak bardzo głupio się zachowasz,
niezależnie od tego co powiesz.

Akceptuję CIEBIE JAKO CZŁOWIEKA.

To nie oznacza, że zgadzam się na wszystko, co robisz i mówisz. To oznacza, że szanuję w tobie to, że jesteś wolnym, odrębnym człowiekiem i masz prawo do własnych przekonań.

Następnie na bazie wzajemnego szacunku i akceptacji możemy w duchu porozumienia porozmawiać o tym co się stało i starać się zrozumieć emocje, które tobą, mną, nami wtedy kierowały.

I zobacz co dzieje się potem.

Gdyby żona w tym filmie wparowała do gabinetu męża i powiedziała coś w rodzaju:

– Jak możesz tak traktować naszego syna! Kto dał ci prawo, żeby mu rozkazywać co ma robić? On jest dorosły! Nawet jeżeli chcesz dla niego najlepiej, to powinieneś panować nad sobą! Co z tego, że na niego nakrzyczałeś? Myślisz, że to mu w czymś pomoże? Tyle razy cię prosiłam, żebyś nie krzyczał! Nie wyzywał! Czy ty w ogóle nie masz serca?! Ciągle robisz coś takiego, że ja przez ciebie płaczę i nie mogę spać po nocach!!!

Nie wiem czy zauważyłeś, ale w tym przykładzie żona potraktowała swojego męża dokładnie tak samo, jak on potraktował swojego syna.

Mówi mu co ma robić, a czego mu nie wolno. Wywołuje w nim poczucie winy. Krzyczy na niego. Zarzuca mu złą wolę. Odrzuca go jako człowieka.

Robi to w nieco inny sposób, używa innych słów, ale w gruncie rzeczy jej przekaz jej dokładnie taki sam:

– Jesteś złym człowiekiem! Jesteś głupi! Jesteś bezwartościowy! Nie nadajesz się do bycia ojcem/synem/mężem/szefem, pracownikiem! W ogóle nie nadajesz się do tego, żeby być człowiekiem, którego można kochać i szanować!

Co dzieje się potem?

Kiedy kogoś odrzucasz i atakujesz, on instynktownie przybiera pozycję obronną. Zatrzaskuje się w sobie. Albo w milczeniu ucieka, albo odpowiada atakiem. Albo zaczyna bezradnie płakać.

Tak czy inaczej, czuje się zraniony, odrzucony, niezrozumiany i nieakceptowany.

Kiedy czujesz się nieakceptowany, jak możesz nawiązać z drugim człowiekiem zdrową relację opartą na wzajemnym zaufaniu i przyjaźni?

ROZDZIAŁ 57

Pytanie na dziś

Powiem ci co zdarzyło się dalej.

Mąż i żona zjedli kolację. Nie rozmawiali o tym co się stało. Być może czekali aż opadną emocje i aż każde z nich samo będzie w stanie zastanowić się nad swoim zachowaniem.

W filmie nie pokazano czy w końcu zaczęli o tym rozmawiać, czy nie.

Gdyby rozmawiali, to wyobrażam sobie, że ta rozmowa wyglądałaby mniej więcej tak:

– Czy wiesz, że ja mam prawo do tego, żeby mieć zdanie odmienne od twojego? – powiedziałaby żona.

– Oczywiście! – odrzekłby mąż. – Kiedy idziemy do restauracji, zawsze pytam najpierw ciebie na co masz ochotę, bo szanuję twoje zdanie i wiem, że może być inne od mojego.

– To prawda, ale to dotyczy też innych, codziennych spraw. Mam inne zdanie od twojego w sprawie przyszłości naszej firmy i tego, jak żyje nasz syn.

– Wiem o tym.

– Mam prawo do tego, żeby myśleć o tym inaczej, prawda? Czy możemy o tym porozmawiać?

– Naprawdę, nie chciałem wczoraj wywołać awantury! Ta rozmowa miała wyglądać zupełnie inaczej! Są święta, cieszyłem się na to, że spędzimy je wszyscy wspólnie! Nie wiem dlaczego tak się stało.

– Wiem, że nie chciałeś. Może boisz się o przyszłość i gwałtownie zareagowałeś na myśl, że nasz syn ci w tym nie pomoże?

– Tak, boję się o przyszłość i o to, że firma, którą budowaliśmy z ojcem z takim trudem trafi w obce ręce i zostanie zmarnowana. Tyle lat pracy! Tyle wysiłku!

– Ale przyznaj, że nie ma dowodu na to, że firma w obcych rękach miałaby się gorzej niż teraz. Istnieje nawet możliwość, że gdybyś sprzedał firmę komuś, kto czuje w sobie pasję i ma doświadczenie, to mógłby wnieść do niej coś nowego i wartościowego.

– Teoretycznie tak, to jest możliwe.

– Poza tym przecież nie musisz sprzedawać firmy już teraz.

– No właściwie nie.

– Czyli właściwie byłeś zły dlatego, że chciałeś już teraz zapewnić sobie rozwiązanie problemu, który być może pojawiłby się w przyszłości?

– No, w sumie można tak powiedzieć.

– A jednym z elementów tego planu była próba przejęcia kontroli nad życiem drugiego człowieka[3]?

– Masz rację.

– No to jasne, że to się nie mogło udać. I to właśnie wzbudziło twoje poczucie bezsilności, które zamieniło się w gniew. A ponieważ człowiek ma odruch, żeby swój gniew przerzucać na kogoś, kto znajduje się w pobliżu, nakrzyczałeś na naszego syna, mimo że w głębi serca tak naprawdę przecież wcale o nim tak nie myślisz.

Tego nie było nie w filmie.

Wyobraziłam sobie taką rozmowę między dwiema osobami, które AKCEPTUJĄ SIĘ WZAJEMNIE ze swoimi wadami i zaletami, więc wspólnie w duchu przyjaźni szukają zrozumienia problemu, który pojawił się między nimi.

Rozumieją też swoje emocje i potrafią o nich rozmawiać.

A oto co zdarzyło się w filmie.

Pewien czas później żona postanowiła pojechać do miasta, w którym mieszkał syn. Powiedziała o tym mężowi i zaproponowała, żeby pojechał razem z nią. Nic nie odpowiedział.

---

3 Próba przejęcia kontroli nad życiem drugiego człowieka, czyli usiłowanie zmuszenia go do czegoś, co „moim zdaniem" byłoby dla niego dobre, ale on tego nie chce. Nigdy i nigdzie, w żaden sposób i nikomu to nie przynosi niczego dobrego. Mam na myśli oczywiście relacje między dorosłymi osobami.

On rano sam przyszedł
i stanął obok ze swoją
walizką.

Rano, kiedy ona przygotowywała się do drogi, stanął obok ze swoją walizką. Pojechali razem, a potem on sam pierwszy wyciągnął rękę do syna i powiedział, że jest z niego dumny. Dumny z tego, że syn ma odwagę żyć po swojemu i wybiera trudniejszą drogę zamiast przyjąć łatwą propozycję dobrego zarobku w pracy, do której nie ma wewnętrznego przekonania.

Wiesz dlaczego tak się stało?
Wiesz dlaczego ojciec był w stanie zmienić swoje nastawienie do syna, mimo że przecież wcześniej był na niego taki wściekły?

Bo czuł się akceptowany.

Akceptacja daje poczucie bezpieczeństwa i siły. Kiedy czujesz się bezpiecznie jako istota ludzka ze swoimi emocjami, lękami i ograniczeniami, jesteś gotów do tego, żeby zmienić w sobie to, co wymaga naprawy.

Proste, prawda?
I trudne jednocześnie.

Kiedy czujesz wewnętrzny lęk, trudno ci otworzyć serce dla drugiego człowieka i zaakceptować go takim, jaki jest. Boisz się, że cię zrani, skrzywdzi, złamie ci serce.

Ale czy strach jest – i czy był kiedykolwiek – dobrym doradcą?
Jestem pewna, że nie.

Najpierw trzeba więc strach usunąć z własnego serca. Zaakceptować i polubić siebie. Wtedy staniesz się też bardziej otwarty na swojego partnera.

Pytanie na dziś:

Czy myślisz, że potrafisz dać samemu sobie/samej sobie bezwarunkową akceptację opartą na miłości i życzliwym nastawieniu?

Czy potrafisz powiedzieć:

AKCEPTUJĘ SIEBIE TAKIM, JAKI JESTEM DZISIAJ. ZE WSZYSTKIMI MOIMI WADAMI I ZALETAMI. AKCEPTUJĘ SIEBIE TAKIM, JAKI JESTEM.

Akceptuję siebie po to, żeby stać się dla siebie bezwarunkowo kochającym przyjacielem. To da mi siłę do tego, żeby naprawić wady i słabości mojego charakteru.

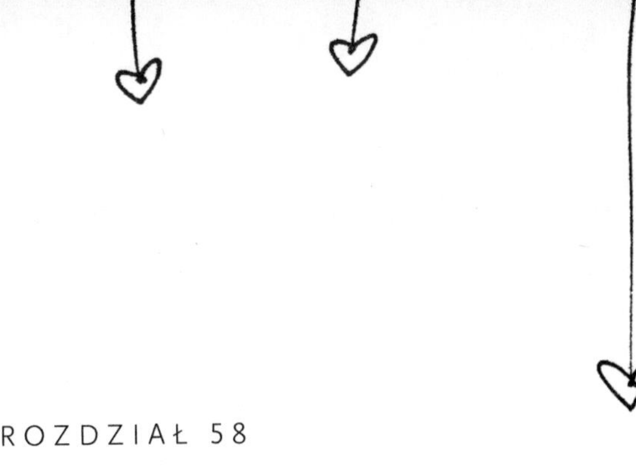

ROZDZIAŁ 58

Uzależnienie

Każdy człowiek jak powietrza potrzebuje akceptacji.
Po prostu.

Kiedy obserwuję ludzi w związkach najczęściej widzę właśnie jej brak.
Jeśli nienawidzisz swojego partnera za coś, co zrobił, to właśnie jest brak akceptacji.

Nie chodzi o akceptację dla tego co zrobił.
Chodzi o akceptację jego jako człowieka.

Rozumiesz?

Zrobił coś, co ci się nie podoba. Być może zrobił coś, co sprawiło ci wielką przykrość. Ale *on nie jest tym czynem.*

Ani tym bardziej on nie jest odpowiedzialny *za twoje emocje,* które pojawiły się w tobie w reakcji na ten czyn.

Twoje emocje to twoja sprawa i twoja odpowiedzialność. To co on zrobił nie definiuje jego jako człowieka.

Możesz nie zgadzać się z tym co zrobił, mieć inny sposób myślenia i inaczej oceniać sytuację, ale wciąż jednocześnie możesz akceptować jego *jako człowieka.*

I to jest cały sekret.

Chodzi o to, żeby:

1. **Umieć oddzielić swoje emocje od tego co robi druga osoba, czyli mieć świadomość tego, że twoje emocje mówią prawdę *o tobie*, o tym co znajduje się *w twojej duszy*, a nie w duszy twojego partnera, ponieważ przecież nie masz wglądu w jego umysł i nie wiesz jakie myśli mu wtedy towarzyszyły ani jakie miał intencje.**

2. **Akceptować drugiego człowieka jako *człowieka*, który – dokładnie tak samo jak ty – ma boskie prawo żyć i być sobą.**

Kiedy dajesz drugiemu człowiekowi akceptację, dajesz mu prawo do pomyłek, a jednocześnie dajesz mu zachętę do tego, żeby sam pragnął zmieniać się na lepsze.

I znów, nie mów, że byłabyś gotowa dać mu akceptację pod warunkiem, że to samo dostaniesz do niego, bo akceptacja polega właśnie na tym, że jest *bezwarunkowa*.

Dajesz swojemu partnerowi akceptację dlatego, że to jest dobre. To jest dobre dla ciebie, dla niego i jest to obiektywnie dobra, pozytywna i wartościowa rzecz.

Akceptacja pomaga budować zamiast niszczyć.

Czy zawsze i wszędzie, w każdym związku i z każdym człowiekiem?

Myślę, że nie.

Jeżeli twój partner stosuje wobec ciebie przemoc i jeżeli jest chory na uzależnienie od alkoholu albo narkotyków lub innej substancji, która zmienia jego psychikę, to nawiązanie z nim pełnej więzi emocjonalnej jest bardzo trudne albo niemożliwe.

Wtedy twoja cierpliwa akceptacja zostanie zrozumiana jako przyzwolenie na podtrzymywanie uzależnienia, co będzie prowadziło do coraz głębszych zmian w psychice, a ty będziesz czuła się zniewolona i nieszczęśliwa.

Uzależnienie to choroba. Twój partner nie jest winien temu, że w nią wpadł, tak samo jak nie winisz kogoś, kto złapał wirusa grypy.

Jest to jednak niezwykła choroba, która atakuje nie tylko ciało, ale także duszę, odbierając człowiekowi stopniowo umiejętność racjonalnego myślenia i zdolność do realnej oceny sytuacji, w jakiej się znajduje.

Twoja pełna i bezwarunkowa akceptacja w takim przypadku może polegać na tym, że wciąż akceptujesz i kochasz swojego partnera jako człowieka, ale jednocześnie stwierdzasz, że życie z nim stało się niemożliwe.

Nie masz z nim kontaktu emocjonalnego, nie jesteście w stanie nawiązać porozumienia ani wspólnie pracować nad znalezieniem rozwiązania. Wszystkie twoje próby pomocy i wyciągnięcia go z nałogu zakończyły się porażką. Widzisz, że on niszczy sam siebie i jesteś wobec tego bezradna. W dodatku czujesz, że twoje własne życie i emocje stają się coraz bardziej zapętlone, trudne i ciężkie.

Wtedy dobrym rozwiązaniem jest stanąć przed lustrem i przyznać się przed samą sobą, że jesteś bezsilna wobec choroby swojego męża. Zrobiłaś wszystko, co było w twojej mocy, żeby go ocalić, ale on wydaje się wcale nie chcieć tego ocalenia.

Twoją nadrzędną odpowiedzialnością jest twoje własne życie. Tylko jeśli ty będziesz silna i szczęśliwa, będziesz w stanie zaopiekować się innymi.

Spakuj swoje rzeczy i znajdź nowe miejsce, gdzie będziesz w stanie czuć się znów bezpieczna i gdzie będziesz mogła odzyskać samą siebie.

Ty ze sobą masz do przegadania tak samo dużo spraw, jak twój mąż, i będzie najlepiej jeżeli zrobicie to osobno. Każde dla siebie.

Twój mąż jest dorosłym człowiekiem. Jeżeli zapętlił się we własnych emocjach i uzależnieniu, to nie jest i pewnie nigdy nie był gotowy do tego, żeby się z nich uwolnić.

Teraz już masz chyba pewność, że ty nie jesteś w stanie zrobić tego za niego ani dla niego.

Oni sam musi przebudzić się ze snu, w którym żyje od lat. Dostrzec własną sytuację. Zrozumieć co robi i jakie są tego konsekwencje. Podjąć samodzielną decyzję o tym, że chce się wyleczyć. A potem naprawdę rozpocząć terapię, zdrowienie i duchową przemianę, która pozwoli mu odzyskać wewnętrzną równowagę, spokój i szczęście.

ROZDZIAŁ 59

A jeśli on mnie zdradzi?

Kiedyś to była dla mnie straszna myśl.

Co będzie jeśli on mnie zdradzi?

Oddałam mu moje serce, wpuściłam do mojej duszy, dzieliłam z nim życie. I ciągle powracało to niepokojące, przykre, duszące pytanie. Co ja zrobię jeżeli on mnie zdradzi? Jak bardzo będę cierpieć? Czy będę miała siłę, żeby odejść? Jak to odkryję? Kiedy to się stanie? I dlaczego?...

Byłam ostrożna. Co ja mówię!

Nie ostrożna, tylko podejrzliwa.

Jeżeli mój chłopak sięgał po telefon na dźwięk otrzymanego smsa, to zawsze zastanawiałam się kto do niego pisze i po co. Czy to jest początek nowej znajomości? A może odzywa się ktoś z przeszłości? Kto? W jakiej sprawie? Czy powinnam się czuć zagrożona?

W miarę możliwości usiłowałam wiedzieć co się dzieje. Jeśli on zostawił telefon na stole, chętnie czytałam przychodzące powiadomienia. Kiedy siedział przy poczcie mailowej, przez ramię starałam się zobaczyć do kogo pisze. Każda karteczka i rachunek były dla mnie potencjalnymi śladami prowadzącymi do prawdy.

Zdrada mogła się czaić wszędzie.

Bo przecież wiadomo – myślałam – że ludzie po pewnym czasie zaczynają się sobą nudzić. Poza tym czy naprawdę ktoś mógłby chcieć być ze *mną*?... Przecież dookoła jest tyle ładniejszych, zgrabniejszych i bardziej atrakcyjnych dziewczyn!

Żyłam więc w lęku pomieszanym z nadzieją. Bałam się, że on mnie zdradzi, bo spotka kogoś fajniejszego. I miałam nadzieję, że jednak może nie.

I szukałam potwierdzenia jednej z tych tez.

Byłam szczęśliwa kiedy on był ze mną, ale kiedy wyjeżdżał służbowo, ogarniały mnie wątpliwości i lęk. Czy to naprawdę tylko konferencja? Czy może kryje się za nią jeszcze coś? Czy on jest mi wierny? Czy on może być mi wierny? Czy on był wierny w poprzednich związkach? Ile miał dziewczyn? Jak często je zmieniał? Dlaczego odchodził? A może to on był porzucany?

Poświęcałam tym rozmyślaniom dużo czasu i energii. To była dla mnie jedna z najważniejszych rzeczy, bo chciałam czuć się bezpieczna.

To znaczy tak mi się wydawało.

Chciałam w porę się zorientować, że on mnie oszukuje, żeby nie czuć się potem głupio, że on robił to przez wiele miesięcy, a ja niczego nie podejrzewałam. Dlatego wolałam podejrzewać zawczasu, żeby rozczarowanie było mniejsze.

To bardzo pokrętne myślenie, wiem, ale wtedy wydawało mi się całkiem naturalne. Ja po prostu chciałam *wiedzieć*.

Czyli – inaczej mówiąc – chciałam kontrolować mojego chłopaka i mieć wpływ na to, na co praktycznie nie miałam wpływu – czyli na to co robi, myśli i czuje drugi człowiek.

Tak było kiedyś.

Teraz myślę o tym zupełnie inaczej.

Jeżeli zapytasz mnie co zrobię jeżeli mój partner mnie zdradzi, odpowiem ci:

– On nie może mnie zdradzić.
On może zdradzić tylko siebie.

Jeżeli zrobi coś nieuczciwego, sprzeniewierzy się swojemu własnemu systemowi wartości i naruszy własną integralność jako człowieka. I on prędzej lub później będzie musiał ponieść tego konsekwencje.

A ja?...

Nie słucham z kim rozmawia ani o czym. Nie sprawdzam jego maili nawet jeżeli mam taką możliwość. Nie pytam czy kiedykolwiek kogoś zdradził, z kim ani dlaczego. Nie wiem ile dziewczyn miał wcześniej ani co z nimi robił. Nigdy nie zapytałam go o poprzednie związki ani doświadczenia z kobietami.

Nie potrzebuję tego wiedzieć. Po co mam obciążać moją pamięć zdarzeniami z przeszłości drugiego człowieka?

Ja chcę widzieć go takim, jaki jest teraz.

Nie zastanawiam się nad tym czy mógłby mnie zdradzić, czy nie, bo po co? Teoretyczne rozważanie o takiej ewentualności przynosi tylko lęk przed czymś, na co nie mam wpływu, po co więc mam się tym zajmować?

Będzie to, co będzie.

Wiem, że w życiu wszystko się zmienia. Czasem ludzie zakochują się w sobie, a czasem się rozstają. Z perspektywy czasu widać, że wszystko ma swój sens. Nawet rozstanie, dlatego że wtedy w twoim życiu pojawia się miejsce na coś nowego. Niekoniecznie na nowego partnera. Być może na nowe spojrzenie, nowy sposób myślenia, który zmieni cię wewnętrznie jako człowieka.

Tak przecież było w moim życiu.

Każdy z moich partnerów wniósł do mojego życia coś ważnego. Pozwolił mi zrozumieć coś nowego o sobie. Czasem te odkrycia były bolesne, ale dzisiaj wiem, że zawsze były potrzebne.

Mój chłopak nie może mnie zdradzić, bo może zdradzić tylko siebie.

Ja nie jestem jego częścią.

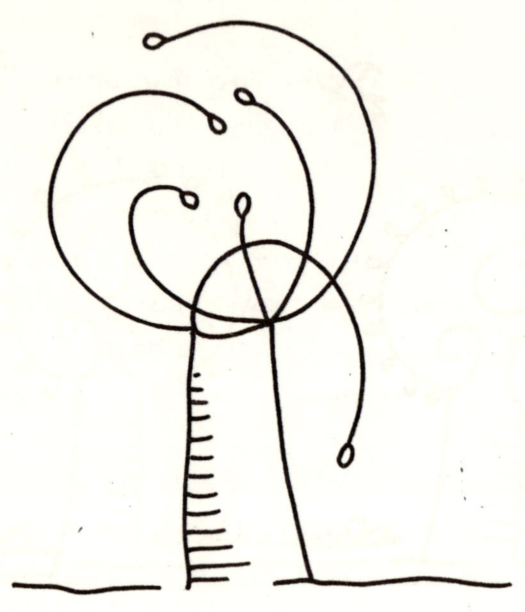

Gdyby on był drzewem, na którym ja wiszę jako liana, to oczywiście, moje życie byłoby od niego zależne.

Ja jestem osobnym drzewem.
Mam moją drogę, moją siłę
i własną wewnętrzną równowagę.

To co on robi – albo czego nie robi – nie może zrujnować mojego życia, dlatego że on nie jest moim drogowskazem ani źródłem.

Gdyby on był drzewem, na którym ja wiszę jako liana,
to rzeczywiście, moje życie i przeżycie
zależałoby od jego zachowania.

Na szczęście ja jestem osobnym drzewem.
Mam swoją własną siłę, swoje własne przemyślenia,
swoją własną wewnętrzną równowagę
i swoją własną drogę.

Zamiast osądzać i kontrolować drugiego człowieka, ja koncentruję się na tym, żeby żyć. Żyć szczęśliwie.

A ponieważ wiem już, że źródłem szczęścia jest sposób myślenia – czyli to, w jaki sposób postrzegasz to co się dzieje – to zajmuję się tym, żeby mój sposób myślenia był pozytywny, życzliwy, wolny od strachu i uzależnień.

Jestem w związku, ale mam też swoje własne życie.

Piszę, rozmyślam, podróżuję, fotografuję, rysuję, wpadam na nowe pomysły. Czasem robimy coś razem, ale równie często robię coś sama. I tak jest dobrze. Ja ze sobą mam równie dobry, mocny i szczęśliwy związek, jak z moim partnerem.

ROZDZIAŁ 60

Wróg miłości

Wiesz co jest największym wrogiem szczęśliwej miłości? Przekonanie, że drugi człowiek jest winien temu jak ty się czujesz.

Och, jak ja to dobrze znam z mojej przeszłości!

Kiedy on nie pisał i nie dzwonił przez kilka godzin, ja zaczynałam się niepokoić. Co się stało? Czy on mnie przestał kochać? Czy jestem dla niego nieważna? Czy on chce mnie celowo zranić? Jaki z niego egoista, że się do mnie nie odzywa! Przecież wie, że będę się martwić!

Od takiego myślenia było już bardzo blisko do oskarżania go o to, że jest winien temu, że ja się martwię, czuję się zaniepokojona, że mam wątpliwości co do jego uczciwości.

Widzisz to co ja?

On był winien temu co się pojawia w moich myślach!

Serio???!!!

Och, tak. I myślę, że ty świetnie wiesz o czym mówię, bo przecież tak nas wychowano. Nikt nam nie powiedział, że to jak się czuję *zależy ode mnie*, a nie od tego co robi drugi człowiek.

Wszyscy dookoła tak się właśnie zachowują. W filmach, w polityce, w rodzinie.

Wiesz dlaczego na świecie ludzie wciąż ze sobą walczą?

Dlatego że ktoś poczuł się urażony tym, co zrobił albo powiedział ktoś inny.

Na przykład ktoś powie, że twój Bóg jest gorszy niż mój Bóg.

Mnie to nie może obrazić, dlatego że moja relacja z Bogiem jest moją sprawą i nie interesuje mnie to, co ktoś ma na ten temat do powiedzenia.

Inaczej mówiąc: nie uzależniam mojego samopoczucia od tego co się komuś wydaje. Nie osądzam też tego, co ten ktoś powiedział o moim Bogu, bo to byłoby wypowiadaniem się na temat tego co mi się *wydaje* na ten temat.

Ja przecież nie wiem jakie emocje nim wtedy kierowały ani jakie były jego prawdziwe intencje. Nie wiem co działo się wtedy w jego duszy. Nie mam wglądu w jego myśli.

Mam natomiast pełen wgląd w to, jak ja się czuję.
I na tym się koncentruję.

Jeżeli ktoś „obraża twoje uczucia religijne", to tylko dlatego, że ty uzależniasz swoje samopoczucie od tego, co ktoś mówi albo robi.

Moje uczucia religijne są *moje*. Wiem co myślę i co czuję i nie istnieje taka osoba na świecie, która mogłaby mnie obrazić. Niezależnie od tego co powie lub zrobi. Ponieważ to co robi, myśli i mówi druga osoba świadczy tylko o tym, jaki jest stan jego lub jej duszy i umysłu. Nawet w najmniejszym stopniu nie dotyczy to mnie ani tego w co wierzę.

Jeśli ktoś powie do mnie, że jestem głupia, to przecież wcale nie oznacza, że taka jest prawda. To znaczy tylko tyle, że on tak myśli albo tak mu się wydaje.

Akceptuję to, że on ma prawo myśleć to co chce.

Ale nie przyjmuję tego jako prawdy o mnie, ponieważ tylko ja wiem jaka jest prawda, bo tylko ja mam dostęp do mojej duszy.

Dlatego jeżeli ktoś powie, że jestem głupia, to nie poczuję się obrażona ani dotknięta. On lub ona mówi to, co chce mówić, a do mnie należy wybór czy zechcę w to wierzyć.

Kiedyś zadręczałabym się tym, że on nie dzwoni i nie pisze przez cały dzień. Myślałabym, że jest potworem, że źle mnie traktuje, że nie dba o moje uczucia. Obwiniałabym jego o to, że czuję się nieważna, nieszanowana i gorsza.

Ale serio.

Czy to, że on nie dzwoni jest dowodem na to, że ja jestem nieważna lub gorsza?...

Oczywiście, że nie!

On nie dzwoni, bo być może jest zajęty czymś, co pochłonęło go tak bardzo, że zapomniał o reszcie świata. Nie dzwoni, bo może potrzebuje chwili ciszy z samym sobą. Może potrzebuje przewartościować swoje przekonania. A może po prostu chce się w pełni zrelaksować i nie myśleć o niczym. Ma do tego prawo.

Nie zamierzam kontrolować życia mojego partnera.
Nieważne co robi, gdzie i z kim.
Zadzwoni wtedy, kiedy będzie chciał,
a ja mam swoje życie i zajmuję się sprawami,
które są dla mnie ważne.

Bo wiesz jak to jest.

Prawdziwym źródłem mojego podłego samopoczucia w takiej sytuacji wcale nie było to co on robił (a dokładniej to, czego on nie robił, czyli że nie dzwonił), tylko to, że miałam niską samoocenę, bałam się tego, że o mnie zapomniał, że mnie porzuci, więc zostanę sama i samotna.

Moim myśleniem rządził strach i uzależnienie od obecności drugiego człowieka.

Powiedz szczerze. Czy on jest temu winny?
Nie! Nawet w najmniejszym stopniu nie.

Moje samopoczucie nie zależy od tego co on robi,
tylko od tego, co ja czuję na ten temat.

Inaczej mówiąc:

Źródłem mojego samopoczucia jest moja ocena i interpretacja tego, co się zdarzyło.

Powiedzmy, że twój chłopak zapomni o twoich urodzinach. Będzie ci przykro? Ale dlaczego?

Pewnie dlatego, że gdyby pamiętał, to poczułabyś się ważna i kochana.

Czy to znaczy, że bez tego czujesz się nieważna i niekochana? Pewnie tak.

A czy myślisz, że twój chłopak jest właśnie po to, żebyś ty czuła się ważna i kochana?

A czy wiesz, że to jest właśnie przerzucanie odpowiedzialności na drugiego człowieka i oczekiwanie, że on da ci to, czego tobie brakuje? Że zbuduje w tobie poczucie własnej wartości i pewność siebie?

I czy wierzysz w to, że drugi człowiek jest w stanie stworzyć te cechy w twojej duszy? Czy może raczej będziesz uzależniać się od niego w nadziei, że to się kiedyś stanie?

Widzisz?

Ludzie, którzy czują się w jakiś sposób niepełni i niekompletni, uzależniają się od swoich partnerów z podświadomym oczekiwaniem, że ona lub on wniesie do jego życia coś, co wreszcie zapełni tę bolącą w duszy pustkę.

Tylko że drugi człowiek nie może uzdrowić twojej duszy.

A jeśli ty się od niego uzależniasz, to czujesz taki sam strach przed rozstaniem jak dziecko, które ma zostać porzucone przez rodziców.

Zaopiekuj się sobą.
Zaopiekuj się swoim życiem.
Ty jesteś dla siebie najlepszym źródłem miłości, która uleczy twoje poczucie niższości, kompleksy i brak pewności siebie.

Kiedy będziesz kochała/kochał siebie, nie będziesz musiał/musiała uzależniać się od innych i przestaniesz postrzegać ich jako zagrożenia.

Kiedy nauczysz się kochać siebie i być ze sobą w dobrej, przyjaznej relacji, odkryjesz, że nikt i nic nie może ciebie zranić ani naruszyć twojej integralności jako człowieka.

ROZDZIAŁ 61

Rozstanie

Słowa wypowiedziane na głos wydają się czasem wielkie jak góry. Dopóki trzymałaś je w myślach, były nieszkodliwe. Nawet te ogromne, definitywne, wyrażające silne emocje.

Kiedy wypowiesz je na głos albo usłyszysz, że ktoś mówi je do ciebie, wydają się ciąć rzeczywistość jak samurajski miecz. I czasem nie da się jej z powrotem posklejać.

Słowo „rozstanie" albo „rozwód" zawisa w powietrzu jak skała, a ty masz wrażenie, że kiedy na ciebie spadnie, to roztrzaska cię w pył.

Jest tak z dwóch powodów.

Po pierwsze dlatego, że przyzwyczaiłaś się do pewnego kształtu rzeczy.

Przyzwyczaiłaś się do tego, co masz i zaczęłaś to podświadomie uważać za swoją własność.

Myślałaś o sobie jako o żonie – albo o mężu – a więc (nieświadomie) prawie zawsze myślałaś/myślałeś o sobie w kontekście swojego męża (swojej żony) i rodziny. Przyjęłaś/Przyjąłeś, że tak będzie zawsze.

Zapomniałaś o dwóch rzeczach:
o tym, że w życiu wszystko się zmienia
i zapomniałaś o samej sobie.

Zapomniałeś o dwóch rzeczach:
o tym, że w życiu wszystko się zmienia
i zapomniałeś o samym sobie.

Drugi powód to strach przed nieznanym.
Dotychczas wiedziałaś jak jest.

Nawet kiedy było źle, to rozpoznawałaś znane ci elementy całej sytuacji. Znajome zarzuty i oskarżenia, te same słowa, którymi walczyliście ze sobą, rozgniewany wygląd jego twarzy i wściekły blask jego oczu.

Wiesz co mówią. Że lepsze jest znane piekło niż nieznany raj. Właśnie dlatego, że człowiek instynktownie woli trzymać się tego, co zna – nawet jeżeli to jest destrukcyjne i przynosi mu więcej cierpienia niż radości.

Bo to, co jest nowe, budzi w nim lęk pomieszany z niepokojem. Pojawiają się pytania:

– A co jeśli sobie nie poradzę? A jeśli będzie mi jeszcze gorzej? A jeśli okaże się, że tego nie chcę, ale nie będzie już odwrotu?... Co wtedy?...

Powiem ci.

Każda zmiana przynosi coś,
czego wcześniej nie znałaś
i czego w inny sposób nie mogłabyś odkryć.

Każda zmiana przyczynia się do rozwoju.
Każda zmiana jest początkiem nowego życia.

Nie namawiam cię do rozstania z twoim partnerem/partnerką. Nie zamierzam zachęcać cię do rozwodu, zakończenia związku albo szukania szczęścia poza nim. Wprost przeciwnie, zachęcam cię do tego, żeby spojrzeć na swojego partnera bez uprzedzeń, tak jakbyś widziała go po raz pierwszy i dać mu bezwarunkową akceptację i miłość.

Zdarzają się jednak sytuacje kiedy masz głębokie wewnętrzne przekonanie o tym, że czujesz się w związku nieszczęśliwa/nieszczęśliwy i trzyma cię w nim tylko strach przed zmianą, przed samotnością albo reakcją partnera/partnerki.

Albo czasem to ona/on mówi, że pragnie się rozstać i wtedy niezależnie od tego jak się z tym czujesz, nie masz wpływu na tę decyzję.

Każda zmiana jest dobra.
Każda zmiana przynosi coś,
czego w inny sposób
nie mogłabyś odkryć.

I dlatego właśnie chcę ci powiedzieć, że rozstanie jest czasem dobrym, zdrowym rozwiązaniem.

Uwalniasz drugiego człowieka od swoich oczekiwań, a jednocześnie uwalniasz siebie.

Gdybym kilka razy nie rozstała się z moimi partnerami,
nigdy nie miałabym szansy zostać Szczęśliwym Singlem.

Gdybym nie została sama – nawet wbrew mojej woli –
nie miałabym szansy odkryć prawdy o samej sobie.

Choćby tego, że podświadomie oczekiwałam,
że mój partner zaopiekuje się mną i da
mi poczucie bezpieczeństwa.

Gdybym tego nie odkryła i nie zrozumiała
co to naprawdę oznacza,
to wciąż do dzisiaj tkwiłabym w nieszczęśliwym związku,
ponieważ nie wiedziałabym, że *można*
myśleć i czuć inaczej!!!

Dopiero kiedy zostałam SAMA ZE SOBĄ,
miałam szansę przyjrzeć się temu,
co dzieje się w mojej duszy.

Dopiero wtedy zrozumiałam, że wcześniej zawsze chciałam być z kimś, ponieważ podświadomie oczekiwałam, że drugi człowiek da mi to, czego potrzebuję. Czyli (nieświadomie) traktowałam go instrumentalnie! On był mi potrzebny do tego, żeby czuć się lepiej. Żeby nie czuć się samotną, podnieść moją samoocenę i przytulić kiedy będzie mi smutno.

I dopiero kiedy zostałam sama, z całą mocą dotarło do mnie, że to jest raczej podświadoma manipulacja niż miłość.

I dopiero kiedy to zrozumiałam i przyznałam się do tego przed samą sobą, miałam szansę znaleźć źródło tej emocji w mojej duszy i uleczyć ją w sobie.

Teraz widzę sens wszystkiego, co się zdarzyło w przeszłości.

Kiedyś ciągle chciałam być z kimś, głównie po to, żeby nie być sama.

Teoretycznie oczywiście twierdziłam inaczej. Mówiłam, że nie boję się samotności. Ale kiedy tylko zostawałam sama, ogarniała mnie panika. Czułam, że jak najszybciej *muszę* znaleźć kogoś, kto będzie chciał ze mną być.

Czyli tak naprawdę nie byłam gotowa na to, żeby dzielić się miłością, ponieważ w gruncie rzeczy wcale nie umiałam kochać.

Potrzebowałam tylko kogoś, kto zaspokoi moje potrzeby i spełni moje oczekiwania. Podświadome potrzeby i podświadome oczekiwania, bo ja oczywiście nawet w najmniejszym stopniu nie zdawałam sobie sprawy z tego jaka jest o mnie prawda.

Zrozumiałam to dopiero wtedy, kiedy życie zmusiło mnie do samotności.

Wtedy w rozpaczliwym poszukiwaniu kogoś, kto da mi poczucie bezpieczeństwa, przestałam wreszcie rozglądać się na zewnątrz i spojrzałam w głąb siebie.

I znalazłam tam strach.
Zamiast miłości.

Co więc mogłam dać drugiemu człowiekowi?
Tylko to, co miałam, czyli mój lęk, niepokój,
poczucie zagrożenia i samotność.
To niewiele.

To tak, jakbyś planował zbudować dom
z kopczyka lotnego piasku, pustego wiadra i łopatki.
To za mało.

Musisz najpierw wykopać studnię pełną wody,
z piasku zrobić porządne cegły,
a plastikową łopatkę zamienić na taczki.

Czyli, przekładając to na umiejętności życiowe,
musisz najpierw pokochać i zaakceptować siebie,
dać sobie wsparcie, przyjaźń i poczucie bezpieczeństwa,
a oczekiwania zamienić na umiejętność
dzielenia się tym, co masz.

Nie twierdzę, że musisz być sam lub sama, żeby to osiągnąć.

Równie dobrze możesz pozostać w związku, przestać naprawiać swojego partnera i zacząć naprawiać samego siebie. Lub samą siebie.

Ale jeżeli zdarzyło się tak, że twój partner podjął decyzję o rozstaniu i chce od ciebie odejść, to powiem ci tak.

Jeśli to jest to, czego on pragnie, to nie ma sensu zatrzymywać go na siłę.

Czy chciałabyś, żeby został z tobą z przymusu? Z poczucia obowiązku? Z litości?

Jeżeli chce odejść, to znaczy, że życie ciągnie go gdzieś, gdzie ma do znalezienia coś nowego.

Jeżeli go kochasz albo jeżeli go kochałaś, pozwól mu tego szukać. Daj mu wolność.

Że to boli?

No jasne, że boli.

Kiedy zgubisz ulubioną torebkę, to też masz poczucie straty. Bo przyzwyczaiłaś się do tej torebki. Uważałaś ją za swoją własność. Za coś, co jest *twoje*, należy do ciebie i stanowi część twojego stanu posiadania.

O swoim partnerze nieświadomie pewnie myślałaś podobnie.

On był *twój*. Należał do *ciebie*. Spał razem z tobą w jednym łóżku. Dzieliłaś z nim wakacje i poranki. Przyzwyczaiłaś się do myśli, że tak będzie zawsze.

W pewien sposób nieświadomie wpisałaś go do inwentarza swoich własności. Ale on nigdy nie był *twój*.

Tak samo jak pieniądze nigdy nie są *twoje*.

Dostajesz je na chwilę od kogoś, a potem oddajesz je komuś innemu.

Czasem masz je przez bardzo długi czas, ale nigdy tak naprawdę nie masz pewności, że będą twoje *zawsze*.

Z ludźmi jest tak samo.

On był z tobą, ale nigdy nie był *twój*.
On zawsze był, jest i będzie odrębną ludzką istotą.
On ma swoje marzenia i swoją drogę przez życie
i może się zdarzyć tak, że wędrowaliście
wspólnie przez pewien czas,
a teraz on czuje, że chce dalej iść sam.
Albo z kimś innym.
I niech tak będzie.

Życz mu szczęścia.

I zajmij się swoją własną wędrówką.
Ty ze sobą na pewno będziesz *zawsze*.
Ty ze sobą tworzysz najbardziej nierozerwalny związek,
jaki można sobie wyobrazić.

Ty ze sobą masz nieustający kontakt we wszystkich możliwych wymiarach.

Być może on odchodzi właśnie po to, żeby zmusić cię do odnalezienia samej siebie.

Z mojego doświadczenia wynika, że to jest najlepsza rzecz, jaka może się zdarzyć.

ROZDZIAŁ 62

Pierścionek i ślub

Na początku po rozstaniu będziesz czuła żal.

To zrozumiałe.

Straciłaś coś – a raczej kogoś – kogo uważałaś za swoją własność. On *należał do ciebie*. Być może nawet obiecał ci, że zawsze z tobą będzie i nigdy cię nie opuści, a jednak złamał obietnicę.

Trudno. Moim zdaniem ma do tego prawo.

Nie można nikogo zmusić do tego, żeby chciał coś, czego nie chce albo czuł coś, czego nie czuje.

Po prostu.

Obserwuj swoje emocje i nazywaj je po imieniu. To pomoże ci zrozumieć prawdę o sobie samej.

Silne emocje, które pojawiają się w tobie niezależnie od tego czy tego chcesz, czy nie, pokazują co naprawdę dzieje się w twojej duszy (czyli podświadomości).

Masz poczucie straty, czujesz się oszukana i skrzywdzona. Pomyśl dlaczego tak się czujesz.

Poczucie straty pojawia się wtedy, kiedy ktoś zabiera ci coś, co uważałaś za swoją własność. Byłaś do tego przyzwyczajona i było ci to do czegoś potrzebne. Posiadanie tego stanowiło jeden z elementów twojego poczucia bezpieczeństwa.

To może oznaczać, że obarczyłaś (nieświadomie) swojego partnera obowiązkiem opiekowania się tobą i zapewnienia ci towarzystwa. Włączyłaś go do swojego stanu posiadania podobnie jak ukochane buty, szczęśliwą sukienkę, komputer i samochód.

Wiem, że zrobiłaś to nieświadomie i niechcący – a raczej zrobiła to za ciebie twoja podświadomość – ale fakt pozostaje faktem.

Drugi człowiek nigdy nie będzie twoją własnością, a ty nigdy nie będziesz miała nad nim władzy.

Czujesz się oszukana i skrzywdzona?

Jak myślisz, o czym to świadczy?

Być może o tym, że podświadomie zawierzyłaś swoje życie swojemu partnerowi? To on miał być odpowiedzialny za twoje szczęście, on miał nadać tobie sens. Dzięki niemu czułaś się *kimś*.

To znaczy, że bez niego czujesz się *nikim*.

Wiesz dlaczego?

Bo właściwie nie istniejesz dla siebie samej. Nie znasz siebie, nie jesteś dla siebie przyjacielem, nie umiesz się sobą zaopiekować.

W takim kontekście to zrozumiałe, że obarczyłaś tym drugiego człowieka.

I równie zrozumiałe jest to, że on nie chce i nie może dźwigać odpowiedzialności za twoje stany emocjonalne.

Być może dlatego właśnie odchodzi.

Życie w ten sposób zmusza cię do tego, żebyś sięgnęła w głąb własnej duszy i nauczyła się kochać.

Dopiero kiedy pokochasz siebie, będziesz w stanie dzielić się miłością z drugim człowiekiem.

Powiem ci co ja zrobiłam.

Poszłam do sklepu i kupiłam najpiękniejszy pierścionek. Podarowałam go samej sobie i w ten sposób symbolicznie wzięłam ze sobą ślub.

Nosiłam ten pierścionek przez cały czas. Miał mi przypominać o tym, że tworzę teraz związek z samą sobą.

Teraz ja byłam odpowiedzialna za siebie.

Ja opiekowałam się sobą.

Ja pocieszałam siebie kiedy było mi smutno.

Ja pomagałam sobie rozwiązać różne drobne i większe problemy.

Ja mówiłam sobie, że siebie kocham.

Ja zadawałam sobie pytania i głos w mojej duszy zawsze przynosił mi fantastyczne odpowiedzi.

Jeżeli czujesz ból po rozstaniu, zacznij od wyczyszczenia przestrzeni dookoła ciebie.

Przestań zadręczać się oglądaniem wspólnych zdjęć i wspominaniem cudownych chwil.

Znajdź duży karton i wrzuć do niego wszystko, co ci się z nim kojarzy. Fotografie, książki, ubrania, perfumy, które od niego dostałaś i inne prezenty.

Powiesz, że to trudne?

A ja ci powiem, że jeżeli nie umiesz się z nimi rozstać, to znaczy, że podświadomie *chcesz* cierpieć.

Chcesz pozostać skrzywdzoną ofiarą, bo sama nie wierzysz w to, że jesteś samodzielną, niezależną i wspaniałą osobą.

Dotychczas zawsze polegałaś na tym, że ktoś cię o tym zapewniał. Ktoś dawał ci to do zrozumienia, ktoś dawał ci dowody, że taka jesteś.

Kiedy on odszedł, razem z nim znikła też twoja radość życia, twoja pewność siebie i poczucie, że masz prawo dalej żyć.

Ale halo!!!
Twoje życie jest *twoją własnością*.
Zawsze tak było i zawsze tak będzie.

Twoje cierpienie z powodu rozstania nie zostało
więc spowodowane tym, że on odszedł.
Lecz raczej tym, że poprzez swoje odejście
on zmusił cię do tego, żebyś sama zaczęła
być odpowiedzialna za swoje szczęście.

Niezależnie więc czy masz na to ochotę czy nie, spakuj wszystko, co ci o nim przypomina i schowaj w miejscu, gdzie będziesz mogła o tym zapomnieć. Albo wyrzuć.

Pomyśl o tym jak o nowym początku, a nie jak o końcu.

Bo przecież sama wiesz, że wszystko, co ma koniec, ma też swój początek.

I doskonale wiesz o tym, że jeśli coś się kończy, to dzieje się tak tylko po to, żeby zrobić miejsce na coś nowego.

Przestań koncentrować się na byciu ofiarą.
Otrząśnij się z litowania nad samą sobą.
Wstań i podnieś głowę.

Masz fantastyczne życie!
Stoisz na początku nowej, niesamowitej drogi,
która poprowadzi cię do miejsca,
w którym w innych okolicznościach
nie mogłabyś się znaleźć.

Zauważ swoją obecność.
Stwórz świadomy związek z samą sobą.

Nie szukaj od razu kogoś, z kim mogłabyś być.

Bądź teraz ze sobą.

Rozmawiaj ze sobą tak, jak rozmawia się z najlepszym przyjacielem.

Opowiadaj sobie o czym marzysz i czego pragniesz.

Mów to na głos. Zobaczysz, że kiedy zaczynasz wypowiadać słowa, niespodziewanie pojawiają się w tobie pomysły i nieoczekiwane rozwiązania.

Kiedy zostaniesz przyjacielem samej sobie,
odkryjesz ocean swojej własnej wewnętrznej mocy,
miłości i wsparcia.

Poczujesz się wtedy cudownie pełna, spokojna i pewna.

Zostaniesz Szczęśliwym Singlem ☺

I właśnie wtedy spotkasz kogoś, z kim będziesz mogła wreszcie być szczęśliwa.

ROZDZIAŁ 63

Szczęśliwa miłość

Cudownie jest dać komuś całe swoje dobro. Całą cierpliwość, zrozumienie dla jego dziwactw i słabości, akceptację dla wszystkiego, czym jest.

Zawsze czuć w sercu ciepło i spokój, i mówić mu, że biorę go takim jaki jest i jestem jego przyjacielem.

Biorę cię takim, jaki jesteś. Zawsze.

Dajesz dobro, oswajasz niepokój i strach, dajesz poczucie bezpieczeństwa i sprawiasz, że on czuje się szczęśliwy.

To było dla mnie coś całkiem nowego!

Po latach walki i zazdrości, podejrzeń, łez i samotności, znalazłam coś całkiem nowego! I znalazłam to w sobie!

Kochać bez oczekiwań.

Akceptować w całości.

Bez osądzania.

Dawać dobro i ćwiczyć się w tej umiejętności.
I niespodziewanie dostawać tyle samo dobra i miłości.

Świat staje się wtedy jasnym, pięknym miejscem. Dzielisz z partnerem życie. Wnosisz do związku swoje własne wewnętrzne szczęście, równowagę i spełnienie, oraz wynikające z nich szacunek, przyjaźń i miłość, a partner w naturalnym odruchu w odpowiedzi daje ci to samo.

To jest piękne.
To prawda, że nie mam kontroli nad tym, co zdarzy się w przyszłości. Nie wiadomo czy ten związek przetrwa, czy będziemy zdrowi i czy będzie panował pokój.

Ale mam wpływ na to, co dzieje się tu i teraz. Mogę zdecydować, że zamiast martwić się na zapas o rzeczy całkiem nieznane i nieprzewidywalne, wybieram skoncentrować się na czasie teraźniejszym. Doceniam to i jestem za to wdzięczna. Nie żądam tego, czego nie mogę mieć. Nie złoszczę się na to, na co nie mam wpływu. Cieszę się z tego, co jest.

Jednocześnie z doświadczenia wiem, że bycie samą jest równie wartościowe jak bycie z kimś. Masz wtedy więcej przestrzeni na porozumienie się z samym sobą. Czytam książki, chodzę na spacery, jeżdżę na rowerze, mogę poświęcić więcej czasu na zadbanie o moją stronę internetową, Facebook i Instagram, wymyślam nowe projekty, dużo piszę i rysuję, uczę się nowych rzeczy i umiejętności. Jest wspaniale.

Ciągle pracuję nad sobą.
Ćwiczę pozytywne myślenie.
Sprzątam w mojej duszy.
Jestem szczęśliwa.

Nie patrzę wstecz.

Życie zabiera mnie dalej po drodze do nowych przygód, wyzwań i zdarzeń.

A ja z radością za nim podążam.

Czy teraz rozumiesz dlaczego jestem emocjonalnie szczęśliwym singlem w związku z drugim człowiekiem?

Bo ja dbam o to, żeby być coraz lepszym, mądrzejszym i szczęśliwszym człowiekiem.

Nie dla niego, ale dla siebie.

Szczerze i uczciwie w głębi serca naprawdę bardzo tego chcę. Jestem gotowa włożyć tyle pracy, ile będzie trzeba, żeby to osiągnąć.

Nie przestaję pracować nad sobą. Wymyślam nowe sposoby, nowe ćwiczenia, czytam książki, oglądam filmy, słucham wykładów. Codziennie ćwiczę pozytywne myślenie. Codziennie sprzątam w mojej duszy. Medytuję. Jestem w kontakcie z Siłą Wyższą. Obserwuję moje myśli i moje emocje. Rozmawiam ze sobą. Zadaję pytania, znajduję odpowiedzi.

Codziennie.

Jestem szczęśliwym człowiekiem.

I żeby była jasność. To jest zwykły, normalny związek między dwiema osobami, które są sobie wierne i pragną być razem. Spędzamy ze sobą dużo czasu, rozmawiamy, podróżujemy, pieczemy chleb i mieszkamy w jednym domu. Jedyna różnica polega na tym, że jesteśmy wolni od nadmiernego uzależnienia od drugiej osoby.

Lubimy i szanujemy się nawzajem. Mamy też taką samą sympatię, przyjaźń i szacunek dla samych siebie.

Każde z nas ma swoje życie, swoje pasje i zainteresowania. Każde z nas dba o swój rozwój duchowy i wewnętrzną równowagę.

Każde z nas jest kompletnym, spełnionym człowiekiem. I właśnie dlatego mamy się czym dzielić.

Dobrze jest kochać.
Najlepiej jest kochać bez żądań, oczekiwań
i bezwolnego przywiązania.

Wtedy odkryjesz prawdziwie szczęśliwą miłość.

SIEDEM ZASAD ZDROWEGO ZWIĄZKU DLA KOBIET

1. Nie mów mu co myśli lub czuje.

2. Nie mów mu co ma robić. Nie kontroluj czy zrobił to, co miał zrobić.

3. On nie jest winien temu jak się czujesz. To ty ulegasz własnym emocjom, osądzasz jego zachowanie i wyciągasz wnioski, które niszczą twoje samopoczucie. Myśl o *swoim* życiu (zamiast oceniać to co on robi). Znajdź dobre strony swojego życia niezależnie od tego co on robi i jaki on jest.

4. Pamiętaj o jego pozytywnych cechach i dobrych stronach zamiast koncentrować się na tym, co jest w nim kruche, złe lub brzydkie. Zamiast go krytykować odnajdź i odnów kontakt z twoją własną duszą.

5. Pamiętaj, że on jest twoim lustrzanym odbiciem, więc to co widzisz w nim złego lub słabego jest tylko odbiciem twoich słabości, przywar i wad.

6. Skoncentruj się na swoim życiu duchowym! Ćwicz pozytywne myślenie, odnajdź połączenie ze swoją Siłą Wyższą, rozmawiaj z Bogiem, medytuj. Myśl pozytywnie!

7. Miłość, szacunek, przyjaźń. Kochaj bez stawiania warunków. Bądź życzliwym przyjacielem. Szanuj jego odrębność jako człowieka.

SIEDEM ZASAD ZDROWEGO ZWIĄZKU DLA MĘŻCZYZN

1. Nie mów jej co myśli lub czuje.

2. Nie mów jej co ma robić. Nie kontroluj czy zrobiła to, co miała zrobić.

3. Ona nie jest winna temu jak się czujesz. To ty ulegasz własnym emocjom, osądzasz jej zachowanie i wyciągasz wnioski, które niszczą twoje samopoczucie. Myśl o *swoim* życiu (zamiast oceniać to co ona robi). Znajdź dobre strony swojego życia niezależnie od tego co ona robi i jaka ona jest.

4. Pamiętaj o jej pozytywnych cechach i dobrych stronach zamiast koncentrować się na tym, co jest w niej kruche, złe lub brzydkie. Zamiast ją krytykować odnajdź i odnów kontakt z twoją własną duszą.

5. Pamiętaj, że ona jest twoim lustrzanym odbiciem, więc to co widzisz w niej złego lub słabego jest tylko odbiciem twoich słabości, przywar i wad.

6. Skoncentruj się na swoim życiu duchowym! Ćwicz pozytywne myślenie, odnajdź połączenie ze swoją Siłą Wyższą, rozmawiaj z Bogiem, medytuj. Myśl pozytywnie!

7. Miłość, szacunek, przyjaźń. Kochaj bez stawiania warunków. Bądź życzliwym przyjacielem. Szanuj jej odrębność jako człowieka.

Szczęśliwa miłość
istnieje.
Sama cię znajdzie
gdy tylko
będziesz na nią
gotowy :)

Od Autorki: Lubię przecinki. Daję im artystyczną wolność, nieskrępowaną schematem. Przecinek mówi czasem więcej niż słowo, zatrzymuje myśl, oddziela znaczenia, a czasem nadaje im nowy sens. Także wtedy kiedy znika. I dlatego przecinki w tej książce są postawione i zniknięte zgodnie z artystyczną wolnością, wbrew zaleceniom korekty i na moją odpowiedzialność.

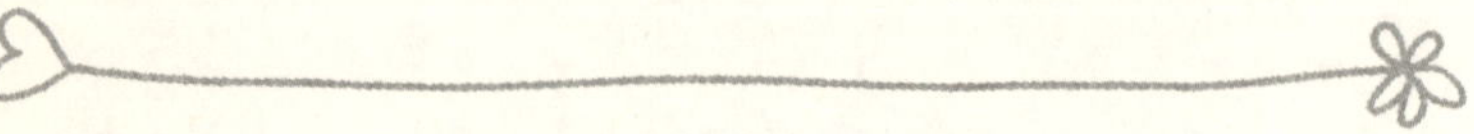

Copyright for the Polish Edition © 2018 Edipresse Polska SA
Copyright for the text and drawings © 2018 by Beata Pawlikowska

Edipresse Polska SA, ul. Wiejska 19, 00-480 Warszawa

Dyrektor ds. książek: Iga Rembiszewska
Redaktor inicjujący: Natalia Gowin
Produkcja: Klaudia Lis
Marketing i promocja: Renata Bogiel-Mikołajczyk
Digital i projekty specjalne: Katarzyna Domańska
Dystrybucja i sprzedaż: Izabela Łazicka (tel. 22 584 23 51), Barbara Tekiel (tel. 22 584 25 73), Andrzej Kosiński (tel. 22 584 24 43)
Tekst i rysunki: Beata Pawlikowska
Projekt okładki: Beata Pawlikowska i Maciej Szymanowicz
Opracowanie graficzne: Beata Pawlikowska i Maciej Szymanowicz
Zdjęcie na okładce: Iza Grzybowska
DTP: Maciej Szymanowicz

EDIPRESSE KSIĄŻKI

Biuro Obsługi Klienta
www.hitsalonik.pl
mail: bok@edipresse.pl
tel.: 22 584 22 22 (pon.–pt. w godz. 8.00–17.00)
www.facebook.com/edipresseksiazki
www.instagram.com/edipresseksiazki

Druk i oprawa: Skleniarz, Kraków

ZiNG

Książkę wyprodukowano na papierze Creamy 70 g vol. 2.0 dostarczonym przez Zing Sp. z o.o.

ISBN: 978–83–8117–315–5

Wszelkie prawa zastrzeżone. Reprodukowanie, kodowanie w urządzeniach przetwarzania danych, odtwarzanie w jakiejkolwiek formie oraz wykorzystywanie w wystąpieniach publicznych w całości lub w części tylko za wyłącznymzezwoleniem właściciela praw autorskich.

KURS POZYTYWNEGO MYŚLENIA

POLECAMY

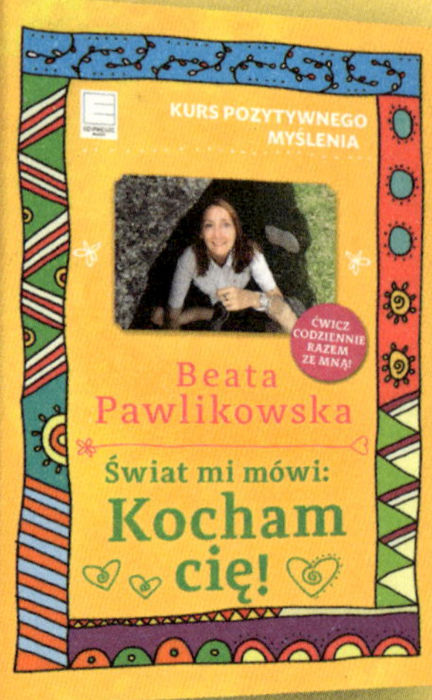

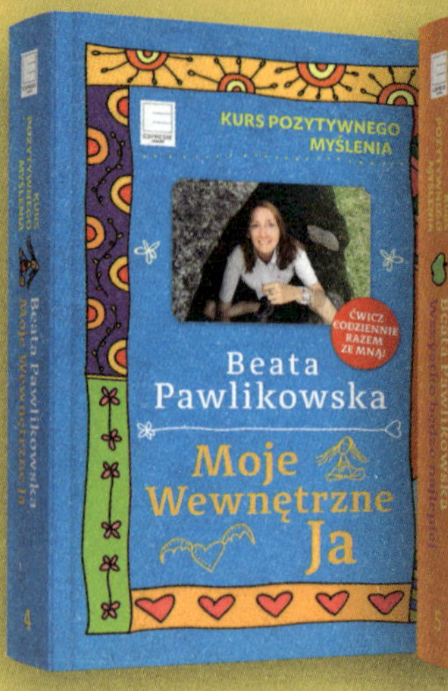

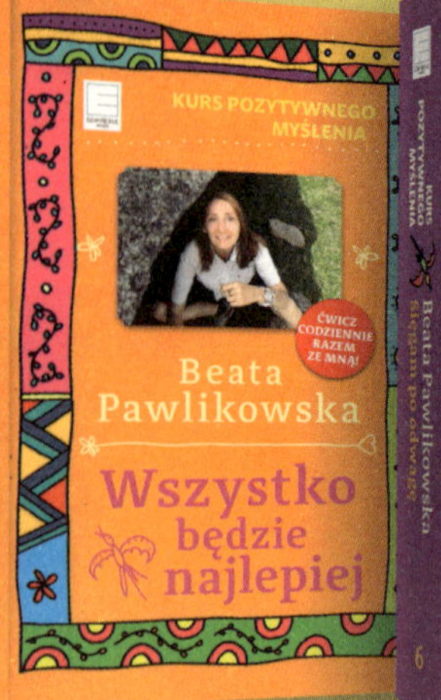

www.facebook.com/edipresseksiazki